Martina Mantinger

Gsessn isch man lei ban Essn

Villnösser erzählen

Herausgeber dieses Buches ist der Kulturkreis Villnöß.

Originalausgabe:
Verlagsanstalt Athesia AG, Bozen 2011
Herausgeber: Kulturkreis Villnöß
Druck: Litotipografia Alcione, Lavis

ISBN: 978-88-7283-497-8

www.raetia.com

Martina Mantinger

Gsessn isch man lei ban Essn

Villnösser erzählen

Mit einem Vorwort von Reinhold Messner und einem Zeitbild von Helmut Messner

Edition
RÆTIA

UMSCHLAGBILD
Felthunerfamilie beim Mus-Essen

BILDNACHWEIS
Lorenz Fischnaller: Seite 8, 14, 158, 169, 174, 221, 259, 292–293
Ida Florian: Seite 34
Karl Michaeler: Seite 22
Josef Obwexer: Umschlag Titelbild
Arthur Pernthaler: Seite 107, 290
Robert Pernthaler, Moar: Seite 91
Peter Schatzer, Archiv: Seite 17, 28; aus der Sammlung Hans Luthmann (1888–1945), Maler und Fotograf wohnhaft in Villnöß 1922–1945: Seite 12, 13, 15, 18, 19, Umschlag Rückseite
TIRIS, Tiroler Landesarchiv: Seite 302–303
Die restlichen Bilder stammen aus dem Privatbesitz der jeweiligen Erzähler
bzw. der dargestellen Personen.

Inhaltsverzeichnis

Reinhold Messner

Wie gut es uns doch geht

Die Welt meiner Kindheit mit ihren ausgedehnten Wäldern, Feldern, Wiesen, Weiden und Almen ist längst verschwunden. Auch die Menschen – Bauersleut', die überall auf den Äckern Korn schneiden, in der prallen Sommersonne, den langen Tag über – sehe ich nicht mehr, wenn ich durchs Villnößtal fahre, wo ich aufgewachsen bin.

Die Bauern damals waren keine liebenswerten Käuze, sie forderten sich sowie ihren Knechten und Mägden oft einen Sechzehn-Stunden-Tag ab. Auch die Kinder halfen mit, die Frauen hatten ihre überlieferten Aufgaben. Partnerschaftliche Arbeitsteilung war ein Fremdwort.

Wir Kinder gingen damals in die Dorfschule, arbeiteten daheim mit. Ansonsten waren wir uns selbst überlassen. Ich folgte meinen Instinkten und – nach meinem Abitur in der Stadt – dem Wasser hinaus aus dem Tal: das Gesicht im Wind, die Unendlichkeit vor mir. Zuerst ohne Ziel, wurde ich zum horizontsüchtigen Fußgänger. Vielleicht, weil ich zwei Jahrzehnte zwischen Bergkämmen eingesperrt gewesen war. So wurde ich zum Aussteiger aus der modernen Zivilisation.

Mit vierzig holten mich dann meine Erinnerungen ein. Ich kaufte mir einen Bergbauernhof und machte meine agrar-anarchistischen Träumereien aus der Kindheit wahr. Statt Inhaber einer Lebensversicherung bin ich jetzt Selbstversorger, produziere auf Juval alles, was man zum Leben wirklich braucht: Brennholz, Fleisch, Gemüse, Obst, Getreide, Wein. Die Pächter und meine Familie können im Notfall alle auf und von dieser Landwirtschaft leben.

Nicht, dass ich mir wünschte, wieder so zu leben wie die Bergbauern in Südtirol vor siebzig Jahren gelebt haben. Land und Höfe aber dürfen nicht verlassen, die bäuerliche Realwirtschaft nicht aufgegeben werden. Vor allem gilt es, das alte Know-how zu bewahren. Die Städter, die in einer Art Scheinarbeit vielfach Dinge herstellen, die niemand braucht, vermuten im Leben auf dem Lande zwar eine Art Paradies, merken aber schnell, dass die Idylle nach Gülle riecht und der Biobauernhof höchstens als Kulisse für ihr Ideal taugt. In der Gier nach Bequemlichkeit wird »Landliebe« schnell schal, wenn der Rücken schmerzt, Schädlinge im Blumenkohl oder der Marder im Hühnerstall gewütet haben.

Uns geht es mit der Sonderausstellung »Reinhold Messner 70. Die Welt seiner Kindheit« im Museum Ripa nicht um Land-Euphorie, sondern um eine unverwechselbare Überlebensstrategie sowie den Respekt für jene Menschen, die unsere Südtiroler Bergbauernkultur über Jahrhunderte weitergetragen haben – in allen Seitentälern an Eisack, Etsch und Rienz. Vielleicht hilft sie uns zu verstehen, wie gut es uns Südtirolern heute geht.

Ansicht St. Peter um 1955 (Postkarte)

Die wechselvolle Geschichte von Villnöss zwischen 1920 und 1960

Ein Zeitbild von Helmut Messner

Villnöß ist eine Südtiroler Berggemeinde im Eisacktal mit der Geislergruppe (Dolomiten) als Wahrzeichen, die bäuerlich geprägt ist und touristisch bisher »sanft« erschlossen wurde. Das Villnößtal hat sich in den letzten fünf bis sechs Jahrzehnten in wirtschaftlicher, sozialer und kultureller Hinsicht grundlegend gewandelt wie wohl nie in der Geschichte vorher. Der Anteil an der bäuerlichen Bevölkerung ist stark zurückgegangen. Neue Arbeitsmöglichkeiten sowohl im Tal wie auch außerhalb wurden geschaffen und der Tourismus hat einen großen Aufschwung erfahren. Die Mechanisierung hat nicht nur die Landwirtschaft, sondern auch den Haushalt und die Mobilität leichter gemacht. Durch eine rege Bautätigkeit ist das Bild der Dörfer und Weiler im Tal kaum wieder zu erkennen. Die Menschen im Tal können heutzutage ihr Leben weitgehend frei gestalten, an einem vielfältigen gesellschaftlichen und kulturellen Leben teilnehmen und sind auch sozial gut abgesichert. Dies war nicht immer so. Die Kindheit und Jugendzeit unserer Eltern und Großeltern waren in vielerlei Hinsicht eingeschränkt und unsicher, durch Traditionen und Arbeitsabläufe festgelegt. Trotz der schwierigen Lebensumstände fanden die Menschen Gelegenheiten, lebensfroh und glücklich zu sein, wenngleich die Maßstäbe für Glück andere waren als heute.

Im nachfolgenden Beitrag wird ein zeitgeschichtlicher Überblick über die politischen, wirtschaftlichen und kulturellen Lebensbedingungen in Südtirol im Allgemeinen sowie in Villnöß im Besonderen in der Zeit nach dem Ersten Weltkrieg bis in die späten fünfziger Jahre gegeben. Es war eine wechselvolle Zeit, geprägt von politischen Umbrüchen und Katastrophen, von Not und Unterdrückung, aber auch von Hoffnung und Neuanfang. Der italienische Faschismus der Zwischenkriegszeit, die Option und der Zweite Weltkrieg in der Zeit des deutschen Nationalsozialismus sowie der schwierige Neubeginn nach dem Krieg prägen die Erlebnisse und Erinnerungen der betroffenen Generation.

Das Zeitbild von 1920 bis 1960 soll dazu beitragen, die Erinnerungen der Menschen, welche diese Zeitperiode als Kinder und junge Menschen in Villnöß erlebt haben, besser einordnen und verstehen zu können.

I. Aufwachsen in der Zwischenkriegszeit

Die Kindheit und Jugend der Menschen, die in diesem Buch über ihr Leben erzählen, fallen in die Zeit des italienischen Faschismus. Ihre Eltern hatten noch die österreichische Zeit und den Ersten Weltkrieg erlebt. In diesem Kapitel werden die politischen Umwälzungen beschrieben, die durch die Angliederung Südtirols an Italien und durch den Faschismus ausgelöst wurden. Diese Umwälzungen sind in der Erinnerung der Betroffenen noch immer sehr lebendig.

Südtirol kommt zu Italien

In den Friedensbestimmungen der Siegermächte des Ersten Weltkrieges von Saint-Germain vom 10. September 1919 wurden der Brennerpass und die Wasserscheide als offizielle Grenzlinie zwischen Italien und dem neu entstandenen Staat Österreich völkerrechtlich festgelegt. Im darauf folgenden Jahr wurden der südliche Teil Tirols und das Trentino in den italienischen Staat eingegliedert. Dies hatte eine Reihe unmittelbarer Folgen für die Bevölkerung: Die österreichische Krone wurde als Währung durch die Lira ersetzt, die Geltung der italienischen Gesetze wurde auf die annektierten Gebiete ausgedehnt und die bisherigen österreichischen Gesetze weitgehend außer Kraft gesetzt. So wurde beispielsweise das Erbrecht dahingehend abgeändert, dass der geschlossene Hof aufgehoben und die Realteilung von Höfen eingeführt wurden, wie es in den italienischen Provinzen üblich war und dort zur Zersplitterung des bäuerlichen Grundes und Bodens geführt hatte. Die jungen Burschen wurden zum italienischen Militär einberufen und mussten den Militärdienst meistens fern der Heimat im Süden Italiens absolvieren. Italienisch wurde neben Deutsch als Amtssprache eingeführt.

Nach der Machtergreifung der italienischen Faschisten unter Benito Mussolini im Oktober 1922 wurden die deutsche Sprache und Kultur in Südtirol im öffentlichen Bereich zunehmend unterdrückt, um Südtirol sprachlich und

1914–1918 Erster Weltkrieg **1919** Südtirol kommt zu Italien. **1922** Machtergreifung Mussolinis

kulturell zu italienisieren. Waren Orte und öffentliche Einrichtungen zunächst noch zweisprachig angeschrieben, so wurden sie ab 1923 nur mehr italienisch bezeichnet. Als Amtsprache war nur mehr die italienische Sprache zugelassen. Was dies für ein rein deutschsprachiges Gebiet bedeutete, kann man sich heute kaum mehr vorstellen. Ebenso wurden die Orts- und Flurbezeichnungen einschließlich der Namen von öffentlichen Einrichtungen im Sinne des Programms von Ettore Tolomei systematisch italienisiert. So wurde aus Villnöß *Funes*, aus Teis *Tiso*, aus Gschmagenhart (Gschnagenhardt) *Prati di Casnago* und aus *Coll* wurde *Colle*. Auch die Hofbezeichnungen und die Familiennamen wurden nach Möglichkeit ins Italienische übersetzt. Der Gasthof *Zellen* hieß fortan *Albergo Marcello,* und aus dem Hof Überwasserer wurde *Maso Sopracqua*. Damit sollte die topografische Italianità, die bis heute ein politisches Dauerthema ist, sichtbar gemacht werden. Auch die deutschen Vornamen wurden italienisiert und ab 1929 sogar auf Grabinschriften verboten.

Selbst Familiennamen mussten ebenfalls »freiwillig« ins Italienische übersetzt werden, vor allem wenn der Inhaber des Namens eine öffentliche Anstellung anstrebte oder diese behalten wollte. So wurde beispielsweise der Name Munter in *Dalmonte* oder der Name Rabensteiner in *Pietracorvo* umgewandelt.

Im Jahre 1926 wurden die gewählten einheimischen Bürgermeister und Gemeinderäte entlassen und durch italienische Amtsbürgermeister *(Podestà)* ersetzt. Verständlicherweise war die Kommunikation des *Podestà* mit der einheimischen Bevölkerung schwierig, weshalb sich viele Menschen mit ihren Anliegen nach wie vor an den früheren Bürgermeister wandten, der aber keinerlei Befugnisse mehr hatte. Ebenso wurden einheimische Beamte und Angestellte im öffentlichen Dienst – vom Bahn- und Postangestellten bis zum Polizisten – vielfach entlassen und durch italienische Zuwanderer ersetzt. Für die öffentliche Ordnung waren nunmehr die italienischen Carabinieri zuständig.

1923 Tolomei verkündet Italienisierungsprogramm.

1926 Auflösung der Gemeinderäte und Einsetzung der Podestà in Gemeinden bis 5000 Einwohnern

Bürgermeister Josef Messner, Fischnol, wird durch Giuseppe Lo Buono abgelöst.

Im Jahre 1929 wurde im Rahmen einer Gemeindereform Tiso (Teis) als selbstständige Gemeinde aufgehoben und mit der Gemeinde Funes (Villnöß) fusioniert. Der Verlust der verwaltungsmäßigen Eigenständigkeit war für Teis mit einigen Nachteilen verbunden, mussten die »Teiser« nun für alle Amtshandlungen einschließlich der Benutzung des Postamts nach St. Peter gehen, was in der Regel einen ganzen Tag beanspruchte.

Die Schafzucht war überlebenswichtig für die Villnösser.

Selbstversorgung und Armut im Berggebiet

Kennzeichnend für die Wirtschaft im Berggebiet war die Mischwirtschaft von Viehhaltung und Getreideanbau, die primär der Selbstversorgung diente und nur sekundär für den Markt bestimmt war. Ein wichtiger Wirtschaftszweig war zudem die Holzwirtschaft. Der Fremdenverkehr war in dieser Zeit als wirtschaftliche Einnahmequelle noch eher bescheiden. In tieferen Lagen wurden auch Obst und Wein angebaut.

Der Großteil der landwirtschaftlichen Produktionsfläche in Villnöß liegt über 1000 Meter Meereshöhe und reicht bis 1600 Meter (obere Collhöfe). Als Getreide wurden Roggen, Weizen, Gerste, Hafer und Buchweizen angebaut, die zur Herstellung von Brot und Speisen dienten und auch als Futtermittel für Tiere verwendet wurden. Der Weizen aus Villnöß hatte einen guten Ruf und war auf dem Markt gefragt. Auch der Anbau von Erdäpfeln als Stärkelieferant war für das Überleben der

Weitere Podestà: Rag. Vascolini ab 1928, Emanuele Gueli 1931, Enrico Guerrieri 1932, Francesco Di Stefano 1934, Silvio Tabarelli 1935, Giovanni Zamframundo 1936, Giovanni Carlotti 1936, Renzo Renzi 1938 (bis 1941)

1929 Teis kommt zu Villnöß.

Menschen wichtig. In Teis wurden zusätzlich Mais, Obst und Wein angebaut. Die Viehwirtschaft lag nach dem Ersten Weltkrieg zunächst darnieder, weil im Krieg viel Zuchtvieh für das Militär »gestellt« werden musste. Wegen der erschwerten Ausfuhrbestimmungen nach dem Ersten Weltkrieg und auch aufgrund der Weltwirtschaftskrise sank der Viehpreis, was den Geldmangel und die Not der bäuerlichen Bevölkerung verstärkte. Auch hatten viele Personen und Institutionen (z. B. Raiffeisenkassen) ihr Geld in Kriegsanleihen angelegt, die nach dem verlorenen Krieg wertlos waren.

Die »Mohder«: Die Feldarbeit war sehr personalintensiv.

Die Währungsumstellung von der Krone zur Lira hatte zudem eine allgemeine Teuerung der Waren und Güter zur Folge, da der Wechselkurs zu Ungunsten der Krone festgelegt worden war. Wenn eine bestimmte Ware vorher zehn Kronen gekostet hatte, so bezahlte man nun häufig zehn Lire, obgleich man für eine Krone nur mehr 40 bis 60 Centesimi bekam. Das wenige Geld, das durch den Verkauf von Butter, Eiern oder Vieh eingenommen wurde, benötigte man zur Deckung des Grundbedarfs an Zucker, Salz und Gerätschaften. Schon der Kauf von Stoffen, Schuhen und Kleidern war in vielen Familien kaum mehr möglich. Auf einzelnen Höfen wurde Flachs angebaut, aus dem in einem arbeitsintensiven Verfahren Stoffgewebe hergestellt wurde. Vielfach wurde auch ein Tauschhandel praktiziert, indem man z. B. beim *Garber* Felle gegen Lebensmittel eintauschte oder auch Dienstleistungen auf den Höfen mit Lebensmitteln bezahlte. Wirtschaftlich bedeutsam war die Schafzucht in Villnöß. Auf der Ochsenalm und auf dem Ruefen wurden im Sommer bis

Heuernte auf der Alm um 1940

zu 2000 Schafe gehütet. Das Villnösser Schaf war wegen seiner Fleischqualität gefragt und lieferte Wolle für die Herstellung von Socken, Strickjacken und Lodenstoff. Ein Sprichwort von damals lautete: »Richt dir Beidn (Bienen) und Schof (Schafe), leg di nieder und schlof (schlafe)!«.

Zwischen 60 und 70 Prozent der Bevölkerung waren damals in der Landwirtschaft tätig. Auf den Höfen arbeiteten neben den Bauersleuten mit ihren Kindern häufig auch mehrere Knechte und Mägde in unterschiedlichen Rollen: als *Großknecht*, als *Fütterer* oder als *Rossknecht*, die Mägde als *erste Dirn*, als *Stalldirn* usw. Zusätzlich wurden oft auch ein *Hütbua* und eine *Gitsch* angestellt, die im Haushalt mithelfen musste. Zur Heumahd und zum Kornschnitt kamen Tagelöhner zum Einsatz, die beim Mähen bzw. beim Kornschneiden halfen. Die Entlohnung der bäuerlichen Angestellten war sehr bescheiden und bestand häufig aus Naturalien und wenig Geld. Um Mariä Lichtmess war *Schlenggltag*, da konnte der Arbeitsplatz gewechselt werden. Im Sommer wurde ein Großteil des Viehs auf die Alm getrieben und dort gehütet, die Kühe wurden gemolken, und die Milch wurde zu Butter und Ziegerkäse verarbeitet. Die Sennerinnen und die Senner spielten dabei eine wichtige Rolle.

Die Landwirtschaft war über weite Strecken anstrengende Handarbeit und sehr personalintensiv. Es gab nur einfache mechanische Geräte (z. B. Pflug, Fuhrwerke, Schneidmaschinen für das Heu oder einfache Dreschmaschinen für das Korn, Milchzentrifuge, Butterkübel für die Milchverarbeitung, mit Wasserkraft betriebene Mühlen), selten elektrische Geräte oder Maschinen.

1921 wurde in Villnöß die Elektrizitätsgesellschaft GmbH St. Magdalena gegründet, die nach und nach zur Elektrifizierung der Weiler führte. Die Elektrifizierung des Tales war eine wichtige Voraussetzung für die weitere wirtschaftliche Entwicklung und Mechanisierung des Tales.

Die Holzarbeit war ein wichtiger Zuerwerb.

Handwerk und Fremdenverkehr in Villnöß

Auch das Handwerk im Tal stand vor allem im Dienst der Landwirtschaft: Der Schmied stellte Radbeschläge für Fuhrwerke her und beschlug die Pferde, der *Roder* stellte Räder, der *Hafner* Fässer für Wein und Kraut her, der *Garber* verarbeitete Felle zu Leder, der *Sagmeister* schnitt das Holz in der Sägerei zu Balken und Brettern, der Tischler und Zimmermann verarbeiteten Bretter und Balken zu Möbeln oder Bauholz. Der Schuster und der Schneider kamen vielfach zur *Stör* auf die Höfe und nähten neue Schuhe und Kleider oder flickten alte, der dorfeigene Metzger schlachtete Schweine und Rinder auf dem Bauernhof. Dabei wurden die Handwerker auf dem Hof verpflegt und für ihre Arbeit entlohnt. In mehreren Kalköfen im Tal wurde Kalk gebrannt und als Löschkalk für das Weißeln von Hauswänden und Ställen sowie als Bindemittel »beim Mauern« benutzt.

Private Elektrizitätswerke bestanden vorher beim Prader in Außermühl, bei den Gasthöfen *Zellen* und *Kabis*, die teilweise Strom auch an Private verkauften. Die Flitzer Höfe wurden erst 1942 mit Strom versorgt.

Die Holzwirtschaft war im bäuerlichen Umfeld eine zusätzliche wichtige Einnahmequelle, die zur Bezahlung von Zinsen, Steuern oder zum Schuldenabbau diente. Der Markt für den Holzabsatz war in Italien günstiger als in Österreich, weil es in Italien weniger Wald gab. Allerdings standen die Bauernwälder mit dem *Ararwald* (Staatswald) in Konkurrenz. Im Zuge der Weltwirtschaftskrise sank auch der Holzpreis, was nicht wenige Bauern in Schwierigkeiten brachte. Die Holzarbeit war anstrengend und gefährlich: Es gab weder eine Motorsäge, noch war der Wald durch ein Wegnetz erschlossen, um die Stämme zu Tale zu transportieren. Die Bäume mussten teilweise an steilen Hängen mühsam mit großen Blattsägen geschnitten, mit Beilen entastet und entrindet werden, um anschließend über Waldrinnen zu Tale *getrieben* zu werden. Dabei kam es nicht selten zu schweren Unfällen mit Todesfolge. Trotzdem war die Holzschlägerei für viele Menschen, insbesondere sogenannte »Kleinhäusler«, ein wichtiger Zuverdienst. Der Tageslohn für die Holzarbeit lag in den zwanziger Jahren bei ca. 20 Lire.

Die Anfänge des Fremdenverkehrs gehen auf die Zeit vor dem Ersten Weltkrieg zurück. Der Bau der Schlüterhütte und des Adolf-Munkel-Weges am Fuße der Geislerspitzen zeugen davon, auch die Gasthöfe *Zellen* und *Kabis* wurden in dieser Zeit touristisch gut genutzt. Nach dem Ersten Weltkrieg erfuhr der Fremdenverkehr in Villnöß jedoch einen empfindlichen Rückschlag. Die alpinen Schutzhütten des Deutschen und Österreichischen Alpenvereins ebenso jene des neu gegründeten Südtiroler Alpenvereins wurden enteignet und dem *CAI* übertragen. So wurde aus der Schlüterhütte des Dresdner Alpenvereins der *Rifugio Genova* des *CAI* von Genua. Durch die neu entstandene Brennergrenze war Südtirol für die österreichischen und deutschen Gäste nicht mehr direkt zugänglich, außerdem wirkte sich die wirtschaftliche Situation in diesen Ländern negativ auf den Tourismus aus. Die Zahl der Übernachtungen auf der Schlüterhütte und in den Gasthöfen ging in dieser Zeit massiv zurück.

1925 Erstbesteigung der Furchetta-Nordwand durch Emil Solleder und Fritz Wiessner

1934 Gründung des Pro Loco; erster Ausschuss: Dr. Johann Psaier (Präsident), Alfons Grutsch (Vize), Johann Terleth (Kassier), Peter Fischnaller, Otto Vontavon, Franz Troi jun.

1931 Poster Luis kauft den ersten Postbus.

Einzelne Alpinisten kamen noch ins Tal, um in der Geislergruppe zu klettern.

Positiv auf den Fremdenverkehr wirkte sich die Anschaffung des ersten Postautos durch Alois Pernthaler aus. Nun war Villnöß verkehrsmäßig erschlossen und mit der Eisenbahnstation in Klausen verbunden. Vorher hatte der Poster Luis die Fremden mit einer Kutsche ins Tal gebracht. Die italienischen Urlaubsgäste hielten sich vor allem während der Hochsommermonate in Villnöß auf. 1934 wurde der *Pro Loco* gegründet, um den italienischen Fremdenverkehr zu fördern. Dr. Psaier veröffentlichte für die Gäste auch einen Gebietsführer über das Villnößtal.

Ein wirtschaftlich einschneidendes Ereignis war der Konkurs der Raiffeisenkasse Teis-Gufidaun im Jahre 1934, der durch das ungünstige Zusammenwirken verschiedenster Faktoren ausgelöst wurde. In der Folge mussten mehrere Höfe in Teis verkauft werden, weil die Eigentümer als Mitglieder der Raiffeisenkasse für deren Schulden mithafteten. Die Höfe wurden zum Teil unter dem Schätzwert von der *Ente Nazionale delle Tre Venezie*, einer staatlichen Körperschaft zur Förderung der Landwirtschaft in den annektierten Gebieten, aufgekauft und an italienische Familien weitervermittelt.

Das traditionsgebundene Leben auf dem Bauernhof

Die Bergbauernfamilie war gleichzeitig Arbeits- und Lebensgemeinschaft, eine Einheit von Familie, Haushalt und Wirtschaftsbetrieb. Sie war in der Regel

1934 Konkurs der Raiffeisenkasse Teis-Gufidaun

Versteigerte Höfe in Teis, die von italienischen Familien übernommen wurden: Proxauf – Cassandro, Weber – Miolo, Binder – Chiogna, Gostner – Bertoldi, Mesner/Nafen – Pozzatello, Egger – Ambrosetti, Überwasserer – Lorenzi eine Großfamilie, zu der nicht nur die Bauersleute mit ihren meist zahlreichen Kindern, sondern auch die Geschwister des Bauern oder der Bäuerin und die Großeltern gehörten. Auf größeren Höfen lebten zusätzlich noch Dienstboten. Es kam immer wieder vor, dass Frauen bei der Geburt eines Kindes starben, was für die betroffene Familie menschlich und sozial eine Katastrophe bedeutete. Da auf vielen Bergbauernhöfen wenig Geld vorhanden war, fehlte es oft an Kleidern, Schuhen und Spielsachen für die Kinder. Die jüngeren Geschwister trugen die Sachen der älteren oder gingen gestaffelt zur Kirche, um beispielsweise die Schuhe mehrfach benutzen zu können. Da Stoffe Mangelware waren, trugen Kinder und Erwachsene manchmal keine Unterwäsche und einfachste Kleider aus Hanf (Rupfen) oder Flachs. Spielzeug und Kinderbücher waren selten und wurden auch nicht als wichtig angesehen. Die Kinder behalfen sich mit Alltagsgegenständen, die sie zu Spielzeug umfunktionierten. So spielten sie *Holzführen* oder *Hutzetreiben*, ein dem Hockey ähnliches Spiel mit Stöcken und Blechdosen. Die Großfamilie bot die Möglichkeit, sich an verschiedenen Bezugspersonen zu orientieren oder auch bei der Großmutter oder Tante Zuflucht und Zuwendung zu finden.

Kinder mussten von klein auf mit anpacken.

Die Arbeit war auf dem Bergbauernhof allgegenwärtig. Die Kinder wurden schon früh angehalten, im bäuerlichen Betrieb mitzuhelfen, sei es im Haushalt, im Stall oder auf dem Feld beim Heuen, Hüten, Kartoffelnauflesen, Jäten oder Misten. So wuchsen die Kinder in die bäuerliche Arbeitswelt hinein, erwarben

1960 Beim Verginer in St. Magdalena wird das letzte Mal Kalk gebrannt. Für 10.000 kg Kalk sind 130 m^3 Brennholz erforderlich.

Fertigkeiten und Fähigkeiten im Umgang mit Werkzeugen und mit der Natur. Die Kinder auf dem Bergbauernhof wurden als »von klein auf erwachsen«[1] betrachtet und mussten dementsprechend schon als Kinder mitarbeiten. Die älteren Geschwister kümmerten sich um die jüngeren, und diese lernten von den älteren, was man durfte und was nicht. Sie wuchsen auf diese Weise wie selbstverständlich in die bäuerliche Arbeitswelt hinein und mussten lernen, die eigenen Bedürfnisse und Wünsche zurückzustellen. Arbeit bedeutete für die Kinder einerseits Pflicht, andererseits war sie auch Quelle von Anerkennung, Dazugehören und Stolz über die eigene Leistung. Sie führte nicht selten auch zu Überforderung oder Angst, etwas falsch zu machen und dafür bestraft zu werden. Kinder aus ärmeren Familien von Kleinhäuslern wurden oft als Hütbuben oder *Gitschen* gegen Kost und Logie an Bauernhöfe verdingt. Wenn sie gut behandelt wurden, war dies für diese Kinder eine Chance, im negativen Falle eine soziale und emotionale Belastung und Entbehrung, die sich negativ auf ihre Entwicklung auswirkten. Diese Kinder standen auf der untersten Ebene der sozialen Hierarchie auf dem Bauernhof und mussten allen zu Diensten sein, den Bauersleuten ebenso wie den Knechten und Mägden.

Waschtag

Das Leben auf dem Bauernhof war über weite Strecken von den Sachzwängen des Alltags und von Gewohnheiten und Traditionen bestimmt. Diese betrafen das Wirtschaften, den Haushalt, die Ernährungsweise und das Zusammenleben. Das räumliche

Zentrum des häuslichen Lebens war die Bauernstube, die oft als einziger Raum im Winter mit dem Bauernofen geheizt wurde. Hier traf man sich zum Essen, zum Rosenkranzbeten und zum Kartenspielen oder Singen.

Das gemeinsame Essen und Beten in der Stube stiftete Gemeinschaft, für das Persönliche gab es jedoch kaum Platz. Kinder hatten wenig Orte und Dinge, die ihnen ganz persönlich gehörten oder die sie allein nutzten.

Da es im Haushalt kaum Maschinen gab, hatten auch die Frauen anstrengende körperliche Arbeiten zu bewältigen. Das Geschirr musste von Hand mit warmem Wasser aus der Herdwanne *(Wandl)* gespült werden. Die »große Wäsche« für Bettwäsche, Leintücher, Arbeitskleider war aufwändig und anstrengend. Dementsprechend wurde mit der Wäsche sparsam umgegangen, wenn überhaupt genügend davon zur Verfügung stand. Es gab Werktags- und Sonntagskleider, für die besonders Sorge getragen wurde. Sie wurden meistens lange getragen und immer wieder geflickt. Die Körperhygiene beschränkte sich auf ein Minimum: In größeren Zeitabständen wurde im Waschzuber gebadet – zumindest in der wärmeren Jahreszeit.

Das Leben im Jahreskreis war durch den Kirchenkalender geprägt: Sonn- und Festtage, Kirchtage, Fastenzeit, Prozessionen, Rorate im Advent, Beichte. Der Besuch des Markts in Klausen oder Brixen war eine der seltenen Gelegenheiten, um aus dem alltäglichen Rhythmus von Arbeit, Essen und Schlaf auszubrechen. Der Sonntag war Ruhetag, an dem die Arbeit auf dem Feld unterbrochen wurde. Die Tiere auf dem Hof mussten aber trotzdem versorgt werden, und die Bäuerin war mit dem Haushalt beschäftigt.

Die Schule in der Zwischenkriegszeit

Unmittelbar nach dem Ersten Weltkrieg wurde der Unterricht zunächst in deutscher Sprache mit den bisherigen Lehrpersonen weitergeführt und an die neue Situation angepasst.

Lehrer Anton Fill von St. Peter und Lehrer Gross von Gufidaun werden aus dem Schuldienst entlassen. Italienischsprachige Lehrpersonen werden neu eingestellt – in St. Peter Renzo Renzi, Dina Croci, Sr. Bonaventura, Ermanno Kofler, Giuseppina Bertoni, Tecla Poggi; in Teis Tullio Baldesseri, Maria Conti, Nerina Gualdi.

1923 trat ein neues Volksschulgesetz in Kraft. Es schrieb vor, dass der Unterricht an den Volksschulen im ganzen Königreich Italien ausschließlich in italienischer Sprache zu erfolgen habe. In Gemeinden mit einer anderssprachigen Bevölkerung wie in Südtirol und im Friaul konnte die Muttersprache zusätzlich in sogenannten »Anhangstunden« unterrichtet werden. Diese kamen in Südtirol jedoch kaum zur Anwendung, und wenn ja, dann wurden sie durch italienische Lehrkräfte mit ungenügenden Deutschkenntnissen erteilt. So wurde im Schuljahr 1923/24 in allen ersten Klassen Italienisch als Unterrichtssprache eingeführt und bis 1928 auf alle Klassenstufen sowie auf weiterführende Schulen und Gymnasien ausgedehnt. Die deutschsprachigen Lehrpersonen wurden entlassen oder bei bestandener Italienischprüfung in die altitalienischen Provinzen versetzt und durch italienischsprachige Lehrkräfte ersetzt. Ebenso wurden die im Ausland erworbenen akademischen Studientitel in Italien nicht mehr anerkannt.

Für die deutschsprachigen Schülerinnen und Schüler war die italienische Schule eine völlig fremde Welt, in der sie vieles nicht verstanden und deren Inhalte und Schulbücher wenig mit ihrer bekannten Lebenswelt zu tun hatten. Die Texte, Lieder und Geschichten betrafen eine völlig andere Kultur. Dementsprechend wurde die italienische Schule von vielen Eltern abgelehnt. Der Lernerfolg war deshalb oft gering, und dies hatte zur Folge, dass der Analphabetismus in Südtirol wieder zunahm.

In jener Zeit der sprachlichen und kulturellen Unterdrückung ergriff Kanonikus Michael Gamper 1925 die Initiative und gründete Geheimschulen, die er in Anlehnung an die Versammlungsräume der verfolgten ersten Christen »Katakombenschulen« nannte. Diese Geheimschule sollte die Grundlagen der deutschen Muttersprache nach dem Motto »Muttersprache, Mutterlaut – wie so wonnesam, so traut« in Wort und Schrift sichern und fördern. Der Unterricht fand an schulfreien Tagen, z. B. am Donnerstag, im Verborgenen in Bauernstuben, Heustadeln oder auf Dachböden statt. Da kaum mehr ausgebildete deutsche

1923/24 Umstellung auf die italienische Schule ab der 1. Klasse

1925 Aufbau der Katakombenschulen durch den Deutschen Verband mit Kanonikus Michael Gamper und Maria Nicolussi als Zentralfiguren

Aufmarsch der Musikkapelle und der Balilla-Jugend auf dem *Kabisplatz*

Lehrpersonen zur Verfügung standen, wurden junge Frauen und Männer mit einer erweiterten Schulbildung in speziellen Ausbildungslehrgängen auf diese Aufgabe vorbereitet und durch eigene Lehrmittel unterstützt. Da dieser Unterricht streng verboten war, wurden die Lehrpersonen, die dabei erwischt wurden, mit Geldstrafen belegt und im Wiederholungsfall sogar eingesperrt. So wurde Josefa Leitner (Riegler Sefe) mehrmals bei diesem Deutschunterricht erwischt und nach mehreren Verwarnungen zwei Monate lang in Bruneck eingesperrt. Die Schülerinnen und Schüler verrieten manchmal ungewollt diesen Unterricht, indem sie in der italienischen Schule einzelne Buchstaben in der deutschen *Sütterlin-Schrift* schrieben, die sich von der lateinischen Schrift unterschied.

In der italienischen Schule wurde die Schuljugend angehalten, den faschistischen Jugendorganisationen *Opera Nazionale Balilla* oder *Piccole Italiane* beizutreten, die für Kinder von 8 bis 14 Jahren geschaffen worden waren. Auf die Kinder und deren Eltern wurde auf vielfältige Weise Druck ausgeübt, sich in diese

Katakombenlehrerinnen in Villnöß: Barbara Munter (Gostnergsoi), Anna Profanter (Prod), Josefa Leitner (Riegl), Maria Hinteregger (Hilber), Cäcilia Fischnaller (Parweig)

Organisation einzuschreiben. Die Mitglieder erhielten diverse Begünstigungen wie Gratisausspeisung und Teilnahme an Ferienkolonien. Wer diesen Organisationen nicht beitrat, wurde durch die Behörden oft drangsaliert. Die Mitglieder dieser Gruppen trugen eine eigene Uniform, die für ganz Italien einheitlich war und von den Einheimischen abschätzig als *walsche Hutteln* bezeichnet wurden.

Auch der schulische Religionsunterricht durfte ab dem Schuljahr 1928/29 nur mehr in italienischer Sprache erteilt werden. Den Geistlichen, die diese Vorschrift nicht beachteten und den Katechismus weiterhin auf Deutsch erklärten, wurde die Lehrbefugnis entzogen. Als Ersatz für den schulischen Religionsunterricht wurde in der Folge eine eigene Pfarrschule erlaubt, in welcher der katholische Religionsunterricht (Katechismus und Bibel) an schulfreien Tagen vom Pfarrer oder Kooperator in deutscher Sprache erteilt werden durfte. Dieser wurde in St. Peter in Villnöß vom Pfarrer im Pfarrmesnerhaus durchgeführt. Abgesehen von den Katakombenschulen bot diese Pfarrschule die einzige Gelegenheit für den Unterricht in der Muttersprache. Diese Situation dauerte bis zur Option im Jahre 1939 bzw. bis 1943.

»Dopolavoro« und »Völkischer Kampfring«

Die Musikkapelle Villnöß, die bereits seit 1801 bestand, erfüllte auch in dieser Zeit eine wichtige soziale und kulturelle Funktion. Sie bot begabten Männern die Möglichkeit, ihre musikalischen Fähigkeiten zu entfalten, und trug anderseits dazu bei, kirchliche und weltliche Anlässe und Feiern musikalisch zu umrahmen. 1933 wurde die Musikkapelle formell dem faschistischen Freizeitwerk *Opera Nazionale Dopolavoro* eingegliedert, das sämtliche kulturelle und sportliche Aktivitäten nach den Richtlinien des Regimes ausrichten sollte. Zu diesen organisierten Auftritten zählte die alljährliche *Festa degli alberi,* also das Baumfest der Schulen. Auch bei offiziellen Empfängen und Besuchen von faschistischen Größen musste die Musikkapelle aufspielen.

Johann Terleth, Pfarrer in Villnöß von 1926 bis 1962, förderte und unterstützte sowohl die Musikkapelle als auch den Kirchenchor für den Dienst in der Kirche und im öffentlichen Leben.

Daneben gab es den Kirchenchor, in dem auch Frauen als Sängerinnen mitwirkten. Der Chor war vor allem für die musikalische Umrahmung der Gottesdienste an Festtagen zuständig.

Die staatlichen Behörden versuchten, die Jugendlichen in den Gemeinden in den faschistischen Jugendorganisationen *Avanguardisti* oder *Giovani Italiane* zu organisieren. Diese Organisationen fassten in Villnöß jedoch kaum Fuß. Die Jugendarbeit war einerseits in den Händen der Kirche, oder sie bewegte sich im illegalen Raum der sogenannten nationalen »Bewegung«, die unter der Bezeichnung *Völkischer Kampfring (VKS)* auftrat und nationalsozialistisch orientiert war. Die Mitglieder trafen sich ab Mitte der dreißiger Jahre zur Pflege des deutschen Volksliedes, des Volkstanzes, des Brauchtums häufig an abgelegenen Orten, wo sie vom Zugriff der Behörden relativ sicher waren. Auch gemeinsame Berg- und Klettertouren gehörten dazu. In Villnöß gab es eine Gruppe von Jugendlichen um die *Riegler Buabm*, die dieser Bewegung angehörten.

II. Die Options- und Kriegszeit zwischen Illusion und Schrecken

Mit der Machtübernahme Hitlers in Deutschland im Jahr 1933 veränderte sich die politische Lage in Europa. In Südtirol entstand eine nationalsozialistische Bewegung. Nach dem *Anschluss* Österreichs an das Deutsche Reich kam es zum Bündnis Hitlers mit Mussolini. 1939 wurde von den faschistischen und nationalsozialistischen Machthabern in Berlin die Umsiedlung der Südtiroler als sogenannte Volksdeutsche ins Reich beschlossen. Dies bedeutete für viele Südtiroler den Verlust der Heimat und endete in den Schrecken des Krieges und der nationalsozialistischen Gewaltherrschaft. Wie es dazu kam und wie sich diese Umstände auf das Leben der Bevölkerung auswirkten, soll in folgendem Kapitel dargestellt werden.

Die Option: Gehen oder Bleiben?

Im März 1938 änderte sich die politische Großwetterlage schlagartig: Österreich wurde durch Hitlers Armee besetzt und an das Reich »angeschlossen«. Damit war Deutschland zum direkten Nachbarn Italiens geworden. Dieses Ereignis weckte in Südtirol die Hoffnung auf eine Angliederung an Deutschland, wie es schon 1935 mit dem Saarland geschehen war. Diese Hoffnung zerschlug sich jedoch schon bald. Im Mai 1938 fuhr Hitler zu einem offiziellen Staatsbesuch nach Rom, um mit Mussolini ein Bündnis zu schließen. Bei dieser Gelegenheit erklärte Hitler seinen Verzicht auf Südtirol.

Im Berliner Abkommen von 1939 wurde dann vereinbart, die deutschsprachigen Südtiroler als Volksdeutsche ins Reich umzusiedeln, um damit das Südtirolproblem ein für alle Mal aus der Welt zu schaffen. Mit dem zuständigen »Reichsführer SS« Heinrich Himmler wurden die Modalitäten der Umsiedlung festgelegt. Zusätzlich zu den deutschsprachigen Südtirolern wurden auch die Ladiner des Gröden- und Gadertales sowie jene in Buchenstein und Cortina d'Ampezzo (Provinz Belluno) sowie die Einwohner von Lusern, des Fersentales (Provinz Trient) und die deutschsprachigen Einwohner des Kanaltales (vor 1918 Teil von Kärnten) in das Umsiedlungsabkommen aufgenommen. Reichsdeutsche mussten innerhalb von drei Monaten ins Deutsche Reich zurückkehren. Volksdeutsche durften auf Antrag der italienischen Regierung selbst wählen, ob sie die italienische Staatsbürgerschaft beibehalten oder die deutsche Reichsangehörigkeit erwerben und ins Reich abwandern wollten. Wer sich für die deutsche Staatsbürgerschaft entschied, musste abwandern. Die Option hatte bis zum 31. Dezember 1939 zu erfolgen, die Abwanderung sollte bis Dezember 1942 durchgeführt sein. Der Termin wurde mehrmals verschoben. Für allfällige Vermögenswerte sollten die Umgesiedelten von Italien entschädigt werden. Höfe und Vermögen wurden von der *Ente Nazionale delle Tre Venezie* abgelöst und italienischen Interessenten weitervermittelt. Zur organisatorischen Durchfüh-

1938 Anschluss Österreichs ans Deutsche Reich

1939 Abkommen zwischen Hitler und Mussolini: Südtirol wird zum Opfer von Hitlers Bündnispolitik.

1. September 1939 Die deutsche Besetzung Polens löst den Zweiten Weltkrieg aus.

rung der Umsiedlung wurde eine spezielle Einrichtung, die sogenannte *Amtliche Deutsche Ein- und Rückwanderungsstelle (ADERST),* geschaffen.

Diese politische »Option« stellte die Menschen im Lande vor eine schier unmögliche Entscheidung und Zerreißprobe: Gehen oder Bleiben? Nachdem sich der VKS (Völkischer Kampfring Südtirols) dem Willen des Führers gebeugt hatte, begann zwischen seinen Anhängern und jenen des Deutschen Verbandes (DV) ein heftiger Propagandakrieg, der die Südtiroler in zwei feindliche Lager spaltete. Vielfach fehlten genauere Informationen über die Folgen dieser Wahl. Die Gerüchteküche brodelte: Wer sich nicht für Deutschland entscheide, so hieß es, würde nach Italien oder gar nach Abessinien umgesiedelt. Gegen die Option für Deutschland wandten sich vor allem der Deutsche Verband um Kanonikus Michael Gamper, Monsignore Rudolf Posch und Friedl Volgger sowie das Bürgertum der Städte. Die Kirche war in der Optionsfrage gespalten: Der Bischof von Brixen, Geisler, und sein Generalvikar Pompanin unterstützten die Option für Deutschland, die Kurie von Trient war offiziell dagegen. Bis Ende Dezember 1939 stimmten etwa 86 Prozent der Optionsberechtigten für Deutschland. Die sogenannten *Dableiber*, die für Italien gestimmt hatten, wurden als *Verräter* ausgegrenzt und als *Walsche* beschimpft. Für die meisten Südtiroler war die Option für Deutschland eine Reaktion gegen die faschistische Unterdrückung in Italien, ohne sich der Konsequenzen dieser Entscheidung genau bewusst zu sein. Bereits vor Ablauf der Optionsfrist verließen zahlreiche Südtiroler ihre Heimat. Hunderte von jungen Männern meldeten sich als Freiwillige zur deutschen Wehrmacht. Südtiroler, die in Italien den Militärdienst ableisteten, wurden nach der Option fürs Deutsche Reich entlassen und von der deutschen Wehrmacht eingezogen. Der VKS wurde in die *Arbeitsgemeinschaft der Optanten (ADO)* umgewandelt mit der Aufgabe, die deutsche Volkskultur zu fördern und die Optanten bei der Aussiedlung zu unterstützen. In den Jahren 1940 bis 1942 verließen insgesamt 74.000 »nicht-bodengebundene« Angestellte und Arbeiter

1939 Ergebnis der Option in Villnöß laut VKS: 1618 Personen wählen fürs Reich (Auswanderer), 111 Personen wählen für Italien (Dableiber).

Aus der Gemeinde Villnöß sind bis 1943 insgesamt 346 Personen abgewandert oder zum deutschen Militär eingezogen worden (110 davon aus Teis).

das Land und wurden nach Innsbruck, Bayern, Vorarlberg, Kärnten oder in andere deutsche Länder, aber auch nach Böhmen oder Luxemburg umgesiedelt. Das faschistische Arbeitsgesetz hatte die deutschsprachigen Südtiroler vom öffentlichen Dienst weitgehend ausgeschlossen und benachteiligte diese auch bei der Arbeitsvermittlung im industriellen und touristischen Sektor, weshalb sich viele zur Abwanderung gezwungen sahen.

Schon bald sank jedoch die Umsiedlungsbereitschaft, nachdem erste negative Berichte von Abgewanderten zu Hause eingetroffen und die ersten Männer an der Front gefallen waren. Auch blieb das versprochene geschlossene Siedlungsgebiet für Südtiroler eine Fiktion. Um die vorgesehenen Umsiedlungsquoten zu erreichen, wurden nun auch Alte und Behinderte umgesiedelt, die zum Teil Opfer des NS-Vernichtungsprogramms wurden. Die jüngeren Jahrgänge der noch nicht umgesiedelten Optantenfamilien wurden ebenso zur deutschen Wehrmacht eingezogen und an die Front geschickt.

Die italienischen Behörden erklärten nach der Option, deren Ergebnis für Italien eine Blamage darstellte, dass niemals daran gedacht war, die Dableiber in den Süden auszusiedeln. Sie setzten Dableiber als Amtsbürgermeister ein und boten auch die Möglichkeit einer *Umoption* an, von der nicht wenige Südtiroler auch Gebrauch machten, weil ihnen das Verlassen der Heimat schwerfiel.

Schule und Kultur in der Optionszeit

Südtirol blieb auch nach der Option offiziell italienisches Territorium mit italienischen Ortsbezeichnungen und Gesetzen. Es entstand in der Folge eine Art Parallelgesellschaft zwischen Italienern und Dableibern einerseits und den Optanten andererseits. Die *ADO,* die bis in die einzelnen Dörfer hinein ihre Zellen und Vertretungen hatte, bemühte sich um die Stärkung der deutschen Kultur und Volksgemeinschaft, indem das deutsche Lied, die Volksmusik, der Volkstanz und das Brauchtum wieder gepflegt wurden. Das Lied »Wohl ist die

1940 Durchführung deutscher Sprachkurse durch die ADO Deutsches Vereinsleben lebt wieder auf, die deutsche Sprache wird wieder zugelassen.

1941 Dr. Johann Psaier wird »delegato podestarile«.

Volkstanz auf der Alm

Welt so groß und weit …« von Karl Felderer wurde in dieser Zeit gewissermaßen zur Nationalhymne Südtirols. Der sogenannte *Kulturdienst* der *ADO* führte in den Dörfern mit Hilfe von »Tonfilmwägen« deutsche Filme vor. Die »unbeweglichen Kulturgüter« der Heimat wurden erfasst und dokumentiert, um sie für die neue Ansiedelung und für die Erinnerung an die Heimat zu sichern.

Für die Kinder der Optantenfamilien wurden 1940 spezielle deutsche Sprachkurse eingerichtet, um parallel zur italienischen Schule das Lesen und Schreiben in der deutschen Sprache zu fördern. Dies war als Vorbereitung der Kinder auf ihre Eingliederung in Deutschland gedacht. Mit dieser Aufgabe wurden vielfach ehemalige einheimische Lehrkräfte beauftragt, die als Kreis- und Zonenlehrer den Aufbau dieser Sprachkurse mit zahlreichen Hilfslehrkräften der Katakombenschulen organisierten und diese didaktisch-methodisch unterstützten. Im weiteren Verlauf wurden diese Sprachkurse auch auf andere Fächer wie Rechnen ausgedehnt, weil die italienische Schule von vielen Eltern boykottiert wurde. An die Stelle der *Balilla* traten nun die *Pimpfe* und die *Hitlerjugend (HJ)* als Jugendorganisationen.

In Villnöß wird Anton Fill (1880–1959) als Zonenlehrer mit der Organisation der deutschen Sprachkurse beauftragt.

Vorsitzender der ADO in Teis wird Josef Erlacher (Dörer)

Wer eine weiterführende öffentliche Schule absolvieren wollte, besuchte das Gymnasium für Volksdeutsche in Rufach (Elsass) oder jenes für Mädchen in Achern (Baden). An den Lehrerbildungsanstalten in Innsbruck oder Feldkirch wurden Südtiroler Mädchen zu Lehrerinnen ausgebildet. Die an diesen weiterführenden Schulen ausgebildeten jungen Leute spielten nach dem Krieg für den kulturellen Wiederaufbau des Landes eine wichtige Rolle.

Südtirol als Teil der »Operationszone Alpenvorland«

Nachdem der Vormarsch der deutschen Armee 1943 durch die Kapitulation bei Stalingrad und in Nordafrika von den Alliierten gestoppt worden war, landeten angloamerikanische Truppen Ende Mai 1943 in Sizilien und eröffneten damit eine neue Front in Italien. Mussolini wurde abgesetzt und auf Befehl des Königs verhaftet. Der König beauftragte Marschall Badoglio neu mit der Regierungsbildung. Dieser vereinbarte mit den Alliierten einen Waffenstillstand und erklärte gleichzeitig den Kriegseintritt Italiens auf Seiten der Alliierten.

Die deutsche Heeresleitung reagierte sofort. In der Nacht auf den 9. September besetzte die deutsche Wehrmacht Südtirol und Italien, ohne auf großen Widerstand zu stoßen. Die italienische Armee wurde entwaffnet, und die Militärangehörigen wurden mehrheitlich als Zwangsarbeiter oder Gefangene nach Deutschland gebracht. Mussolini wurde am 12. September 1943 von den Deutschen aus der Gefangenschaft im Gran-Sasso-Gebirge befreit und wieder als Regierungschef der *Repubblica Sociale Italiana (RSI)* eingesetzt mit Salò am Gardasee als Regierungssitz. In Südtirol wurden die deutschen Truppen begeistert empfangen in der Hoffnung, dass nun der Anschluss an das Deutsche Reich erfolgen könnte. Die Provinzen Bozen, Trient und Belluno wurden zur sogenannten »Operationszone Alpenvorland« zusammengefasst und für die Militärverwaltung dem Gauleiter von Tirol und Vorarlberg Franz Hofer unterstellt. Damit änderte sich die politische Situation im Lande erneut. Der

1943 Kriegseintritt Italiens auf der Seite der Alliierten

9. September 1943 Einmarsch der deutschen Truppen in Südtirol

bisherige Leiter der *ADO,* Peter Hofer, wurde zum Präfekt der Provinz Bozen ernannt. Gleichzeitig wurde ein eigener Sicherheits- und Ordnungsdienst *(SOD)* geschaffen, der für die Bewachung öffentlicher Einrichtungen und für Polizeifunktionen zuständig war. Der *SOD* setzte sich vielfach aus noch nicht militärpflichtigen Jugendlichen und aus älteren Männern zusammen. Die Umsiedlung der Optanten wurde ausgesetzt, die Verwaltung der Gemeinden an NS-Vertraute oder Ortsgruppenleiter übergeben und Deutsch als Amtsprache wieder eingeführt.

Die deutschen Sprachkurse wurden nun offiziell zur deutschen Schule ausgebaut. Die Unterrichtssprache war für die deutschsprachigen Schülerinnen und Schüler wieder Deutsch. Die Lehrpersonen der Sprachkurse übernahmen den Unterricht in allen Fächern und wurden von den Kreis- und Zonenlehrpersonen in die erweiterten Aufgaben eingeführt und dabei betreut.

Das neue Regime bedeutete auch die Deportation der bisher relativ unbehelligt gebliebenen Juden in Südtirol (z. B. in Meran). In Bozen wurde im Juli 1944 ein polizeiliches Durchgangslager errichtet, das in den zehn Monaten seines Bestehens etwa 10.000 Häftlinge passierten.

Der »totale Krieg« in Südtirol

Für den im Herbst 1943 ausgerufenen »totalen Krieg« wurden alle verfügbaren personellen und materiellen Ressourcen mobilisiert. Weitere Jahrgänge aus Optanten- und auch aus Dableiberfamilien wurden einberufen und an die Front geschickt oder in die Bozner Polizeiregimenter eingegliedert, die zur Bewachung öffentlicher Einrichtungen und zur Partisanenbekämpfung im Bellunesischen, im Trentino oder in Rom eingesetzt wurden. Gegen Kriegsende mussten auch noch die Jahrgänge 1926 und 1927 einrücken. Das Vereinsleben der Musikkapelle und der Feuerwehr kam dadurch völlig zum Erliegen. Auf die Verweigerung des Einberufungsbefehls stand die Todesstrafe. Viele Einberufene

1943 Ein eigener »Sicherheits- und Ordnungsdienst« (SOD) wird eingesetzt.

1943 Der von den Faschisten abgesetzte Alt-Bürgermeister Josef Messner (Fischnoler Bauer), wird wieder als kommissarischer Bürgermeister eingesetzt.

zahlten diesen erzwungenen Dienst für »Führer, Reich und Vaterland« mit dem Tod oder der Gefangenschaft.

Die Lebensmittel waren schon 1942 rationiert worden, und die landwirtschaftlichen Betriebe waren verpflichtet, Vieh und Getreide, das nicht für den Eigenbedarf benötigt wurde, abzuliefern. 35 Prozent des Durchschnittsgewichts des Viehbestandes mussten *gestellt* werden.

Der Krieg zeigte bald auch in Südtirol sein brutales Gesicht. Die Alliierten bombardierten Bahnhöfe und Eisenbahnanlagen der Brennerlinie, um den Nachschub für die deutschen Truppen in Italien zu unterbrechen oder zu stören. Diese Bombardierungen setzten schon im Herbst 1943 ein und erreichten 1944/45 ihren Höhepunkt. An vielen Orten wurden Flugabwehrgeschütze eingerichtet und vom *SOD* bedient. Solche FLAK-Einrichtungen standen im Bozner Talferbett, in Moritzing und an verschiedenen Orten entlang der Brenner-Eisenbahnlinie. Diese Geschütze führten nicht selten zum Absturz einzelner Bomber oder zwangen diese zum Abdrehen. Da die Eisenbahnbrücke von Albeins bei Brixen ein wichtiges Ziel dieser Bombardierungen war, war Villnöß von diesen Angriffen in besonderem Maße betroffen. Staffeln von Bomberflugzeugen kamen aus dem Süden und flogen über das Tal, um vor Albeins ihre zerstörerische Fracht auszuklinken. Dabei gerieten sie oft in den Abwehrhagel der FLAKs von Lajen, Afers und Spinges, was dazu führte, dass einzelne Flugzeuge abstürzten und andere vorschnell ihre Bomben über Villnöß abluden und wieder zurückflogen. Dabei wurden verschiedene Höfe getroffen, und der Wald wurde von Bombensplittern stark beschädigt. Gefährlich waren indessen nicht nur die Bomben, sondern auch die Splitter der Abwehrgranaten der FLAKs, die ebenso zu Boden fielen und Mensch und Vieh gefährdeten. Ein Angriff, der in vielen Lebensberichten auftaucht, war die Bombardierung der Albeinser Brücke vom 28. Februar 1945, die in mehreren Angriffswellen erfolgte und in Albeins schwere Schäden verursachte.

Zweiter Weltkrieg 31 Gefallene, 13 Vermisste aus Villnöß, in Teis zählt man elf Gefallene und fünf Vermisste.

28. Februar 1945 Albeins/Tschötsch: 217 Bomber des Typs B24 greifen mit 575 Tonnen die Eisenbahnbrücke als Primärziel an; Angriffswellen von 10.45 bis 16 Uhr.
(Quelle: Albrich Gisinger, S. 325)

Das Ende des Schreckens

In den ersten Monaten von 1945 zeichnete sich bereits die Niederlage der deutschen Armeen an den verschiedenen Fronten ab. Berlin war von den Russen eingekesselt, und die alliierten Truppen in Italien hatten den Po erreicht. Einberufene junge Männer versteckten sich oder schlossen sich zu Widerstandsgruppen zusammen. Flüchtlinge und Deserteure suchten bei Bauern Unterkunft und wollten über abgelegene Bergwege in ihre Heimat gelangen. Ab März 1945 fanden unter der Vermittlung eines Schweizer Offiziers Geheimverhandlungen zwischen der deutschen Wehrmacht und den Alliierten statt, um weitere sinnlose Zerstörungen zu verhindern. Der 25. April wird deshalb heute als »Tag der Befreiung«, als Nationalfeiertag, begangen. Am 29. April wurde die bedingungslose Kapitulation der deutschen Heeresgruppe C in Italien unterschrieben und am 2. Mai in Kraft gesetzt. Etwa eine Million Soldaten legten daraufhin die Waffen nieder. Am 8. Mai erfolgte dann die Gesamtkapitulation der deutschen Armeen in Berlin. Nun setzte eine neue Völkerwanderung von Süden nach Norden und von Norden nach Süden ein. Tausende von deutschen Soldaten versuchten der Gefangenschaft zu entgehen und machten sich zu Fuß auf den Heimweg. Umgekehrt kehrten Zwangsarbeiter und Gefangene aus Deutschland nach Südtirol und Italien zurück. Am 4. Mai trafen die ersten alliierten Truppen in Südtirol ein und rückten zum Brenner vor, um den Brennerpass als Fluchtweg für die deutschen Soldaten abzuriegeln. In den nächsten Tagen und Wochen tauchten in allen Dörfern und Städten des Landes amerikanische Jeeps mit Soldaten auf, welche die Verwaltungseinrichtungen besetzten und für Sicherheit und Ordnung sorgten. Ab Mitte Mai wurden die im Land verstreuten deutschen Truppenverbände zusammengezogen und in Kriegsgefangenenlager in den Süden abtransportiert. Das Land wurde der alliierten Militärverwaltung (AMG) unterstellt.

1945 Kapitulation der deutschen Wehrmacht

III. Schwieriger Neuanfang in der Nachkriegszeit

Die Option und der Krieg hinterließen im Land und im Tal eine große Verunsicherung und eine Spaltung der Gesellschaft in *Dableiber* und *Optanten*, in Deutsche und Italiener. Über 70.000 Südtiroler hatten das Land im Zuge der Option verlassen, und mehr als 9000 Südtiroler hatten im Krieg ihr Leben verloren oder blieben vermisst. Die Daheimgebliebenen hatten von der Politik genug und wünschten sich endlich »friedliche Verhältnisse, ein Ende von Luftalarm und Überwachung, genügend zu essen und etwas Glück im Kreise von Familie und Freunden«[2]. Im Zentrum der Bemühungen standen die ganz konkrete Alltagsbewältigung und Existenzsicherung. Die Politik stieß nur noch fallweise auf Interesse.

Im folgenden Kapitel werden die Anfänge der politischen, wirtschaftlichen und kulturellen Entwicklung in den ersten Jahren nach dem Ende des Zweiten Weltkrieges dargestellt, wie sie in den Erinnerungen der Menschen zum Ausdruck kommen.

Forderung nach Selbstbestimmung für Südtirol

Bereits am 8. Mai 1945 fand in Bozen die Gründungsversammlung der Südtiroler Volkspartei (SVP) statt. Die Alliierten genehmigten die Gründung der SVP und erlaubten das Erscheinen einer deutschsprachigen Zeitung, der *Dolomiten,* sowie einer italienischsprachigen Zeitung, des *Alto Adige.* Vorrangiges Ziel der SVP war die Selbstbestimmung Südtirols über die Rückkehr nach Österreich. Zu diesem Zweck wurden an verschiedenen Orten Kundgebungen organisiert, um diesem Anliegen Nachdruck zu verleihen. Die Herz-Jesu-Feier im Juni 1946 in Bozen war eine solche Kundgebung, an der auch die wieder belebte Musikkapelle von Villnöß teilnahm.

Auf der Pariser Friedenskonferenz 1946 wurde die Forderung nach Selbstbestimmung von den Alliierten jedoch abgelehnt und die Brennergrenze als Staatsgrenze Italiens bestätigt. Im Rahmen dieser Konferenz wurde am 5. Sep-

Juli 1945 Peter Fischnaller, *Zellenwirt,* wird von den Alliierten als Amtsbürgermeister von Villnöß eingesetzt.

Lehrpersonen von St. Peter und St. Magdalena 1947: Sr. Dora Welponer, Josef Leitner, Anton Fill, Josef Messner, Maria Wiedenhofer (stehend); Martha Rohregger, Anna Profanter, Liesl Gasser, Ida Florian (hockend)

tember zwischen dem italienischen Ministerpräsidenten Alcide Degasperi und dem österreichischen Außenminister Karl Gruber das sogenannte »Pariser Abkommen« geschlossen und international verankert, das eine Autonomie für die Provinz Bozen vorsah. Bei der Umsetzung dieses Abkommens wurde die Provinz Bozen jedoch mit der Provinz Trient zur Region »Trentino-Alto Adige« zusammengefasst, in der die deutschsprachige Bevölkerung wieder in der Minderheit war und sich um die eigene Autonomie betrogen fühlte. Die Umsetzung des Gruber-Degasperi-Abkommens von 1946 wurde indessen durch die italienischen Stellen immer wieder verzögert und verwässert. Die italienische Zuwanderung nach Bozen nahm weiter zu, während die deutschsprachige Bevölkerung und die Südtiroler Heim- und Rückkehrer nur schwer Arbeit und Wohnung fanden. Diese Situation und die politische Benachteiligung der deutschsprachigen Bevölkerung im Lande führten in den fünfziger Jahren zu einer wachsenden Enttäuschung bei den deutschsprachigen Südtirolern. Dies zeigte sich auf der legendären Kundgebung auf Schloss Sigmundskron im November 1957, wo der kurz zuvor gewählte SVP-Parteiobmann Silvius Magnago die programmatische Forderung *Los von Trient* lancierte. Der politische Kampf um eine eigene Autonomie für die Provinz Bozen bestimmte in der Folge für ein Jahrzehnt das politische Geschehen im Lande und fand erst mit der sogenannten »Paketlösung« im Jahre 1969 bzw. 1972 seinen erfolgreichen Abschluss.

Die Schule nach 1945

Nach intensiven Verhandlungen mit der alliierten Militärverwaltung und der italienischen Regierung konnte im Oktober 1945 der muttersprachliche Unterricht mit deutschsprachigen Lehrpersonen in Südtirol weitergeführt bzw. wieder aufgenommen werden. Kurz bevor die alliierten Militärbehörden die Verwaltung an die italienische Regierung übergaben, erwirkte der damalige Vize-Schulamtsleiter Josef Ferrari auch die Zulassung deutscher Mittel- und

1946 Pariser Vertrag, auch Gruber-Degasperi-Abkommen genannt

1952 Auf Gemeindeebene finden die ersten demokratischen Wahlen nach dem Kriege statt: Peter Fischnaller, *Zellenwirt*, wird als Bürgermeister bestätigt.

1956 Johann Messner (Fischnol) wird neuer Bürgermeister.

Oberschulen. Der Unterricht in der Muttersprache wurde im Pariser Vertrag bestätigt. Die Bedeutung von Schulen in der eigenen Muttersprache kann für die weitere kulturelle und wirtschaftliche Entwicklung des Landes nicht hoch genug eingeschätzt werden.

Um die ungenügende Schulbildung in der Vorkriegszeit auszugleichen, wurden in den Dörfern vielfach Abendkurse angeboten, in denen die Grundkenntnisse in Schreiben und Rechnen aufgefrischt oder neu vermittelt werden konnten. Solche Abendkurse wurden auch in Villnöß durchgeführt. Der Besuch von Hauswirtschafts- und Landwirtschaftsschulen bot der bäuerlichen Bevölkerung die Möglichkeit einer beschränkten Berufsausbildung.

In den fünfziger Jahren gründete Bruno Pokorny in Meran den Verband der Volkshochschulen Südtirols (VHS), der einen Vortragsdienst und Filmdienst für die neu gegründeten Urania-Kulturvereine organisierte. Auf diese Weise war es möglich, auch für kleinere Dörfer Lichtbildervorträge und Filmvorführungen zu organisieren. Diese erfreuten sich – in Zeiten fehlender Massenmedien – großer Beliebtheit.

Die Kriegsgefangenen kehren heim

Nach dem Krieg kamen die in Gefangenschaft geratenen Soldaten und Mitglieder der Bozner Polizeiregimenter nach und nach wieder heim, zuerst jene aus amerikanischer und britischer Gefangenschaft, dann jene aus jugoslawischer und schließlich auch jene aus russischer Gefangenschaft. Andere waren unmittelbar vor oder nach Kriegsende auf eigene Faust heimgekehrt und hatten sich versteckt, bevor sie dann von den alliierten Militärbehörden offiziell entlassen wurden. Auf viele Soldaten warteten die Angehörigen vergebens, sie blieben vermisst. Auch von den umgesiedelten Optanten kehrten manche nach 1949 wieder ins Land zurück, viele blieben jedoch in Österreich oder Deutschland.

In St. Peter übernimmt ein junges Team von Lehrerinnen unter der Leitung von Anton Fill den Unterricht der deutschen Volksschule, in St. Magdalena Lehrer Josef Leitner, in Teis Maria (Hoaderer Moidl) und Kreszenz Psaier (Proxauf).

1950er Jahre Auch in Villnöß wird ein Urania-Verein gegründet und von Lehrer Josef Messner betreut. Die Veranstaltungen finden im großen Saal beim *Kabiswirt* statt.

Die Villnösser Kriegsheimkehrer wurden meist in St. Peter (Pitzack) empfangen und von den Menschen freudig begrüßt.

Wenig Berufsmöglichkeiten

Die Wirtschafts- und Arbeitssituation hatte sich in den Berggemeinden seit den dreißiger Jahren kaum verändert, im Gegensatz zur Stadt Bozen, wo schon vor dem Krieg eine Industriezone mit verschiedenen Werken zur Förderung der italienischen Zuwanderung geschaffen worden war. Der größte Teil der deutschsprachigen Bevölkerung war in der Landwirtschaft tätig oder übte ein Handwerk aus. Es gab nach wie vor kaum industrielle Arbeitsmöglichkeiten, sondern vorwiegend Tätigkeiten im Kleingewerbe oder in Hotels und Gastbetrieben. Auch bestanden für die deutschsprachige Bevölkerung wenig Gelegenheiten zu einer weiterführenden Schul- oder Berufsausbildung. Die Chancen auf eine Lehrstelle im Handwerk waren begrenzt, die Berufsschule wurde erst Anfang der fünfziger Jahre nach und nach aufgebaut. Im öffentlichen Dienst gab es auf Landes- und Gemeindeebene kaum freie Stellen, weil diese noch von Italienern besetzt waren. Mädchen arbeiteten als Haushaltshilfen oder im Gast- und Hotelgewerbe, auch als Hausmädchen z. B. in Mailand. Männer verdingten sich weiterhin als Knechte, Hirten oder Tagelöhner. Nicht wenige suchten in dieser Zeit deshalb Arbeit im benachbarten Ausland.

Angestellte auf Bauernhöfen und in Handwerksbetrieben wurden selten versichert. Viele Höfe hatten keine Feuerversicherung, was im Brandfalle zu existentieller Not führte. In dieser Situation wurde 1948 auf kirchliche Initiative hin der *Katholische Verband der Werktätigen* (KVW) als Zweigstelle des italienischen Patronats ACLI *(Associazione Cattolica Lavoratori Italiani)* gegründet, der die bäuerliche Bevölkerung und die deutschsprachigen Arbeitnehmer in Versicherungsfragen beriet und unterstützte.

1951 Die letzten Kriegsgefangenen (Fisneider, Jakober Mesner, Fagler, Weirather Franz und Johann Pramstrahler) kehren aus russischer Kriegsgefangenschaft zurück.

1956 Einweihung des neuen Kriegerdenkmals (Arch. Erich Pattis und Bildhauer Prof. Ignaz Gabloner) für Gefallene und Vermisste in St. Peter

Helmut Messner bei der Einweihung des Feuerwehrautos 1956

In der Landwirtschaft setzte erst in den fünfziger Jahren eine zaghafte Mechanisierung ein. Nach wie vor überwog im Berggebiet jedoch die Mischwirtschaft mit Viehzucht, Getreideanbau und Milchwirtschaft. Auch in der Bauwirtschaft und in Handwerksbetrieben war der Anteil an technischen Maschinen gering.

Die Reaktivierung der Vereine

Bereits im Herbst 1945 wurde auf Initiative von Pfarrer Terleth die Musikkapelle von Villnöß reaktiviert. Nachdem die Kapellmeister der Vorkriegszeit, Peter und Johann Vantsch, abgewandert waren, trat nun ihr Bruder Georg Vantsch (Jegg-Jörgl) in deren Fußstapfen. Dieser konzentrierte sich auf die Ausbildung von jungen Musikanten, die in Einzel- und Gruppenunterricht in der »Jegg«-Stube ausgebildet wurden. Der erste Auftritt in neuer Tracht erfolgte 1947 am Herz-Jesu-Sonntag.

Auch die Feuerwehren im Tal wurden neu ausgerüstet. Im Jahre 1956 erhielt die Feuerwehr von St. Peter das erste Motorfahrzeug und eine neue Motorpumpe zum Löschen von Bränden.

Auf Initiative von Franz Messner, Ramun, wurde der *Skiclub Fermeda* gegründet, der erste Skirennen durchführte. Die Langlaufstaffel des *Skiclubs Fermeda* war auch auf Landesebene sehr erfolgreich.

Schon Ende Dezember 1945 wurde der *Südtiroler Alpenverein (AVS)* von der alliierten Militärverwaltung wieder zugelassen, worauf in Bozen, Meran und

1945 Reaktivierung der Musikkapelle

Gründung des Skiclubs Fermeda

1957 Erster Skilift in der Hintermüllerwiese

Brixen AVS-Sektionen gegründet wurden. Einzelne am Bergsteigen interessierte Villnösser traten der AVS-Sektion Brixen bei.

Auch die Schützen planten in den späten fünfziger Jahren eine Neugründung, die aber erst 1969 zustande kam.

Neben diesen weltlichen Vereinen waren die kirchlichen Verbände und Bünde (Katholische Jugend, Frauen und Männerbund) für das soziale Leben wichtig. Durch den Krieg und den Nationalsozialismus waren viele kirchliche Traditionen und Werte aufgelöst oder in Frage gestellt worden. Nun bemühte sich die Kirche darum, alte katholische Konventionen und Werte wieder durchzusetzen. Dementsprechend wurde auf den regelmäßigen Besuch des Gottesdienstes, auf die Beichte und die Teilnahme an religiösen Feiern und Prozessionen großer Wert gelegt. Öffentliche Tanzveranstaltungen und Belustigungen waren dagegen verpönt und fanden deshalb oft im privaten Kreis in Bauernstuben und auf den Almen statt.

Das Motorrad eröffnet neue Freiheiten

In der unmittelbaren Nachkriegszeit gab es außer dem Radio und dem »Volksboten« kaum Medien, in denen man sich auf dem Lande über das Geschehen in der Welt orientieren konnte. Die ersten Fernseher kamen erst Ende der fünfziger Jahre zum Einsatz. Auch Telefonapparate waren noch selten und konnten vor allem in Gasthöfen öffentlich benutzt werden. Die Verkehrs- und Transportmöglichkeiten waren ebenso beschränkt. Viele Wege mussten immer noch zu Fuß zurückgelegt werden. Dies galt auch für die Schülerinnen und Schüler, die bei jedem Wetter von den teilweise weit entlegenen Höfen zur Kirche und zur Schule gingen. Die Schüler, die weiterführende Schulen in Brixen oder Dorf Tirol besuchten, gingen nicht selten nach den Ferien zu Fuß bis zur Zughaltestelle, um mit dem Zug ins Schülerheim zurückzufahren. Auf den Markt nach Klausen ging man ebenfalls oft zu Fuß, oder man benützte das Fahrrad. In

1960 Gründung einer eigenen AVS-Sektion Villnöß

Mobilität in Villnöß Einmal am Tag fährt der Poster Luis mit seinem Postauto nach Klausen und zurück. Hans Messner (Duregger) bietet mit seinem Auto den ersten Taxi-Dienst an. Der Lampl-Jörgl besitzt einen Militärlastwagen, mit dem er Vieh und Holz transportieren kann.

Das Motorrad bringt neue Freiheit (Konrad Fischnaller mit seiner MV Agusta).

den fünfziger Jahren kamen dann die ersten Motorräder in der Form einer Vespa oder eines Moto Guzzi auf. Die Motorräder und -fahrzeuge eröffneten neue Möglichkeiten der Mobilität und weiteten den individuellen Lebensraum aus.

Aufbruch in eine neue Zeit

Die Lebensverhältnisse in Villnöß haben sich wie in anderen Berggemeinden in der Zeit zwischen 1920 und den späten fünfziger Jahren des letzten Jahrhunderts nicht wesentlich verändert. Dazu beigetragen haben vermutlich die politisch bedingte Isolation des Landes sowie die Abwehr gegenüber dem Fremden im Allgemeinen und dem italienischen Einfluss im Besonderen. Gegen Ende der fünfziger Jahre und mit Beginn der sechziger Jahre hat in verschiedenen Bereichen ein grundlegender Wandel eingesetzt. In politischer Hinsicht verschärfte sich mit den Sprengstoffanschlägen der Kampf um eine eigene Landesautonomie. In der Wirtschaft erfolgte die Umstellung von der bäuerlichen Mischwirtschaft auf die Grünlandwirtschaft (Viehwirtschaft), und gleichzeitig setzte die Mechanisierung ein, welche die Arbeit am Bergbauernhof wesentlich erleichterte und effizienter gestaltete.

1952 Johann Pernthaler (Widner) beginnt mit dem Milchtransport.

1957–1966 Ausbau der neuen Talstraße nach St. Peter und später noch nach St. Magdalena (heutige Trasse)

1963 Bau der Teiser Straße

Mit der Einführung der Einheitsmittelschule (1963) und dem Ausbau des Bildungswesens im Lande verbesserten sich die Bildungschancen und damit auch die Berufschancen der Landbevölkerung. Gleichzeitig wurden die staatliche Rentenversicherung und Krankenkasse eingeführt. Der einsetzende wirtschaftliche Aufschwung schuf neue Arbeitsmöglichkeiten und eröffnete neue individuelle Lebensperspektiven. Damit erfolgte der Aufbruch in eine neue Zeit und eine bessere Zukunft.

1 Hecher, Maria Anna (1985): ... von klan auf erwochsn ...

2 Heiss, Hans (2001): Südtirols Achsenzeit, in: Solderer, S. 9

1957–1966 Einführung der staatlichen Rentenversicherung

Rege Bautätigkeit in Villnöß in den 1960er Jahren

1963 Geburtenrekord: 72 Kinder werden in der Gemeinde geboren.

Villnösserinnen und Villnösser erzählen

Barbara Profanter
Wwe. Obexer, »Plawatscher Barbl«

Barbara wurde am 19. November 1919 auf dem Plawatschhof in St. Magdalena geboren. Ihr Vater hieß Josef Profanter und war Bauer, ihre Mutter Maria Kofler stammte vom Visellhof. Barbl war das vierte von elf Kindern: Josef, Maria, Anna, Barbara, Johann, Theresia, Rosa, Ferdinand, Franz, Engelbert und Hermann.

Nach der Schulzeit arbeitete Barbl auf dem elterlichen Hof und als Tagelöhnerin. Schließlich ging sie zum Gasthof *Kabis* auf Dienst. 1949 heiratete sie Luis Obexer vom Niedermunthof, und sie lebten auf der Mesnerei in St. Magdalena. Von 1950 bis 1961 kamen ihre Kinder Annemarie, Luis und Peter zur Welt. Ein weiteres Kind verstarb. Nach dem Tod ihres Ehemanns 1965 übernahm Barbara den Mesnerdienst. 1973 zog sie mit den Kindern nach St. Peter. Heute lebt sie dort im Altersheim.

Wir mussten uns selbst zu helfen wissen

Wir hatten keine schöne Kindheit. Schon als ich noch ganz klein war, erkrankten wir Kinder allesamt an den Masern. Meine kleine Schwester, das Rosele, starb an dieser Kinderkrankheit. Doch das war nicht der einzige Schicksalsschlag, den unsere Familie verkraften musste. Ich war noch ein kleines *Gitschele*, ging erst in die Volksschule, als uns die Mutter verließ. Sie starb im Jahr 1928 bei der Geburt ihres elften Kindes. Sie hatte einen Blutsturz erlitten. Auch das Kind – es hieß Hermann – verstarb kurz nach der Geburt. So stand unser Vater plötzlich allein da mit uns neun Kindern. Mein ältester Bruder war gerade erst 14 Jahre alt, der jüngste knapp zwei. Aber es half nichts, wir mussten halt schauen, dass es weiterging. Wir wuchsen eben irgendwie auf, ein bisschen so wie verlorene Schafe.

Eine Zeit lang hatten wir eine *Dirn,* aber sie war immer sehr *sierig* mit uns. Sie hatte es sicher auch nicht leicht mit all den Kindern. Unsere Mutter fehlte überall, vor allem auch an Festtagen wie zu Nikolaus oder an Geburtstagen, denn der Vater hatte dafür nicht viel übrig. Ich weiß noch gut, wie ich einmal am Nikolausabend nach dem täglichen Rosenkranzgebet Teller für uns Kinder aufstellte. Die ganzen Fensterbalken stellte ich voll und der Vater fragte: »*Gitsch*, was tust du da? Was soll das?« Ich erklärte: »Ich stelle Teller auf für jedes Kind, damit der Nikolaus etwas hineintun kann.« Der Vater brummelte ein wenig und ging hinaus. Vor Aufregung konnte ich an jenem Abend kaum einschlafen. Als wir dann am nächsten Morgen nachschauen liefen, ob der Nikolaus etwas gebracht hatte, lag auf jedem Teller ein Geldstück. Es waren 20 Centesimi. Von da an wusste ich mit Gewissheit, dass unser Vater der »Nikolaus« war und niemand anderer. An Weihnachten richteten wir Kinder auch alles selbst her: Wir stellten den Christbaum und die Krippe auf, bastelten eigenhändig Puppen aus alten Lumpen und schenkten sie uns gegenseitig. Auch an Geburtstagen schauten wir älteren Geschwister immer, dass die Kleinen eine Kleinigkeit bekamen. Wir mussten uns einfach selbst zu helfen wissen.

Ich ging ganz gern zur Schule, und ich glaube, ich war auch ganz brav. In St. Magdalena gab es zu Beginn meiner Schulzeit noch keine Volksschule. Neben der Kirche stand ein halbfertiges Haus, das ursprünglich eigentlich ein Widum werden sollte. Doch es kam anders, weil für St. Magdalena dann doch kein eigener Pfarrer angestellt wurde. So wurde aus dem Bau ein Schulhaus. Doch bis es fertig war, mussten wir den weiten Schulweg hinaus nach St. Peter in Kauf nehmen.

Obwohl wir stets rannten – zumindest dort, wo es abwärts ging – brauchten wir eine gute Stunde bis zur Schule. In der Adventszeit mussten wir ganz früh aus unseren Betten kriechen, denn es hieß *Rorate* gehen, und die fing schon um sechs Uhr an. Es war ein Amt und dauerte fast eine Stunde. Anschließend begaben wir uns ins Klassenzimmer und tobten herum, bis der Unterricht anfing. So wurde uns die Wartezeit nie lang. Das frühe Aufstehen war nicht so schlimm, aber das Frühstück machte mir zu schaffen. Es gab ja immer Mus zum Frühstück, und wenn es gekocht war, dauerte es immer unerträglich lange, bis es abgekühlt war. So konnte ich mich nie satt essen, bevor wir gehen mussten. »Nur noch einen Löffel voll, dann gehe ich«, sagte ich immer und pustete auf das Mus, so fest ich konnte. Ich hätte immer noch gern mehr gegessen, aber meine älteren Geschwister zogen mich stets zur Tür hinaus, damit wir nicht zu spät kamen.

Wir hatten überhaupt oft Hunger. Es gab daheim nie genug zu essen. In St. Peter bekamen wir zeitweise eine Ausspeisung. Fast immer gab es Suppe. Dazu kriegten wir oft auch eine Schnitte Weißbrot. Diese sparte ich jedoch immer auf, um sie dem Vater nach Hause zu bringen. Ich wollte ihm eine Freude machen. Doch es gelüstete mich immer so sehr nach diesem Brot, dass ich heimwärts wieder und wieder ein kleines Stückchen abzupfte. So war das Brot am Ende ganz zerrupft. Meine Geschwister sagten immer: »Sei nicht so dumm, iss das Brot doch selber.« Aber ich ließ mich nicht davon abbringen. Ich wollte meinen Vater beeindrucken.

Wenn Schnee lag, konnten wir immer mit der Rodel zur Schule fahren. Oft kamen uns aber Pferdeschlitten entgegen, die frühmorgens auf die Almen hinauffuhren, um Heu zu holen. Da mussten wir dann abbremsen, und danach fehlte natürlich der Schwung zur Weiterfahrt. So hieß es wieder rennen! Nicht selten kamen wir ganz nass und verschwitzt ins Klassenzimmer. Unser Gewand war auch nicht recht wetterfest. Wir Mädchen müssten immer Röcke tragen und kratzende, wollene Kniestrümpfe, die über dem Knie mit einem Strumpfband befestigt waren. Das Band schnitt ins Bein und schmerzte. Ich fror oft, besonders meine Knie waren immer eiskalt, denn der starre Rock stand ab und wärmte unten herum nicht. Erst meine jüngere Schwester durfte beim Schulegehen Hosen anziehen; doch als ich klein war, war das noch undenkbar für ein Mädchen. Das gehörte sich einfach nicht.

In der Schule haben wir nicht viel gelernt, denn die Lehrerin sprach nur Italienisch. Ich habe in all meinen Schuljahren nie fehlerfrei schreiben gelernt, und deshalb mache ich es bis heute nicht gern. Die Lehrerin in St. Magdalena mochte mich aber, weil ich ihr immer das Wasser vom Obermesner ins Schulhaus herübertrug. Die Lehrpersonen waren in der Schule untergebracht, doch es gab kein fließendes Wasser in der ganzen Schule, nicht einmal in den Wohnräumen.

Plawatscher Familie mit Hof im Hintergrund um 1940

Außer dem italienischen Unterricht besuchte ich auch die Katakombenschule, die heimlich war. Das waren aber nur ganz wenige Stunden.

Wir sollten auch zu der *Balilla* gehen, aber der Vater ließ uns nicht. Dabei hätten wir so gern auch dieses Gewand gehabt! Wir waren halt Kinder, und das wäre einmal eine Abwechslung gewesen. Wir *Gitschn* besaßen sonst nur ein lodenes Kleid, das wir im Sommer und Winter anhatten. Den Lodenstoff *wirkte* man selber. Im Sommer trennte man die Ärmel heraus und zog darunter ein dünneres Hemd an. Darüber trugen wir eine Schürze. Unsere Jacken waren aus Schafwolle gestrickt und unsere Schuhe aus hartem Kalbleder gefertigt. Sie hatten genagelte Sohlen und waren natürlich nicht besonders elegant. Sonntags mussten wir oft »zusammenwarten«, das heißt, die einen mussten warten, bis die anderen von der Frühmesse kamen und dann schnell deren Schuhe anziehen und zum Hauptgottesdienst eilen. Da der Weg nach St. Peter weit war, wurde es oft ziemlich knapp. Im Sommer liefen wir meistens barfuß. So war es nicht verwunderlich, dass wir die Mädchen mit der eleganten *Balilla*-Uniform bewunderten und schon auch beneideten.

Wenn zu Hause eine größere Arbeit zu tun war, wie das Erdäpfelsetzen oder Brotbacken, durfte ich nicht zur Schule gehen. Da brauchte es mich daheim. Ich sehe mich noch heute den Brotteig in einem Zuber rühren, der riesengroß war. Ich war ja selbst noch ein Kind, aber ich musste einfach alles machen wie eine Erwachsene. Meine älteste Schwester Moidl war zuckerkrank und war lange Zeit weg von zu Hause. Sie war in einer Art Heim in Innsbruck untergebracht, denn dort gab es die Spritzen, die es bei uns noch nicht gab. Auch Anna war kränklich, hatte immer Füße weh und so einen Ausschlag, der entsetzlich juckte. So war ich immer die Starke, obwohl ich jünger war. Ich musste es sein, mir blieb gar nichts anderes übrig.

Auch als mein Bruder Engelbert starb, musste ich stark sein für die Familie. Es war 1933, und er war erst sechs Jahre alt, als es zu dem schrecklichen Unfall kam. Die Buben Engelbert und Franz saßen auf dem *Wandl* am Herd, wo es fein warm war. Maria hatte einen großen Kessel Wasser aufgestellt, um *Stauchen* auszukochen. Gerade als sie den Deckel vom Kessel nahm und einen Augenblick wegging, geschah das Unglück. Die Kinder blödelten herum und kitzelten sich gegenseitig. Plötzlich verlor Engelbert das Gleichgewicht und fiel rücklings in den Waschkessel mit dem siedenden Wasser hinein. Als meine Schwester hereinkam, sah sie nur mehr die Beine aus dem Kessel ragen. Sie zog das Kind zwar schnellstens heraus, doch die Verbrühungen waren so schwer, dass sie nicht einmal mehr die Kleider vom Körper lösen konnte. Der herbeigerufene Doktor hatte nicht mehr viel Hoffnung. Das wimmernde Kind lag im Sterben. Unser Sepp sollte schnell nach Brixen in die Apotheke laufen, um Medizin zu holen. Doch er schaffte es nicht mehr: Auf dem Heimweg hörte er schon von Weitem das Sterbeglöckchen läuten. Engelbert war von seinen Qualen erlöst.

Die Eier wurden verkauft, nicht gegessen

In den dreißiger Jahren litten wir große Not, denn es war einfach kein Geld da. Meistens übernahm meine Schwester Anna das Kochen, und sie kochte uns immer zu wenig. Wenn wir uns beschwerten, jammerte sie: »Was wollt ihr denn? Ich habe doch nicht mehr *Plentemehl.*« – »Ja, dann musst du halt Gerste druntermischen«, erwiderte ich. Es war uns egal, was in den Knödeln drin war. Die Hauptsache war, wir kriegten irgendetwas in den Bauch. Doch es war natürlich nicht leicht, alle Mäuler zu stopfen. Wir hatten zwar auch Hennen, doch die Eier wurden verkauft, nicht gegessen. Zu Plawatsch im hintersten St. Magdalena wuchs kein *Plenten*. Wir hatten Hafer, Gerste, Roggen und sogar Weizen, aber keinen Buchweizen. Wir mussten das Mehl tauschen oder kaufen. Die *plentenen* Knödel waren unser Hauptnahrungsmittel, die gab es jeden Tag, oft auch am Sonntag. Sie hingen mir damals ganz schön zum Hals heraus. Heute hingegen hätte ich sie hin und wieder ganz gern.

Auf der Glatschalm war Barbara am liebsten.

In der Kriegszeit war es dann auch nicht viel besser, denn wir mussten alles Mögliche abliefern: Vieh, Getreide, Milch und Butter. Und unsere Speisekammer war fast leer. Ich glaube, ich habe heute so einen guten Appetit, weil ich in jungen Jahren so viel Hunger leiden musste! Meine Brüder mussten einrücken, und unser Vater war schon alt. Es war fast unmöglich, einen Mann zum Helfen zu bekommen, denn fast alle wurden einberufen. Den ganzen Tag hieß es »Barbl hier« und »Barbl da« – ich musste die ganze Männerarbeit verrichten. Meine kleine Schwester Thresl half mir so gut es ging. *Erde führen* und die Äcker pflügen waren die härtesten Arbeiten. Ich weiß noch gut, wie Thresl die Pferde führte und ich mit dem Pflug hinten nachgehen sollte. Sie hatte ein altes Ross und ein junges. Während aber das junge nicht vorwärtsgehen wollte, zog das alte voraus, und Thresl hatte alle Mühe, die

Rösser gerade zu führen. Ich rief ihr immer wieder zu: »Nicht zu hoch fahren. Ich muss mit dem Pflug eine gerade Linie gehen.« Sie schrie zurück: »Dann fahr du doch mit den zwei Viechern voraus, die folgen mir nicht!« Heute kann ich darüber lachen, aber damals schindeten wir uns schon ganz schön ab. Unsere Brüder kamen zum Glück alle heil wieder heim – aber erst, als die Äcker schon bebaut waren.

Einer von ihnen war auch bei der SS, und als er einmal auf Urlaub heim durfte, versteckte er sich, um nicht mehr zu seiner Einheit zurück zu müssen. In der Nacht schlief er immer im Heu versteckt in einer *Schupfe* am Waldrand. Tagsüber wollte er sich manchmal auch nützlich machen und auf dem Feld helfen. Da zogen wir ihm Kittel, Schürze und Kopftuch an, damit man ihn zumindest von Weitem für eine Frau hielt. Doch die Nachbarn waren recht neugierig und schöpften schon bald Verdacht. Sie fragten recht hartnäckig, wer

Lustige Almgesellschaft (Barbara links hinten mit Hut)

denn dieses kräftige Weib sei, das bei uns auf dem Feld arbeitete. Zum Glück war der Krieg schon aus, und sie hörten bald auf, ihn zu suchen.

An die Bombardierungen von 1945 erinnere ich mich noch gut. Einmal war ich gerade unterwegs, um den Männern im Wald das Essen zu bringen, als es gewaltig krachte. Ich hörte die Splitter der FLAKs herumfliegen und warf mich auf den Boden. Da steckte ich mein Gesicht tief ins Moos und war fest überzeugt, so könne mir nichts passieren. Erst als es ruhiger wurde, wagte ich, wieder aufzustehen und weiterzugehen. Eine Bombe fiel bei Ranui, eine beim Koss in den Wald. Zum Glück kamen keine Menschen zu Schaden.

Viel Arbeit und ein kleines bisschen Freizeit

Nach meiner Ausschulung musste ich dem Vater weiter daheim auf dem Hof helfen. Die Arbeit zu Hause ging immer vor. Neben dem Hof hatten wir auch *Glatsch* zu bewirtschaften. Eine von uns Mädchen musste im Sommer hinauf zum Sennen. Das Almleben gefiel mir sehr, am liebsten wäre ich immer oben geblieben. Da ging es oft lustig zu, besonders wenn Heu gemäht wurde. Doch es brauchte mich eben auch zu Hause. Wir hatten Milchkühe, Kälber, einige Schafe, zwei Pferde und Hennen. Die Arbeit, die ich am unliebsten machte, war das Strohsäckefüllen im Spätherbst, denn da war es immer so kalt, dass einem die Finger blau wurden.

Ab und zu half ich auf anderen Höfen als Tagelöhnerin, wenn eine große Arbeit anstand, z. B. die große Wäsche, Getreide schneiden oder Brot backen. Da bekam ich als Lohn eine Marende oder ein paar Brote und ein wenig Trinkgeld, aber verdient habe ich so gut wie nichts. Und dabei hätte ich immer so gern ein bisschen Geld auf die Raiffeisenkasse getragen. Ich stellte es mir so wunderbar vor, ein eigenes Sparbüchlein zu besitzen! Erst als ich auf Dienst zum *Kabis* ging, bekam ich zum ersten Mal einen richtigen Lohn. Als ich so die Stiegen kehrte, dachte ich mir anfangs oft: »Ist das ein großes Haus hier!« Ich war gerne dort, und die Arbeit freute mich. Als mich die Wirtin einmal fragte, ob ich mit dem gebotenen Verdienst zufrieden wäre, sagte ich ihr, dass ich gerne ein bisschen

Kornschnitt bei Plawatsch in St. Magdalena

mehr hätte, damit ich etwas sparen könnte. Sie brummelte ein wenig, bezahlte mir dann aber doch die gewünschte Summe. Im Sommer musste ich weiterhin zu Hause helfen. Erst sobald meine Schwester im Herbst vom Sennen zurückkam, durfte ich wieder auf Dienst gehen.

Freizeit hatten wir früher ja nicht viel, aber an Sonn- oder Festtagen haben wir zu Hause immer musiziert und gesungen. Das war unsere große Freude. Meine Brüder spielten alle ein Blasinstrument, und wir Mädchen sangen. Zu unserer großen Freude durften ich und meine Schwester Thresl zu einer Frau, der Kantioler Paula, um Singen zu lernen. Sie lehrte uns zweistimmig zu singen und zeigte mir auch ein bisschen das Gitarrespielen. Ich wäre auch so gerne zum Chor gegangen, aber der Pfarrer wollte uns Mädchen aus St. Magdalena nicht. Die Chorprobe fand nämlich immer abends statt, und da war es im Winter schon finster. »Das ist nichts, so junge Mädchen in der Nacht allein unterwegs«, meinte er, und damit hatten wir uns abzufinden. Noten habe ich daher nie gelernt. Ich brachte mir das Gitarrespielen und später auch das *Raffele*-Spielen zum Großteil selbst bei, nur nach Gehör. Dies waren meine schönsten Stunden.

Wir Geschwister sangen oft zu Hause und manchmal auch auf Hochzeiten. In der Adventszeit gingen wir zum *Klöckeln* auf die verschiedenen Höfe. Es wurde einfach mündlich ausgemacht, wo man sich traf, und man wusste schon ungefähr, wo man willkommen war. Dort wurde dann gesungen und getanzt, und es gab verschiedene Krapfen. Manchmal klöckelte man auch bei uns daheim. Darauf freuten wir uns immer sehr. Es war eine schöne Abwechslung zum arbeitsreichen Alltag. Leider wurde dieser Brauch dann mit der Zeit ausgelassen, weil die Geistlichen es nicht gerne sahen, wenn in der Adventszeit gefeiert wurde.

Vor der Hochzeit war ich auch eine Zeit lang bei der Theatergruppe. Mein Bruder Sepp war auch dabei, und wir spielten meist lustige Volksstücke. Auch bei Hochzeiten machten wir manchmal szenische Einlagen. Ich spielte immer sehr gern Theater, auch in späteren Jahren beim Seniorenclub kam mir dieses Talent zugute.

»So wie du dir die Suppe kochst, musst du sie auch essen ...«

Meinen Mann lernte ich bei der Arbeit kennen. Er war Knecht beim *Kabis*, wo ich auf Dienst war. So arbeiteten wir oft zusammen auf dem Feld oder im Futterhaus. Einmal ergab es sich dann, dass wir zufällig am gleichen Tag heim nach St. Magdalena mussten. Als wir mit unserer Rodel so nebeneinander durch den Schnee stapften, fragte mich Luis, ob ich ihn heiraten wolle. Ich antwortete, da müsse ich erst den Vater fragen. Als ich zu Hause dann mein Anliegen vorbrachte, meinte der Vater nur: »So wie du dir die Suppe kochst, so musst du sie auch essen.« Damit war die Sache erledigt, und ich konnte mir denken, was ich wollte.

Unsere Hochzeit fand im Frühjahr 1949 in St. Magdalena statt. Der Vater gab uns die Erlaubnis, bei uns zu Hause zu feiern. Schließlich hatte ich ja auch jahrelang umsonst daheim gearbeitet. Wir schmückten den Hof mit Blumen und Triumphbögen und deckten die Tische mit weißen Leintüchern. Das war sehr feierlich. Es wurde sogar ein Kalb geschlachtet, und die Mittermühler Mariedl, die gut kochen konnte, bereitete uns das Festmahl. Ich hatte ein Festtagsgewand, einen *Tschoap* mit einem großen Schultertuch, an. Das Gewand hatte ich nur geliehen, aber ich hatte trotzdem eine große Freude. Es war alles sehr schön. Für die Musik sorgten meine Geschwister und die Kantioler Paula. Am Abend gingen wir zu Fuß hinüber zum Untermesner. Ich kann mich noch genau erinnern, dass es ganz leicht regnete, als wir uns auf den Weg machten. Den *Kasten* mit meinen Sachen hatten wir schon ein paar Tage vorher hinübergebracht. Die Geschwister meines Mannes hatten für uns alles schön hergerichtet. Am Samstag vor unserer Hochzeit hatten wir – natürlich zu Fuß – eine Wallfahrt nach Freienbühl gemacht, um Gottes Segen zu erbitten.

Wir bewirtschafteten also das Untermesnerhöfl, und mein Mann arbeitete zusätzlich als Tagelöhner. Den Mesnerdienst nahm er sehr genau. Er verbrachte viel Zeit damit, den Altar herzurichten und die Kirche zu schmücken. Ein besonderer Festtag war natürlich immer der Magdalener Kirchtag im Juli. Zu diesem Anlass wurden die Kirche und auch der Platz davor extra schön hergerichtet.

Mein Mann ging stets mit dem Buckelkorb zu den umliegenden Bauern, um Geranien zu leihen. Sie wurden markiert, und nach dem Festtag trug er die Blumentöpfe wieder zu den Bauern zurück. Nach der Messe und der Prozession spielte die Musikkapelle, und es gab zu essen und zu trinken. Auch in unserer Stube und im Stadel richteten wir Tische und Bänke für die Kirchtagsgäste. Am Nachmittag war wieder ein Rosenkranzgebet in der Kirche. Anschließend wurde wieder gefeiert und getanzt, manchmal bis spät in die Nacht.

Ab und zu half ich meinem Mann auch beim Läuten: Es gab vier Glocken, die per Hand geläutet gezogen wurden. Um fünf Uhr morgens und am Abend musste man Betläuten, zu Mittag *Zwölfeläuten,* und am Samstag zu Mittag sowie am Sonntag ertönten alle vier Glocken. Im Mai wurde stets zur Maiandacht geläutet. Außerdem gab es natürlich das Sterbeglöckchen, und am Tag

Barbara mit Ehemann Luis und Kindern vor dem Untermesnerhof; hinten rechts das alte Schulhaus von St. Magdalena

des Begräbnisses musste man *Schiedumläuten*. Wenn es im Sommer arg stürmte und wetterte, wurde »Wetter geläutet«, oft auch mitten in der Nacht. Auch die Kirchturmuhr musste man jeden Tag aufziehen: Mit einer Drehkurbel wurden die Gewichte nach oben gezogen. Ich ging nicht gern in den Kirchturm, denn nicht selten flogen einem die Fledermäuse um die Ohren.

Da das Mesnerhaus nicht nur neben der Kirche, sondern auch neben dem Schulhaus lag, wurde mir auch der Schuldienst übertragen. Ich musste die Schule aufräumen, putzen und im Winter die Öfen anfeuern, damit es in den Klassenzimmern warm war. Auch das Holz- und Kohletragen sowie Schneeräumen gehörten zu unseren Aufgaben. Da hieß es früh aufstehen.

Wir hatten nicht viel, aber wir waren zufrieden. Doch dann ereilte uns ein Schicksalsschlag: Im Jahr 1965 starb mein Mann ganz plötzlich an einer kurzen, schweren Krankheit. Wir hatten zwar nur die kleine Mesnerei mit zwei Kühen und zwei Schweinen und einigen Hennen, aber die Kinder waren noch jung, Peter erst vier Jahre alt. Da tat ich mich als Witwe schon oft schwer. Das Höfl brachte gerade ein wenig für den Eigengebrauch. Wir hatten mehrere kleine Fleckchen Wiese, die fast alle weit weg vom Hof lagen. Ich schleppte unzählig viele Körbe voll Gras und *Runkeln* für das Vieh auf dem Rücken nach Hause. Zusätzlich musste ich nun den Schul- und Mesnerdienst allein verrichten. Das Putzen in der Schule war sehr mühsam, weil man immer das ganze Wasser hintragen musste. Es gab nach wie vor kein fließendes Wasser im Schulgebäude. Auch das Dekorieren der Kirche und das tägliche Läuten gehörten nun zu meinen Aufgaben, genau wie die Arbeit auf dem Feld, im Stall und im Haus. Ich weiß heute nicht mehr, wie ich das alles schaffen konnte. Die Kinder mussten auch mit anpacken. So kamen wir irgendwie über die Runden.

Nie aufgeben

Der Glaube und das Gebet halfen mir über manche schwere Stunden. Für Urlaub hatte ich nie Zeit und auch nicht das Geld. Aber mir war auch nicht viel ums Herumfahren. An freien Tagen gingen wir auf die Alm. Für die Musik und das Theaterspiel hatte ich damals kaum mehr Zeit. Erst als ich älter wurde und die Kinder erwachsen waren, konnte ich wieder meine Hobbys pflegen. Zum 70. Geburtstag schenkten mir meine Kinder eine Ziehharmonika. Es war immer ein Traum von mir gewesen, dieses Instrument zu spielen. Eine Bekannte zeigte mir ein bisschen die Griffe, den Rest brachte ich mir wieder selber bei, denn Noten lesen kann ich bis heute nicht.

Ich war auch viele Jahre lang beim Seniorenclub vom KVW. Dort haben wir oft gemeinsam gesungen und Gitarre gespielt. Die Wanderungen und Fahrten, die wir unternahmen, habe ich sehr genossen. Auch das Kartenspielen hat mir immer große Freude gemacht. Hier im Altersheim spielen wir auch viel Karten. Es geht mir hier gut, ich habe alles, was ich brauche, und alle sind sehr nett. Leider hat meine Stimme stark nachgelassen, sodass ich nicht mehr singen kann. Das tut mir am meisten Leid.

Wenn ich noch einmal jung wäre, würde ich früher von zu Hause weggehen und einen Beruf erlernen. Köchin hätte mir gefallen. Aber es kommt eben nicht immer so, wie man es gerne hätte. Trotz allem habe ich nie den Humor verloren. Ich habe herausgefunden, dass es besser ist, dem Schicksal ins Gesicht zu lachen als zu weinen. »Nie aufgeben, *ollm* weiterkämpfen«, das war immer mein Leitspruch.

Maria Messner Profanter
»Fischnoler Moidl«

Maria wurde am 27. Februar 1920 in Villnöß geboren. Ihr Vater hieß Josef Messner und war Bauer auf dem Fischnolerhof, Bürgermeister und Ehrenbürger von Villnöß. Ihre Mutter Maria Augschöll vom Koflerhof verstarb sehr früh, sodass der Vater ein zweites Mal heiratete, und zwar seine Schwägerin Rosa Augschöll. Sie verstarb nach zwei Jahren, und Josef Messner heiratete ein drittes Mal, Frau Anna Rabanser aus Lajen.

Maria war die Erstgeborene und wuchs gemeinsam mit ihren Geschwistern Anna, Elisabeth, Josef, Johann, Juliane und Luis auf. Vier weitere Geschwister namens Mathilde, Luis, Filomena und Heinrich starben als Kinder.

1951 heiratete sie Anton Profanter vom Ganoihof in St. Peter, mit dem sie die drei Kinder Alfred, Hubert und Martha großzog. Seit 1985 ist sie verwitwet.

Man durfte nicht einmal anziehen, was man wollte

Meine gesamten Schuljahre von 1926 bis 1934 fielen in die Zeit des Faschismus, wo der Unterricht ausschließlich in italienischer Sprache abgehalten wurde. In meinem ersten Schuljahr schrieben wir noch mit dem Griffel auf einer Schiefertafel. Unsere Lehrerin war eine Klosterfrau, die Italienisch unterrichtete, aber von hier war. Sie rief uns nicht beim Tauf- oder Schreibnamen, sondern immer beim Hofnamen. »Gstillerin, Fischnolerin, alla lavagna!«, hieß es, wenn wir vor an die Tafel kommen sollten. Geschimpft hat sie immer auf Deutsch, denn wenn sie zornig war, konnte sie nicht mehr Italienisch. Auch in den oberen Klassen hatte ich das Glück, einen hiesigen Lehrer zu haben. Er stammte vom Ritten und war einer der wenigen deutschsprachigen Lehrpersonen, die die Prüfung geschafft hatten und als »italienischer« Lehrer unterrichten durften. Es war ihm natürlich strengstens untersagt, mit uns Deutsch zu sprechen, aber zumindest hat er uns verstanden, und das machte die ganze Sache schon viel leichter. Er wurde sehr kontrolliert, wehe wenn den Carabinieri zu Ohren gekommen wäre, dass er ein deutsches Wort gesagt hatte. Dann hätte er seine Stelle wohl sofort verloren.

Wir hatten es manchmal ziemlich streng, denn um 7.30 Uhr war täglich Schülermesse, und der anschließende Unterricht dauerte von 8 bis 10.45 Uhr. Danach gingen wir heim zum Mittagessen und von 13 bis 15 Uhr war wieder Schule. Einmal pro Woche war danach noch Religionsunterricht in der Kirche, wo wir armselig froren. Ab und zu traf es sich, dass wir anschließend noch ein, zwei Stunden »Deutsch« hatten. Das war natürlich heimlich. Da waren wir dann am Abend schon sehr müde. Oft wurde der heimliche Deutschunterricht bei uns zu Hause abgehalten, denn wir hatten viel Platz, und die Nachbarskinder konnten alle zu uns kommen. Der Herr Fill, ein pensionierter Lehrer, unterrichtete uns, aber er war sehr streng, und wir hatten Angst vor ihm. Einmal wollte er, dass wir einen Aufsatz schreiben. Wir sahen uns an und wussten alle nicht, was zu tun war. Er war empört, denn er meinte, Schüler unseres Alters müssten das wohl können. Doch wir verstanden einfach nicht, was das Wort »Aufsatz« bedeutete. Hätte er gesagt, wir sollten einen »diario« schreiben, wäre uns die Aufgabe klar gewesen, denn so nannten wir einen Erlebnisaufsatz in der Schule. Später hatten wir Josefa Leitner vom Riegler bei *Flitz* als Lehrerin, und bei ihr haben wir viel gelernt. Als es immer gefährlicher wurde, kamen keine anderen Kinder mehr zu uns. Der Unterricht fand im oberen Stock bei der Großmutter statt, und wir saßen alle da mit Spielzeug und Strickzeug griffbereit, um die Schulsachen schnell verschwinden zu lassen, falls eine Kontrolle kommen sollte. Doch zum Glück hat man uns nie erwischt.

Im Katakombenunterricht, den ich auch nach meiner Ausschulung noch besuchte, lernten wir nicht nur die deutsche Sprache, sondern auch die deutsche Schrift. Das war für uns ziemlich schwierig und auch verwirrend. Manchmal passierte es deshalb, dass ein Schüler in der Schule einen deutschen Buchstaben schrieb und sich damit verriet.

In vielen Familien war es besonders wichtig, eine gute Note in Religion und in Betragen zu haben, die anderen Fächer waren Nebensache. Aber unser Vater legte großen Wert darauf, dass wir fleißig lernten. »Es ist, wie es ist«, sagte er. »Ihr müsst trotz allem fleißig mittun.« Doch wenn wir manchmal aus der Schule kamen mit einem italienischen Wort und fragten, was das sei oder wie das auf Deutsch heiße, schüttelte er oft den Kopf und meinte: »Meine armen Kinder, was wird aus euch wohl einmal werden?« Ich erinnere mich, dass es so weit kam, dass wir Kinder zum Spaß Italienisch sprachen, vor allem, wenn wir wollten, dass die Erwachsenen nichts verstanden.

In der Schule war es auch sehr wichtig, dass man bei der *Balilla* war. Wer nicht bei diesem Verein war, bekam z. B. nichts von der *Befana*. Unserem Lehrer

Schüler und Schülerinnen der Jahrgänge 1920 bis 1923 mit italienischen Lehrpersonen

tat es sicher Leid, wenn er Bleistifte und Radiergummi nur den *Balilla*-Kindern austeilen durfte, aber er konnte halt auch nichts machen. Aber dieser Lehrer benotete uns wenigstens immer gerecht. Das war auch nicht selbstverständlich. Ich war nicht bei diesem Verein, aber meine jüngeren Geschwister waren bei der *Balilla*, denn der Druck wurde immer größer, es ging fast nicht mehr anders. Meine Schwester durfte einmal an einer Fahrt nach Rom teilnehmen, weil sie gut in der Schule war. Trotzdem war sie nicht stolz, sie schämte sich, wenn sie diese Uniform, die »*walsche Huttl*«, anziehen musste.

In meinem letzten Schuljahr gab es einen Preis für den besten Schüler und die beste Schülerin. Das war der sogenannte »Dante-Alighieri Preis«: In Klausen wurden uns ganz festlich ein Diplom und 100 Lire überreicht. Das war viel Geld, wenn man bedenkt, dass eine Tagschicht Arbeit damals fünf Lire wert war. Diesen Preis erhielten ausgerechnet ich und mein späterer Mann, der Ganoier Toni. Damals ahnte ich natürlich noch nicht, dass wir einmal heiraten würden. In der Schule saß er genau in der Bank hinter mir mit dem Unterhüttl Sepp. Diese beiden Burschen konnten gut rechnen, und wir Mädchen taten uns dabei eher schwer. Aber sie gaben uns nie einen Tipp und ließen uns auch nie abschreiben. Das habe ich ihm später noch vorgehalten, dass er uns Mädchen beim Rechnen so im Stich gelassen hat!

Als Mussolini ans Ruder kam, wurde der Bürgermeister, unser Vater, von einem *Podestà* abgelöst. Dieser kannte sich mit den hiesigen Gegebenheiten überhaupt nicht aus, und die Leute bestürmten weiterhin ihren alten Bürgermeister, weil sie sich nicht verständigen konnten. So wurde mein Vater schließlich eine Art Berater des *Podestà*, da mein Vater aber auch nicht Italienisch konnte, war das eine schwierige Sache.

Zur Faschistenzeit war alles Mögliche verboten, man durfte nicht einmal anziehen, was man wollte: Man durfte kein Dirndl mit weißen Stutzen tragen, man durfte an Feiertagen keine Fahne hinaushängen und auch die Herz-Jesu-Feuer waren verboten. Doch was verboten ist, das hat erst recht seinen Reiz. So fand man Wege, die Verbote zu umgehen: Es bildeten sich Gruppen, die sich auf den Almen trafen und heimlich Lieder sangen und Volkstänze veranstalteten. Das Gewand, das Dirndl, nahm man in einer Tasche mit und zog es erst an, als man auf der Alm war. In einem kleinen Ferienhaus in St. Peter, das nur im Sommer bewohnt war, traf sich oft die Volkstanzgruppe zum Proben. Da standen immer vier Leute draußen Wache, um sofort Alarm zu schlagen, wenn jemand kam. Auch die Herz-Jesu-Feuer wurden ganz weit oben in den Bergen und an den extremsten Orten gemacht, wo kein Carabiniere hinkam, sogar oben auf der *Sass Rigais*.

In Bozen gab es einmal eine große Feier für den italienischen Sieg in Abessinien. Da sollte die Villnösser Musikkapelle hinfahren und aufspielen. Doch die Musikanten weigerten sich, auch die Grödner Kapelle von St. Ulrich nahm nicht an dieser Feier teil. Zur Strafe wurde den Grödnern daraufhin die Tracht abgenommen. Die Villnösser hatten damals keine Tracht. Da wurde die Kapelle kurzerhand aufgelöst. So jedenfalls habe ich es in Erinnerung.

»Gsessn isch man lei ban Essn«

Mein Vetter Bernhard war Fütterer auf unserem Hof, und als ich im letzten Schuljahr war, fragte er mich, ob ich mit auf den Stegener Markt kommen möchte. Er besuchte diesen Markt nämlich jedes Jahr, denn eine seiner Schwestern war in St. Lorenzen verheiratet. Erfreut sagte ich zu. Die Mutter machte uns *Minggelen* zum Mitnehmen, und wir gingen talauswärts zum Zug. Doch der Zug war bereits abgefahren, und der nächste kam erst eine Stunde später. Bernhard wollte nicht eine Stunde lang warten, und so marschierten wir nach Brixen. Aber auch dort war uns der Zug gerade vor der Nase weggefahren. »Dann gehen wir halt bis Vahrn, das ist ja nicht weit«, meinte der Vetter, und so wanderten wir weiter. In Vahrn hieß es, der nächste Zug komme erst später. »Ist ganz gleich«, meinte Bernhard, »dann gehen wir halt hinauf in die Vintl.« Auf der Schabser Höhe hatte ich großen Hunger. So machten wir Pause und aßen die *Minggelen*, die wir mitgenommen hatten. Anschließend ging es weiter bis in die Vintl und dort kam Gott sei Dank endlich ein Zug. Das war ein ganz schöner Marsch,

Maria (links) mit ihren Geschwistern Anna, Elisabeth und Josef

obwohl ich sagen muss, dass man das Gehen früher schon sehr gewohnt war. Man war ja immer auf den Beinen, gesessen ist man nur beim Essen.

So fuhren wir bis St. Lorenzen und übernachteten bei der *Basl.* Am nächsten Tag gingen wir nach Stegen auf den Markt. Ich war ganz weg, denn so etwas hatte ich vorher noch nie gesehen! Ich war ja überhaupt noch nie auf einem Markt gewesen. Der Vetter kaufte mir als Andenken einen kleinen, runden Spiegel zum Aufstellen, und diesen Spiegel habe ich jahrelang gehütet wie einen Schatz, denn er war eine Erinnerung an dieses aufregende Erlebnis.

Arbeit über Arbeit: Wer meldet sich freiwillig?

Auf unserem Hof herrschte stets reges Treiben. Die Großeltern wohnten bei uns und etliche Dienstboten: zwei *Dirnen,* zwei Knechte, ein Fütterer und ein Stallbursche. Auch waren ständig Handwerker auf der *Stör,* und Kinder, die einen zu weiten Schulweg hatten, aßen zu Mittag bei uns. Im Zu-Haus wohnten immer Leute, die ihre Miete meist in Form von Arbeitsstunden abdienten. Außerdem hatten wir immer Pflegekinder, die sonst kein Daheim mehr hatten. Im Sommer kam auch noch ein Hütbube dazu. In den Sommermonaten kamen damals oft ladinische Kinder nach Villnöß, denn sie sollten hier ein wenig Deutsch lernen. Einmal hatten wir einen Buben, der nicht besonders gern arbeitete. Als er beauftragt wurde, Holz zu den Großeltern hinaufzutragen, rührte er sich nicht. »Holz tragen, verstehst du ›Holz‹?«, fragte der Vater. »Verstehe schon ›Holz‹. Trage ich nicht hinauf«, war seine Antwort.

Jeder auf dem Hof hatte seine bestimmte Arbeit: Der erste Knecht arbeitete mit dem Vater voraus, der zweite Knecht war für die Pferde zuständig und der Fütterer fürs Füttern. Die »Großdirn« oder »Erste« musste mit der Mutter kochen und die Schweine versorgen, die *»Mittere«* mit ihr die Hausarbeit machen und die Milch verarbeiten, die *»Gitsch«* musste allen zur Hand gehen. Im Sommer musste man die Hausarbeit bis sechs Uhr morgens erledigt haben, denn dann ging's hinaus aufs Feld. Wenn eine außergewöhnliche Arbeit anstand, hatte mein Vater eine gute Methode. Er sagte einfach: »Heute wäre dies und jenes zu tun, wer meldet sich freiwillig?« So vermied er es, jemandem eine unliebsame Arbeit aufzuzwingen. Er selbst war es natürlich, der die Übersicht über alle Arbeiten hatte und mit viel Geschick schaute, dass alles in Schuss blieb. Er schien überall gleichzeitig zu sein, leitete die Leute an und war der, der am meisten anpackte, zusammen mit der Mutter, die es vorzüglich verstand, die Hauswirtschaft zu führen und mit Sorgfalt und Können den Dienstboten ein Vorbild war.

Kirche und Glaube

Die Kirche spielte eine große Rolle im Alltag der Menschen. Es war üblich, mehrmals täglich zu beten. Wenn die Glocke zur Wandlung der 7.30-Uhr-Messe läutete, unterbrach man die Arbeit auf dem Feld und betete das Wandlungsgebet. Auch beim Betläuten hielt man inne, um den »Engel des Herrn« zu beten. Aber auch, wenn man eine größere Arbeit vollbracht hatte, z. B. einen Acker bestellt oder beim Kornschneiden die letzte Garbe aufgestellt hatte, betete man ein »Vaterunser«, um Gottes Segen zu erbitten. Zu Ostern gab es einen besonderen Brauch: In der Osternacht wurde das Osterfeuer entzündet, und zwar außerhalb der Kirche in der Nähe des Turms. Die Schulbuben versammelten sich bei dem Feuer und hielten Holzscheite hinein, die dann vom Pfarrer geweiht wurden. Aus diesen geweihten Scheiten wurden danach so kleine Holzkreuze gemacht, die man auf Feldern und Äckern in die Erde steckte, um Unheil und Missernten abzuwenden.

Für ausgeschulte Jugendliche gab es sonntags nach dem Amt immer die »Feiertagsschule«, wo die Bibel vertieft wurde. Manchmal sangen wir auch Lieder, denn unser Pfarrer war sehr musikalisch.

Es gab sicher auch weniger angenehme Seiten der Kirche, beispielsweise das häufige Beichten. An Festtagen wurde um fünf Uhr der Beichtstuhl geöffnet, und da warteten die Leute schon reihenweise davor. Um Ostern wurde den Beichtenden ein »Beichtzettel« ausgehändigt, den man gut aufbewahren musste. Der Kooperator ging anschließend von Haus zu Haus, um diese Zettel wieder einzusammeln. So hatte er die Kontrolle, wer beichten gewesen war. Es war wichtig, möglichst ohne Sünde zu sein, wenn man die Kommunion empfangen wollte. Daher war es üblich, alle zwei, drei Wochen wieder zur Beichte zu gehen.

Vieles war Sünde, z. B. wenn man »sündige Gedanken« oder »Glaubenszweifel« irgendwelcher Art gehabt hat. Auch das »Tanzen« wurde grundsätzlich als Sünde angesehen. Wenn die Bußprediger kamen, wurden eine ganze Woche lang vormittags und nachmittags Messen mit Predigten abgehalten, und zwar getrennt für Kinder, Mädchen, Burschen, Verheiratete usw. Uns Mädchen wurde z. B. immer eingeschärft, wir sollten uns ja von den Burschen fernhalten. Den Verheirateten wurde ans Herz gelegt, viele Kinder zu bekommen, möglichst jedes Jahr. Wenn die Bußprediger inbrünstig vom Höllenfeuer predigten, fürchteten sich viele Menschen. Diese »Missionierung« gab es alle zehn Jahre.

Wenn ein Kind geboren wurde, brachte man es oft noch am gleichen Tag zur Taufe. Es hieß, Kinder, die ohne Taufe starben, kämen in die »Vorhölle«, einen Ort ohne Leid und ohne Freud. Das kam mir immer so grausam vor, denn ein barmherziger Gott würde doch nicht so ein unschuldiges Geschöpf an einen solchen Ort schicken. Doch dass ein Kind wirklich ohne Taufe starb, kam sehr selten vor. Es gab nämlich die »Begiertaufe«, wo die Mutter das Kind durch die Kraft ihrer Gedanken taufen konnte, sollte es nur einige Augenblicke lang leben. Dann gab es die »Bluttaufe«, welche die Hebamme mit Blut vollziehen konnte, falls keine Zeit mehr war, geweihtes Wasser zu holen. Und schließlich gab es die »Wassertaufe«, die notfalls auch die Hebamme durchführte. Ein paar Wochen nach der Geburt ging die Mutter in die Kirche zur »Aussegnung«, das heißt, sie durfte nicht in die Kirche hinein, sondern musste erst im Vorraum an der Seitentür beten und vom Kooperator mit einer geweihten Kerze gesegnet werden. Durch die Geburt war eine Frau »unrein« geworden. Das fand ich auch immer so widersprüchlich: Keine Kinder zu gebären, war Sünde, doch das Gebären ebenso.

Heute mag man über manches schon den Kopf schütteln, aber früher war es eben so. Es gehörte einfach zum Leben dazu.

Eine arge Zeit

Die Optionszeit war eine arge Zeit. Es hieß, man sollte Deutsch wählen, denn zum Auswandern käme es ja eh nicht, wenn alle für Deutschland stimmten. Wenn man fürs Dableiben wählte, dürfe man auch nicht hierbleiben, sondern komme nach Sizilien hinunter. So argumentierte der *Völkische Kampfring*. Der Bruder meiner Mutter war Priester, und der Klerus war ja fürs Dableiben. Er redete meinem Vater zu, fürs Dableiben zu stimmen. Es war eine schwierige Entscheidung.

Ich weiß noch genau, es war später Oktober, und wir waren gerade dabei, im Acker unterm Haus Krautrüben herauszuziehen, als unser Vater ganz bedrückt zu uns auf den Acker kam und sagte: »Jetzt habe ich das Todesurteil unterschrieben.« Mehr sagte er nicht. Er hatte fürs Auswandern gestimmt, doch es war ihm nicht wohl. Wir hingegen fanden das Ganze nicht so tragisch, denn wir dachten, so würden wir endlich einmal etwas von der Welt sehen. Es herrschte schon ein wenig Krisenstimmung zu Hause, denn die Mutter wollte nicht auswandern, und wir Kinder waren zu jung, um das Ausmaß dieser Entscheidung zu begreifen.

Viele junge Männer, die gerade beim italienischen Militär Dienst leisteten, wählten Deutsch, damit sie entlassen wurden. Unsere Leute hier wurden immer ganz weit hinuntergeschickt, und in Süditalien schimpfte man sie die »crucchi«. Daher ist es verständlich: Man wollte nichts wie weg von den Italienern. Doch kaum kamen die Jungen nach Hause, wurden sie schon in die deutsche Wehrmacht einberufen. Damit hatten sie natürlich nicht gerechnet.

Dann kam die Zeit, als man »umwählen« konnte. Über 90 Prozent hatten »Deutsch« gewählt, und damit hatte natürlich niemand gerechnet. Es wäre unmöglich gewesen, diese ganzen Betriebe und Höfe abzulösen. So wurde Propaganda gemacht fürs »Umwählen«, man bräuchte keine Angst haben, nach Italien hinunter zu müssen. Wer fürs Dableiben wählte, könne hierbleiben. Einige nutzten diese Gelegenheit, aber wenige. Man wusste nicht mehr, was man glauben solle. Tatsächlich ausgewandert sind nicht so viele, aber trotzdem musste man in Innsbruck draußen Auswandererhäuser bauen, weil die Behörden nicht imstande waren, all diese Menschen unterzubringen. Auch als nach dem Krieg die Rückwanderung einsetzte, fing man diese Rückwanderer in extra errichteten Häusern auf, denn die meisten waren besitzlos und wussten nicht, wohin. Die Rückwanderer hatten es auch nicht leicht, denn sie wurden von den Dableibern als »Narren« und »Nazis« beschimpft. Es dauerte schon eine ganze Weile, bis wieder Ruhe einkehrte.

Glück gehabt

Als der Krieg ausbrach und die Männer nach und nach einrücken mussten, sagte der Vater: »Jetzt bin ich doch froh, dass meine drei ältesten Kinder *Gitschn* sind.« 1944 musste mein Bruder Seppl schließlich auch gehen: Er war 21 Jahre alt und kam nach Norddeutschland. Nach Kriegsende geriet er in Gefangenschaft, und dann hörten wir eine Weile nichts mehr von ihm. Irgendwann im Sommer kam ein Brief von einem Bauern in Schlesien, der uns gänzlich unbekannt war. Er schrieb über die Ernte und allerlei Belanglosigkeiten über seinen Hof und erwähnte ganz nebenbei immer wieder seinen tüchtigen Knecht. Der Vater vermutete, es müsse sich hier um eine Nachricht vom Sepp handeln. Aber es war kein Absender angegeben, und so blieb die Unsicherheit, was es mit dem mysteriösen Brief auf sich hatte. Einige Wochen später kam wieder ein Brief von diesem Bauern und diesmal stand wirklich der eigenhändig geschriebene Name »Sepp« darunter, sodass wir Gewissheit hatten, dass unser Bruder noch am Leben war. Irgendwie war er aus der Gefangenschaft entkommen und hatte bei einem schlesischen Bauern Unterschlupf gefunden. Dort blieb er den ganzen Sommer über. Erst im Herbst, es war im September, da rüttelte es eines Abends gegen halb elf Uhr an der Haustür. Der Vater stand auf und öffnete, und da stand wahrhaftig unser Seppl vor der Tür! Mit den Worten »Der Seppl ist gekommen!« weckte der Vater uns und auch die Dienstboten auf. Wir sprangen nur so aus den Betten, um unseren Bruder zu begrüßen. Andere Familien hatten weniger Glück.

Am Ende des Krieges, als die Bomben in St. Valentin einschlugen, zitterte auch bei uns das Haus, denn die Felsformation, die unterm Fischnoler Hof durchläuft, reicht ganz bis hinaus nach St. Valentin. Die Fenster klirrten, und die Bilder an der Wand fielen allesamt herunter und zerbrachen, überall lagen Scherben. Wir gingen in den Keller und beteten, bis es endlich aufhörte zu krachen. In der Weide vom Valtiner Hof stand anschließend kein Baum mehr. Doch der Hof selber wurde auf wundersame Weise nicht getroffen.

Abenteuerliche Begebenheiten auf der Alm

Als ich 18 war, schickte mich der Vater als Sennerin auf die zum Hof gehörende *Gampenalm*. Bis 1950 verbrachte ich jeden Sommer dort, also zwölf Almsommer. Da habe ich so einiges erlebt! Als ich das zweite Jahr oben war, kam die große Mure. Ich erinnere mich, dass plötzlich der Himmel ganz schwarz wurde und ein richtiger Wolkenbruch niederging. Das war kein Regen mehr, sondern es war wie unter einem Wasserfall, und plötzlich kam alles daher. Der ganze Hang auf der *Medalgeser* Seite rutschte ab, und richtige Bäche rannen daher. Ich wollte zuerst noch in den Stall hinüberlaufen, aber das schaffte ich nicht mehr, alles ging so schnell. Ich zog die Tür der Sennhütte zu, doch das Wasser kam trotz-

Sonntagsausflügler auf der Gampenalm

dem herein und stieg immer höher. Zuerst stand ich auf der Ofenbank, dann kletterte ich auf die *Ofenbrücke* und dachte nur mehr: »Jetzt ist es so weit. Das Häuschen wird über mir zusammenbrechen, und ich bin begraben.« Doch nach einigen Minuten, die mir wie eine Ewigkeit vorkamen, hörte es auf zu rumpeln, und das Wasser stieg nicht mehr höher.

Die Männer, die ihre Schlafkammer im Stadel etwas abseits hatten, kamen schließlich herüber, um zu schauen, ob ich noch lebte. Die Mure hatte zwei Seiten der Hütte und die Tür zugeschüttet, sodass der Fütterer beim Fenster einsteigen musste. Er fand mich unter Schock auf dem Ofen oben sitzen. Mit einem Beil hackte er schließlich den Boden auf, damit das Wasser abfließen konnte. Das wieder alles aufzuräumen, war eine Riesenarbeit. Leute von zu Hause mussten kommen, um mit Rössern den Schutt zu beseitigen. Auch schickte mir die Mutter eine *Dirn,* um das Haus putzen zu helfen. Mit großen Steinen wurde entlang des Hanges eine Trockenmauer errichtet, um weitere Muren abzuhalten. Doch der größte Teil der Weide, wo wir immer das Vieh gehütet hatten, war weg, bis heute wachsen dort nur mehr Stauden.

Einige Jahre nach dem Murenabgang entgingen wir auf den *Gampen* ein zweites Mal knapp einer Katastrophe. Noch heute bekomme ich Herzklopfen, wenn ich daran denke. Es war Abend, und ich war gerade beim Mus-Kochen, als ein Gewitter losbrach. Die Männer saßen am Tisch in der Stube, und ich stand am Herd, als ich plötzlich so kleine blaue Flammen über den Eisenpfannen an der Wand tanzen sah. Ich kannte mich nicht recht aus, was das war; doch plötzlich gab es einen ohrenbetäubenden Knall, und ich hatte das Gefühl, zuerst hochgehoben und dann zu Boden gedrückt zu werden. Danach war ich ganz benommen. Als ich in die Stube ging, saßen auch die beiden Männer starr vor Schreck und ganz weiß im Gesicht am Tisch: »Der Blitz hat eingeschlagen. Wir haben es durch das Fenster beobachtet.« Der Blitz war einige Meter neben der Hütte in die Erde gefahren. Draußen sah man noch einen kreisrunden, verbrannten Fleck am Boden. »Wir könnten alle drei Leichen sein«, sagte der Fütterer. »Aber wir sind noch mal verschont worden.« Als mir schließlich einfiel, dass ich mein Mus noch auf dem Herd hatte, war es natürlich schon zu spät, und alles war angebrannt. Aber wir hatten eh keinen rechten Hunger mehr. Wie jeden Tag setzten wir uns schließlich zum Rosenkranzgebet in die Stube und, ganz ehrlich, ich habe nie in meinem Leben einen Rosenkranz so andächtig gebetet wie an jenem Abend.

Als Sennerin auf den Gampen erlebte Maria allerhand.

An den Wochenenden kamen schon damals regelmäßig Leute, die eine Marende wollten und auch im Heu übernachteten. Manchmal kamen Gäste spät am Samstagabend und weckten mich. »Sennerin, wir haben solchen Hunger. Mach uns etwas zu essen!« Sie bettelten so lange, bis ich aufstand und ihnen etwas gab. Anschließend schliefen sie im Heu. Den Einheimischen – es kamen auch viele Klausner und Gufidauner – musste ich immer Kaiserschmarrn oder *Melchermuas* kochen. Das hatte mir der *Medalgeser* Senner gezeigt, der aus dem Pustertal stammte. An den Wochenenden war immer ganz schön was los. Ich erinnere mich, dass einmal die ganze Musikkapelle im Heu übernachtete und am nächsten Tag weiterzog über die Schlüterhütte nach Campill. Da sie keine Fahne mithaben durften, wurde kurzerhand mit einer Stange und einer Rossdecke eine gemacht, und so marschierten sie dahin. Ja, es gab auch oft was zum Lachen. Besonders lustig war es immer dann, wenn die Zeit für die Heumahd da war und die »Heulieger« kamen. Da war dann die ganze Woche Betrieb, denn eine Menge Leute von zu Hause und auch von den umliegenden Almen aßen und schliefen bei uns.

Gegen Kriegsende kam dann eine andere Art von Gästen: Immer öfter klopften flüchtige Soldaten in der Nacht ans Fenster und fragten um etwas zu essen. Ich antwortete: »Ich habe nur Milch und Brot und etwas Käse.« – »Es ist uns alles recht, wir haben solchen Hunger«, war stets die Antwort. So ließ ich sie in die Stube und stellte ihnen eine Schüssel Milch und *Brocken* hin. Nach dem Essen verschwanden sie gleich wieder. Wo sie herkamen und wo sie hingingen, fragte ich nicht, denn ich war froh, wenn sie wieder weg waren. Das muss sich irgendwie im Dorf unten herumgesprochen haben. Als nämlich wieder einmal zwei »Gäste« in aller Herrgottsfrühe bei Tisch saßen und Mus löffelten, sahen wir plötzlich zwei Uniformierte mit Maschinengewehren über den Steig heraufkommen. Die Soldaten sprangen auf und flohen über die Wiesen. Die Uniformierten schossen ihnen nach, doch zum Glück trafen sie niemanden. Anschließend kamen sie zu mir in die Almhütte, und dieser Unteroffizier mit seinen glänzenden Gamaschen stolzierte in der Hütte herum wie ein aufgeblasener Hahn. Er bedrohte mich mit einem Revolver und wollte wissen, ob wir hier einen versteckt hätten und ob wir diesen Flüchtlingen Kleider gegeben hätten. Ich verneinte und sagte, wir hätten ja selbst nur gerade das, was wir brauchten hier auf der Alm. Sie glaubten mir nicht und durchwühlten alles. »Die sind schon alle weg«, erklärte ich ihnen. »Hier findet ihr niemanden mehr.« Ob ich nicht wisse, dass ich mich strafbar mache, wollte der Unteroffizier wissen. Es dürfe ja nicht mehr vorkommen, dass wir solchen Leuten hier weiterhalfen, denn das KZ sei nicht weit, drohte er. Und diese Drohung war damals durchaus ernst zu nehmen. Als ich versicherte, es würde nicht mehr passieren, gingen sie endlich. Ich bot ihnen keine Marende an, und darüber bin ich heute noch froh.

Anschließend schickten sie zwei Jungen, zwei Südtiroler von der Hitlerjugend, um hier aufzupassen. Von da an traute ich mich nicht mehr, jemanden ins Haus zu lassen, wenn wir nächtlichen Besuch bekamen. Ich habe den Menschen nur mehr Milch und Brot beim Fenster hinausgereicht und ihnen geraten, gleich weiterzugehen, denn im Heu drüben schliefen zwei, die auf sie warteten. Die zwei Jungen haben immer friedlich geschlafen und nichts gemerkt. Eigentlich hätten sie ja auch in der Nacht Wache schieben sollen. Doch sie meinten, es hätte sich niemand mehr hergetraut, weil sie da waren. Wenn die gewusst hätten!

Nur der Vater wunderte sich, warum wir immer so viel Brot brauchten. Als ich es ihm erzählte, bestärkte er mich, den hungrigen Soldaten etwas zu geben. »Wir werden schon genug Brot haben«, meinte er. In jenem Jahr war ich heilfroh, als endlich die Zeit des Almabtriebs gekommen war.

Eigentlich wäre ich ja gern weiter zur Schule gegangen. Das Lernen hatte mich immer sehr interessiert. Aber ein höherer Schulbesuch war für mich damals undenkbar, nicht einmal eine Berufsausbildung kam in Frage. Nach der Pflichtschule musste ich zu Hause auf dem Hof arbeiten. Dort waren sie froh, einen Dienstboten weniger beschäftigen zu müssen. Auch als es zur Option kam und schließlich Deutschkurse für die Auswanderer abgehalten wurden, fragte mich der Lehrer Fill, ob ich nicht in Österreich die Ausbildung machen und Deutsch unterrichten wolle. Doch zu Hause wurde es mir nicht erlaubt. Es hieß: »Hier auf dem Hof ist genug Arbeit.« So brachte ich es eben nur zur »ersten *Dirn*«.

Doch schließlich hätte sich mir die Gelegenheit geboten, für einige Monate eine Haushaltungsschule in Deutschland zu besuchen. Es war im Winter, und man musste einen Kurs machen und alles über Hitler lernen, um zugelassen zu werden. Ich hatte schon die Koffer gepackt und war nach Brixen gefahren, wo nachmittags die Abreise geplant war. Doch alles kam anders. Als wir am Bahnhof waren, heulten plötzlich die Sirenen, und es gab Fliegeralarm. Alle Menschen rannten los, und ich lief mit meinem schweren Koffer einfach hinterher, so schnell ich konnte. Wir versteckten uns alle bei Guggenberg draußen in einem großen Stollen, bis die Bombardierung vorbei war. Und das dauerte ziemlich lange. Als es Entwarnung gab, hieß es, die Albeinser Brücke sei zwar nicht getroffen worden, aber die Bahngleise wären beschädigt. Es würde heute kein Zug mehr fahren. Auch die Staatsstraße wäre ruiniert, und es könnten auch keine Autos verkehren. Also, es war alles lahmgelegt. Ich wusste nicht recht, was ich nun tun sollte. Da traf ich zufällig einen alten Klassenkameraden, den Unterhüttl-Sepp. Wir beschlossen, einfach wieder heimzugehen, und der kürzeste Weg führte über Albeins, Teis und Miglanz. Ich war sehr dankbar, dass der Sepp mir half, den schweren Koffer heimzutragen. So wurde nun nichts aus der Haushaltsschule, denn der Vater ließ mich danach nicht mehr gehen. »Haushalt führen lernen kannst du auch hier daheim.« Mit diesen Worten war das Thema vom Tisch.

Nach dem Krieg

In der Not der Kriegszeit und auch noch nach dem Krieg war es Brauch, dass die größeren Bauern um Allerheiligen Krapfen oder Brot austeilten. Alle Menschen, die im Laufe des Jahres auf dem Hof gearbeitet hatten, die Tagelöhner und Handwerker, die Hebamme, die ja fast jedes Jahr kam, und die Frauen, die beim Weizen-*Grasen* halfen, der Pfarrer oder auch einfach arme ältere Leute im Altersheim bekamen zu Allerheiligen etwas. Bei uns wurden süße Krapfen und Hefekrapfen gebacken.

Am Tag vor Allerheiligen bekamen meine Schwester und ich die Aufgabe, diese mit einem Tragekorb und einem Buckelkorb zu verteilen. Die Mutter hatte uns genaue Anweisungen gegeben, wo wir zukehren sollten und wer wie viele zu bekommen hatte, aber als wir zum letzten Haus, zum Kofler Schuster, kamen, hatten wir noch viel zu viele Krapfen übrig. »Ist ja egal«, sagte meine Schwester Anna, »die können wir nicht heimtragen, sonst schimpft die Mutter.« So bekam der Schuster die ganzen Krapfen, und er fragte erstaunt nach, ob die wirklich alle für ihn seien. Wir bejahten und machten uns aus dem Staub, hoffend, dass sich niemand beschweren würde. Am darauffolgenden Sonntag dann bedankte sich der Schuster recht freundlich beim Vater für die Großzügigkeit. Mit seinen sieben Kindern hatte er die Krapfen gut gebrauchen können.

1947 erhielt die Musikkapelle eine Tracht. Der Ganoier Toni war bei der Kapelle und war Schneider. So bekam er den Auftrag, die Trachten anzufertigen. Er fragte mich, ob ich helfen würde, denn ich konnte ein wenig nähen. Zunächst wurde uns ein großer Raum im Gasthof *Kabis* zur Verfügung gestellt, doch es war Winter, und wir froren entsetzlich. In diesem Saal konnte man so nicht gut arbeiten. Danach bekamen wir einen kleineren Raum daneben beim »*Unwalt*«. Da konnte man ein elektrisches Öfele einschalten, und so war es warm genug. Auf der Vorlage der alten Trachten wurde eine neue entworfen. Ein Trachtenwart gab uns Anweisungen. Er legte großen Wert darauf, dass wir die Aufschläge und Knopflöcher usw. alle per Hand machten. Die Knöpfe dieser ersten Musiktracht hat übrigens der Messner Weber aus den Aluminiumteilen eines abgestürzten Fliegers gefertigt. Diese Knöpfe waren ganz schön und mussten lange gut genug sein, bis man sich andere leisten konnte. Wir nähten und schneiderten stundenlang, doch wir kamen nur sehr langsam voran. Daraufhin wurden noch ein Schneider und noch eine Frau zum Nähen geholt, denn bis Fronleichnam sollte alles fertig sein. Doch obwohl wir fast Tag und Nacht arbeiteten, schafften wir es nicht. Immerhin mussten 34 Musikanten von Grund auf eingekleidet werden. Erst zum Herz-Jesu-Sonntag vollendeten wir unser Werk, und die Kapelle konnte in der Tracht ausrücken. Wir waren zwar stolz, aber auch fix und fertig. In diesem halben Jahr intensiver Arbeit haben der Toni und ich uns besser kennengelernt.

Hochzeitsbräuche

1951 heirateten wir. Eigentlich sollte es zu Ostern sein, aber dann brach sich die Mutter den Arm, und wir mussten die Hochzeit um sechs Wochen verschieben. An Montagen durfte man nicht heiraten, das war tabu. An Dienstagen hieß es, die würden wohl keinen Tag mehr warten können. Am Donnerstag war »Leiden Christi«, da gehörte es sich auch nicht zu feiern und am Freitag sowieso nicht.

An Samstagen, so hieß es, sei der Teufel mit auf der Hochzeit, denn da bestand die Gefahr, dass die Leute am Sonntag nicht zur Messe gingen, und das war sowieso Todsünde. So blieb eigentlich nur der Mittwoch, und an einem solchen haben wir dann auch geheiratet. Der Vater ließ ein Kalb schlachten und bezahlte damit das Mahl beim *Kabiswirt*. Das Brautstehlen war etwas vom Wichtigsten. Der Brautführer hatte auf seinem Hut eine besonders schöne Blume. Es war Brauch, dass man ihm den Hut versteckte, sobald er ihn beim Mahl absetzte, und anschließend in einem unbeobachteten Moment die Braut entführte. Bevor er den Hut nicht aufhatte, durfte er die Braut nicht zurückholen. Unser Brautführer war der Bruder meines Mannes, der Ganoier Sepp, und er fand den Hut eine ganze Weile nicht. Ich wurde ein paar Häuser weiter in das Geschäft Grutsch gebracht und dort wurden uns Schnäpse und Liköre aufgeschenkt. Der Brautführer musste dann alles bezahlen, was konsumiert worden war. Für die anderen Gäste war dieser Brauch oft unangenehm, wenn es recht lange dauerte, bis die Braut wieder zurückkam.

Hold war sie nicht, unsere Jugendzeit

Ich denke mir heute oft, so wie es in dem Lied heißt »Du holde Jugendzeit, komm noch einmal zurück«, das brauchen wir nicht zu singen. Meine erste Mutter starb, als ich vier Jahre alt war, und auch unsere zweite Mutter starb sehr früh. Dann durchlebten wir diese chaotische Zeit, als die Faschisten kamen und wir die italienische Schule besuchen mussten. Anschließend machten wir allerhand durch in der Not der Kriegszeit, niemand hatte Geld. Es waren sehr harte Jahre, von wegen »holde Jugendzeit«. Erst nach dem Krieg ging es langsam wieder aufwärts. Mittlerweile bin ich eine der wenigen, die noch aus jener Zeit erzählen können. Letztes Jahr haben wir meinen 90. Geburtstag gefeiert.

Josef Messner
»Mühler«

Maria Fischnaller
»Mühlerin«

Josef erblickte am 31. Dezember 1923 kurz vor Mitternacht das Licht der Welt. Er war das jüngste von fünf Kindern: Franz, Maria, Peter, Hans und Josef. Sein Vater Peter Messner war Bauer auf dem Gstillerhof in St. Peter, seine Mutter hieß Maria Psaier und war Bäuerin. Josef arbeitete bis 1954 auf dem elterlichen Hof. Er ehelichte Maria Fischnaller (geboren am 17. Juli 1931, einziges Kind) und wurde Bauer auf dem Mühlerhof. Nebenbei arbeitete er als Viehhändler und wurde dadurch auch über die Dorfgrenzen hinaus bekannt.

Ihre fünf Kinder Peter, Marianne, Franz, Hubert und Karl kamen in den Jahren 1955–1965 zur Welt. Ein weiteres Kind namens Hermann starb im Alter von vier Jahren. Josef war fast dreißig Jahre bei der Freiwilligen Feuerwehr in St. Peter tätig und ist seit 1944 passionierter Jäger. 25 Jahre lang leitete er das Jagdrevier Villnöß.

Wenn solche Zeiten nochmals kämen …

Josef Unser Vater hat uns aus gebrauchtem Holz Schubkarren und auch kleine Wagelen gebastelt, mit denen wir dann »*Erde führen*« spielten. Wir waren zum Spielen fast immer draußen und immer ziemlich unterwegs. Unsere Mutter hatte es nicht immer leicht mit uns Lausbuben. Doch als jüngster Sohn hatte ich schon ein wenig mehr Freiheiten als meine älteren Geschwister. Ich war immer der *Letze*. Sobald wir dann etwas größer waren, bauten wir uns selber Rodeln, solche *Figgen,* wie man sie früher hatte, und auch ganz primitive Skier. Die waren aus steineschenen Brettern, die wir auf dem Herd heiß machten, damit sie sich bogen. Mit etwas Leder, das vom Schuster übrig war, banden wir sie uns an die genagelten Bergschuhe, und so fuhren wir dann halt den Hang hinunter. Von Skischuhen und Bindungen träumten wir nur. Auch Skihosen hatten wir natürlich keine. Wir trugen ganz dicke Lodenhosen, die fast von alleine standen und zwar warm waren, aber überall fegten und kratzten. Unterhosen gab es damals ja auch noch keine. Wenn solche Zeiten heut noch mal kämen, da würden sich manche ganz schön wundern.

Maria Es war für mich nicht ganz leicht, Einzelkind zu sein. Man hat mir erzählt, ich hätte einen älteren Bruder gehabt, doch der kam als Frühgeburt auf die Welt und überlebte nicht. Da meine Mutter nicht mehr die Jüngste war, blieb ich ihr einziges Kind. Ich war immer viel mit den Nachbarskindern zusammen. Gerne spielten wir am Bach unten, dort waren wir stundenlang beschäftigt.

Eines Tages, als wir wieder einmal alle dort am Wasser spielten, wurden die Nachbarskinder plötzlich nach Hause gerufen: »Kommt schnell, der Vater stirbt!« So mussten sie schnell heimlaufen an sein Sterbebett. Dieser Nachbar starb an einer Lungenentzündung, denn früher konnte man dagegen nicht viel machen. Es war ein großes Unglück für die Familie, denn die vielen Kinder waren fast alle noch minderjährig. So wurden sie bei verschiedenen Bauern untergebracht. Ein Mädchen, die Theresia, kam zu uns auf den Hof. Von da an war ich nicht mehr allein.

Hinterschule und Mortadella-Striezl

Josef Ich ging mit dem Jahrgang 1924 zur Schule, denn ich bin erst am letzten Tag des Jahres geboren. Wir besuchten heimlich die deutsche Schule: Ich kann mich erinnern, dass der Unterricht oft beim Lippmöser in St. Magdalena abgehalten wurde. Die deutschen Lehrerinnen mussten sich immer verstecken, denn es war Faschistenzeit. Die italienische Schule nahmen wir nicht besonders ernst. Nicht selten ging ich mit ein paar anderen Jungen und Mädchen *Hinterschule.* Da marschierten wir dann zu Fuß nach Klausen und kauften uns *Bockshörnchen*, die wir heimwärts kauten. Auf dem Nachhauseweg mussten wir uns dann ziemlich beeilen, damit es ja nicht auffiel, dass wir nicht in der Schule gewesen waren. Manchmal hauten wir auch bei der Pause ab und versteckten uns oben hinter dem Friedhof. Schließlich bekamen wir einen Brief mit nach Hause, weil wir zu oft geschwänzt hatten. »Was ist das für ein Brief?«, fragte mich der Vater. »Ach, nur wieder wegen der *Balilla.* Dass wir halt zu der *Balilla* gehen sollen«, antwortete ich, denn ich wusste genau, dass der Vater da strikt dagegen war. So wanderte der Brief ungeöffnet in den Herd, und ich kam ungeschoren davon. Ich und noch ein paar andere *Zache* waren nie bei den *Balilla,* auch wenn die Lehrer heftig darauf drängten und es allerhand Vergünstigungen gab. Doch natürlich lief uns Buben das Wasser im Mund zusammen, wenn Wurst- und Marmeladenbrote ausgeteilt wurden. Aber der Lehrer Renzi, den ich die letzten Jahre hatte, mochte mich trotzdem, weil ich sportlich war und er viel für den Sport übrig hatte. Beim alljährlichen Baumfest bekam ich deswegen auch immer ein Mortadella-*Striezl,* den sonst nur die *Balilla* kriegten. »Messner, anche se non sei un *Balilla,* noi siamo sempre ancora amici«, sagte er einmal zu mir. Ich bemühte mich aber schon auch, immer die Hausaufgaben zu machen. Ich konnte ja auch meine älteren Geschwister fragen, wenn ich mich nicht auskannte. Viele konnten zu Hause niemanden fragen und kamen mit dem leeren Blatt in den Unterricht. Der Ganeider Luis war ebenfalls ein guter Sportler und hatte es gut beim Renzi. Andere Schüler, die nicht bei den *Balilla* waren, zahlten schon ziemlich drauf, aber wir trauten uns halt auch nicht, uns für sie einzusetzen. Besonders Renzis Frau war sehr gefürchtet, denn sie teilte auch oft Schläge aus. Aber ich muss auch sagen, es war kein Wunder, denn einige Schüler leisteten sich schon ziemliche Geschichten. Einmal wetteten sie, wer im Abort höher an der Wand hinaufbrunzen konnte. Einer von ihnen schaffte es schließlich, über die Trennwand hinaufzuspritzen und auf der anderen Seite, wo die Mädchen waren, saß ausgerechnet die Lehrerin. Den betreffenden Burschen hat sie sich schon vorgeknöpft: Den hat sie geschlagen, bis er ganz benommen war. Man muss sich vorstellen, sie war ein gut gebautes, schneidiges Weib, da hatte so ein kleiner Schulbub keine Chance. Ein anderes Mal warf ein Mitschüler einem Aushilfslehrer eine Griffelschachtel an den Kopf, sodass er blutete. Er floh aus der Klasse, und wir warteten gespannt, was jetzt wohl passieren würde. Da betrat Frau Renzi das Klassenzimmer, und es wurde mucksmäuschenstill. Der Übeltäter musste nach vorn treten und bekam ordentlich Schläge von der Lehrerin, aber er war schon ein wenig größer und wurde nicht gar so arg getroffen. Zu Hause erzählte man natürlich nichts von diesen Vorfällen, sonst hätte man da auch noch eins draufbekommen.

Viele Kinder hatten zur Pause steinhartes Brot mit, an dem sie nur so nagen konnten wie die Eichhörnchen. Nicht einmal einen Apfel bekamen sie von daheim. Wir Gstiller Kinder hatten eh immer ein halbwegs genießbares Brot mit, denn zum Essen hatten wir auf dem Hof zum Glück genug. So tauschte ich oft mit den Mädchen, die ihr Brot kaum beißen konnten. Das Zähneputzen war damals jedenfalls nicht nötig. Es waren schon schwere Jahre, manche Familien litten blanke Not und mussten jeden Centesimo zweimal umdrehen.

Ich war auch lange bei den Ministranten. Ich weiß noch, wie wir zu Ostern vom Pfarrer immer Ostereier bekommen haben. Wer fleißig gewesen war, wer mehr Kreuzchen auf der Liste hatte, bekam umso mehr Eier. Da rauften wir uns manchmal fast darum, wer ministrieren durfte. Ab und zu kriegten wir auch Kekse zur Belohnung. Aber wenn wir nicht ruhig waren oder etwas angestellt hatten, wurden wir auch bestraft. Da schlug uns der Pfarrer mit einer dünnen Rute auf die ausgestreckte, flache Hand. Das tat ganz schön weh, aber man durfte nicht zurückzucken. Ein richtiger Bursche musste so eine Strafe standhaft ertragen. Manche fladerten auch die Hostien, denn die waren ein Leckerbissen. Das habe ich mich nie getraut, denn wenn der Mesner draufkam, ging es rund.

Einige waren sehr fanatisch

Josef Nachdem der Riegler mit Sack und Pack ausgewandert war, hatten wir eine Zeit lang den Rieglhof in Pacht. Heute möchte man es nicht mehr vermuten, aber es war ein schöner, großer Hof. Auch eine große Almwiese auf *Tschatterlin* oben gehörte dazu. Die Sonne kam sehr früh, und der Boden war auch gut. Es wuchs auch schöner *Frühplenten.* Der Vater überlegte eine Zeit lang, diesen Hof zu kaufen, denn er wäre billig zu haben gewesen. Doch aufgrund der unsicheren Lage wusste man nicht, ob man doch noch auswandern musste. Keiner wollte wirklich gehen, doch einige im Dorf waren sehr fanatisch.

Maria (mit Kopftuch) und die kleine Gruppe der Dableiberkinder vor dem Mesnerhaus

Viele sagten, sie würden lieber auswandern, als sich hier von diesen Faschisten schikanieren zu lassen. Einige wehrten sich, andere nicht. Als das Krieg ausbrach, wurde alles anders. Da wurde die Aussiedelung dann gestoppt, und wir waren alle sehr froh.

In der Schule beschimpften sie uns

MARIA Die Optionszeit war für uns schlimm, denn mein Vater wählte fürs Dableiben. Ich könnte mich nicht erinnern, dass zu Hause recht viel darüber geredet worden wäre. Aber in der Schule bekamen wir Kinder es schon zu spüren. Wir waren nur ganz wenige Dableiberkinder, und die anderen beschimpften uns als »*walsche Fockn*«. Bei der *Balilla* war ich nicht, denn das war dem Vater nicht recht. Er wollte mit den Italienern nichts zu tun haben.

Es gab eine Zeit lang eine deutsche Schule und daneben den italienischen Unterricht, den nur mehr wenige Kinder besuchten. Unsere Lehrerin tauchte oft überhaupt nicht auf, und wir schauten zum Fenster hinaus oder kletterten im Klassenzimmer herum. Gelernt haben wir in diesen Jahren nicht viel. Deutschen Katakombenunterricht hatten wir immer nebenher heimlich in den Hinterkammern der Bauernstuben. Auch daheim haben mir die Eltern ein wenig Deutsch lesen und schreiben beigebracht. Erst in meinen letzten beiden Schuljahren gab es dann eine deutsche Schule für alle. Ich war sehr froh, denn ich schrieb sehr gerne Aufsätze und war auch gut darin. Manchmal durfte ich sie sogar laut vorlesen. Das Rechnen hingegen machte mir weniger Freude.

»Schießt ihn nieder, wenn er abhauen will!«

Josef 1944 musste ich im *Ochsengarten* oben die Schafe hüten. Von zu Hause aus brauchte ich zwei Stunden bis ganz nach oben auf die *Schneide*. Manchmal übernachtete ich oben in der alten, zugigen Hütte. Aber sehr oft musste ich abends wieder heimmarschieren, wo ich dann aber nicht etwa rasten durfte. Da hieß es da noch hier mit anpacken und dort mithelfen, denn jede Hand wurde dringend gebraucht. Meine Brüder waren alle im Krieg, und meine Eltern hatten drei Höfe zu bewirtschaften: Gstill, Proi und Oberhaus gehörten damals noch zusammen. Die viele Arbeit war kaum zu bewältigen. Zunächst hieß es, ich bräuchte nicht einrücken, weil ich der Jüngste war. So musste ich nur zur *SOD*-Wache: Wir Villnösser gingen immer die Bahnstrecke von Klausen nach Albeins ab. Aber das war für mich Urlaub, ein Spaziergang im Gegensatz zur anstrengenden Schinderei zu Hause.

1944 wollten sie mich dann doch zum Kriegsdienst holen, ich glaube, wohl auch deshalb, weil mein Vater sich mit einem Dorf-Nazi angelegt hatte. Da habe ich mich versteckt. »Der Bub ist oben zum Schafehüten, ihr müsst ihn halt suchen. Wir wissen auch nicht, wo er ist«, erklärten meine Eltern dem Wachtmeister. Dieser beauftragte zwei Villnösser, mich suchen zu gehen. »Schießt ihn nieder, wenn er abhauen will«, befahl er ihnen. Die beiden hätten ganz genau gewusst, wo ich mich aufhielt, aber sie suchten mich nicht. Sie gingen meistens nur ein Stück in den Wald hinauf und setzten sich dort hin. Wenn es gefährlich wurde, flüchtete ich immer nach St. Magdalena, während mir der alte Pedritscher auf die Schafe aufpasste. Wir hatten Folgendes ausgemacht: Wenn daheim auf der anderen Talseite ein weißes Leintuch draußen vor der Küchentür hing, musste ich verschwinden, erst wenn es weg war, konnte ich mich nach Hause trauen. So ging das eine ganze Weile, bis sie mich schließlich in Ruhe ließen. Den ganzen Winter über hörte ich nichts mehr, dann im Frühjahr kamen sie noch einmal, und ich musste schließlich doch noch einrücken. Gemeinsam mit einigen älteren Villnössern, die auch noch einberufen wurden, kam ich nach Schlanders zu den Standschützen. Doch wieder hatte ich Glück: Nach zehn Tagen kam es zum Zusammenbruch. Der Krieg war aus, und wir konnten wieder abhauen.

In den letzten Kriegsmonaten kamen auch immer öfter Flieger, die das Tal überquerten. Ich beobachtete oft die FLAKs von Lajen und Afers, wie sie hinaufschossen. Die Aferer schossen nicht so gut, aber die Lajener pfefferten schon ganz schön hinauf. Ich schaute immer genau zu, wie sie die Flugzeuge abschossen. Als einmal einer auf einem Zirbenbaum auf *Tschatterlin* oben hing, liefen wir Jungen hinauf, um uns das aus der Nähe anzuschauen. Einige Flieger fingen durch den Beschuss Feuer, und wenn der Kasten brannte, mussten diese Burschen auch die Bomben fallen lassen. Manchmal war ich auch gerade bei der *SOD*-Wache draußen, wenn Fliegeralarm war. Da heulten die Sirenen, und man musste in Deckung gehen. Manchmal donnerte es ganz schön.

Den Heuwagen musste die Kuh ziehen

Maria Wenn Fliegeralarm war, wurden wir immer von der Schule heimgeschickt. Wir rannten auf schnellstem Wege nach Hause, denn wir hatten große Angst vor den herumfliegenden Splittern. Zu Hause gingen wir meist in den Stall hinunter in Deckung, denn dort war ein gemauertes Gewölbe, das halbwegs sicher war. Es gab so oft Fliegeralarm, wenn die Bomber übers Tal flogen, dass wir uns fast daran gewöhnten. Wenn die FLAKs nicht schossen, schauten wir hinauf und zählten Flugzeuge. Sie waren angeordnet wie eine Traube: einer vorn, dahinter zwei, dahinter drei. Als hier im Tal auf St. Valentin Bomben fielen, krachte es ganz fürchterlich. Die Bombardierung dauerte ein paar Stunden lang. Wir waren froh, als es endlich vorbei war.

Mein Vater starb, als ich 14 Jahre alt war. Schon von daher waren die Kriegs- und Nachkriegsjahre eine schwere Zeit für unsere Familie. Ein Bruder meiner Mutter, der bei der Option ausgewandert war, kam zurück nach Südtirol und half uns auf dem Hof. Darüber waren wir schon froh, denn all die schweren Arbeiten musste man früher ja mit der Hand machen: *Erde führen*, Mist streuen, bauen, mähen, Heu einbringen und Getreide schneiden. Dienstboten konnten

Maria (mit Hut) bei der Heuarbeit. Wer kein Pferd hatte, spannte die Kuh vor den Heuwagen.

wir uns nicht leisten, bei den größeren Arbeiten halfen Tagelöhner. Wir hatten auch keine Pferde, den Heuwagen musste bei uns die Kuh ziehen.

Vom Holzern und Handeln

JOSEF Auf unseren Äckern bauten wir Roggen, *Plenten*, Weizen, Gerste und Hafer an: Wir mussten immer acht Tage lang *Erde führen* und acht Tage lang die Äcker bebauen. Weil die Felder so steil waren, waren wir immer im Frühling tagelang damit beschäftigt, die abgerutschte Erde wieder hinaufzukarren: Zwei Leute luden auf, einer leerte oben den Karren aus, und einer führte das Pferd. Das machten wir immer gemeinsam mit unserem Nachbarn, dem Blosegger, dann ging es schneller. Diese Arbeit in den steilen Hängen war sehr mühsam: Oft stellten sich die Rösser stur, oder der Pflug ging kaputt. Aber es wurde einfach jedes Fleckchen genutzt, um etwas anzubauen, denn es ging sehr knapp her. Wer nichts selber anbauen konnte, hatte halt nichts zu essen. Das Getreide wurde dann gerumpelt oder mancherorts auch noch per Hand gedroschen. Das könnte ich heute noch, denn zu Proi in St. Magdalena haben wir das immer noch gemacht. Da war es sehr wichtig, im richtigen Rhythmus zu bleiben. Wenn man das einmal kann, verlernt man es nicht mehr. Nach dem Roggenschnitt im Juli wurde der Acker sofort wieder bebaut und *Plenten* gesät, spätestens zu *Maddelien.* Es hing natürlich auch viel vom Wetter ab. Als man das Mehl später zu kaufen bekam, tat sich niemand mehr diese Arbeiten an, die Äcker verschwanden nach und nach, und es wurden überall Wiesen gemacht.

Als ich etwas älter war, fing ich an, für die Leute Holz zu führen. Zuerst ging ich mit dem Vater, dann schon bald allein. Wir hatten ein sehr gutes Ross, und das war sehr wichtig. Wenn ich das ganze Holz hätte verkaufen können, das ich damit aus dem Schwarzwald herausgeführt habe, wäre ich ein reicher Mann geworden! Ich führte Bauholz, aber auch das Brennholz zu den Leuten ins Dorf, so drei bis vier Kubikmeter hatten auf einer Fuhre Platz. Viele machten das, für die Bauern war es im Winter ein Nebenerwerb. Zeitweise mussten wir tagelang Schnee aus der Bahn schöpfen, denn wenn es zu viel schneite, ging gar nichts mehr.

An Vieh hatten wir immer so zehn Kühe, vier Schweine, sechs Kälber und zwei Rösser. Die Kälber wurden im Sommer auf die Rodelalm auf *Coll* oder auf die *Duslerhütte* getrieben. Da hatten wir das Weiderecht. Als Junge musste ich oft das Vieh hüten und den ganzen Tag herumlaufen. Nicht selten haute mir das eine oder andere Kalb ab und war vor mir zu Hause.

Schon als ich so ein junger Bursche war, fing ich auch damit an, von den Bauern für ein paar Centesimi junge *Gigger* zusammenzukaufen. Mit denen konnten damals viele noch nicht so recht was anfangen. Die verkaufte ich dann meinem Onkel weiter, der sie gerne mochte und auch wusste, wie man sie zubereitete. So verdiente ich mir ein paar Münzen. Ich war stolz, wenn ich dann sonntags nach der Messe auch ins Gasthaus gehen und eine *Aranciata* mit diesen sprudelnden *Grallilen* trinken konnte. In St. Magdalena lernte ich dann eine ältere Frau kennen, die mir mehr für die Hähnchen bezahlte, und von da an brachte ich sie immer zu ihr. Der Onkel sprach mich einmal darauf an: »Kommst du nie mehr mit den *Giggern*?« – »Ja, weißt du, eine andere zahlt mir mehr«,

Josef und Maria bei der Hochzeit 1954

antwortete ich verlegen, »und die alten Hennen kauft sie mir auch ab«, beeilte ich mich hinzuzufügen. Von da an zahlte mir auch der Onkel einen besseren Preis! Das waren so meine ersten Geschäfte.

Nach dem Krieg, als mein Bruder Franz den Gstiller Hof übernahm, arbeitete ich als Knecht bei ihm. Am Montag, wenn ich meinen freien Tag hatte, fing ich an, im Dorf mit Vieh zu handeln. Bald machte ich den Führerschein und kaufte mir einen *Topolino*, wo ich gerade mal zwei Kälber Platz hatte. Doch der Viehhandel war ein gutes Geschäft.

Nach unserer Hochzeit 1954 begann ich dann auch außerhalb des Tales zu handeln. Zuerst hatten wir selbst kein Telefon, und so kamen die Anrufe für mich immer beim Gasthof *Zellen,* denn der erste Telefonanschluss war in Pitzack. Da mussten sie mich immer holen, oder ich musste drüben herumwarten. So war ich sehr froh, als wir uns endlich selber ein Telefon leisten konnten, denn schon bald hatte ich viel zu tun. Ich kam im ganzen Eisacktal und Pustertal und auch noch weiter herum. Sogar heute, wenn ich bei einer Versteigerung zuschaue, kennen mich noch viele. »Hoi, Mühler, lebst du immer noch?«, werde ich dann von den Bauern begrüßt. Natürlich war es oft anstrengend, denn meine Frau musste zu Hause alles allein machen. Auch mit den Kindern hat alles sie gemacht, denn ich war nicht oft daheim. Aber sie sind schon trotzdem groß geworden. Meistens kam ich von den Fahrten erst spätabends heim. Einmal bin ich auf der Heimfahrt eingeschlafen und draußen in Pardell im Straßengraben gelandet. Doch zum Glück habe ich mich nicht verletzt. Gesundheitlich war ich überhaupt immer gut beieinander: Einmal bin ich über die Stiege gefallen, und einmal hat mich eine Kuh mit den Hörnern verletzt. Sonst war ich überhaupt nie ernsthaft krank in meinem Leben.

Der Viehhandel brachte damals schon etwas ein. Wir bauten das Futterhaus und später auch das Wohnhaus um, und 1970 hatten wir die ersten Hausgäste in den Ferienwohnungen. Auch eine große Wiese konnte ich noch dazukaufen, sodass wir ein gutes Auskommen hatten.

Bäuerin zu sein, war schon etwas

Maria Nach meiner Ausschulung musste ich immer zu Hause arbeiten. Einen Beruf zu lernen, kam für mich überhaupt nicht in Frage, weil ich einziges Kind auf dem Hof war. Doch Bäuerin zu sein, war früher schon etwas. Das war damals, im Gegensatz zu heute, ein angesehener Beruf. Als junges Mädchen kam ich kaum einmal irgendwohin, höchstens einmal nach Säben bei einem Bittgang. Manchmal an Sonntagen fuhr der Vontavon-Otto mit seinem Lastwagen auf die Alm oder sogar die Sellarunde und nahm so viele Leute mit, wie er nur Platz hatte. Das war einmal eine Abwechslung.

Vor meiner Hochzeit mit Josef verbrachte ich einige Monate in Meran in Martinsbrunn, um ein wenig kochen zu lernen. Auch einen Brautkurs in Lichtenstern am Ritten habe ich besucht. Ich war 20 Jahre alt, als wir heirateten, und es war eine schöne Hochzeit. Nach der Messe feierten wir beim *Kabis*, wie es damals so üblich war. Hochzeitsreise machten wir keine. Gereist bin ich erst, als unsere Kinder schon groß waren. Da fuhr ich dann mit einer Nachbarin nach Rom, in die Toskana und auch öfters nach Deutschland. Mein Mann geht nicht gern auf Reisen.

Wilderer, Jäger und Feuerwehrmann

Josef Ich bin früher oft an Sonntagen mit meinem Laster auf die Alm gefahren und habe einen ganzen Haufen Leute aufgeladen. Wir stellten einfach ein paar Holzbänke auf die Ladefläche, und dann ging's los. In meiner Freizeit ging ich aber immer am liebsten auf die Jagd. Schon als junge Burschen gingen wir meist an Samstagen zum Wildern, abends nach Feierabend. Sonst hatten wir keine Zeit. Der Vater sah es nicht gern, aber wenn wir dann einen Braten heimbrachten, hatte er auch nichts dagegen. »Rennt ihr schon wieder?«, sagte er nur und damit war das Thema erledigt. Wir hatten immer Hunde mit, die das Reh aufspürten. Natürlich schossen wir alles, was uns vor die Flinte kam, und teilten es dann auf. Ein altes Schrotgewehr hatte ich von meinem Onkel, später kaufte ich mir schon ein besseres. Mein Bruder, der Proier, hatte schon vor mir den Waffenschein. 1944 bekam ich dann auch einen, weil mir der Revierleiter versprochen hatte, ich wäre der Erste, wenn jemand das Jagen aufgab. Man musste nur volljährig sein. Das war früher die einzige Voraussetzung, denn eine Jägerprüfung gab es damals noch nicht. Heute ist das alles viel strenger.

Josef in jungen Jahren

In den sechziger Jahren kam einmal eine Zeit, wo man das Gewehr bei den Carabinieri abgeben musste. In dieser Zeit war Waffenbesitz eine heikle Angelegenheit. Ich habe damals jemandem ein Gewehr verkauft und es nicht gleich umgemeldet. Als dann der andere damit ein Reh schoss, erwischte man ihn mit dem ungemeldeten Gewehr. Dafür wurde ich dann eine Woche lang in Klausen eingesperrt, denn ich hätte es ihm nicht geben dürfen, bevor es nicht amtlich auf seinen Namen gemeldet war. Auch einen Gufidauner haben sie eingesperrt, weil er einen Revolver nicht richtig gemeldet hatte. Das war damals ganz streng. Die hatten damals solche Angst, glaube ich, dass wir sie niederschießen würden. Da ging es wild zu. Aber die Carabinieri in Villnöß kannte ich besser, da hab ich das Gewehr dann nicht immer abgegeben. »Stai calmo. Io ti conosco bene«, sagte der Maresciallo. Ich müsse halt aufpassen, meinte er.

Von 1973 bis 1998 war ich Revierleiter in Villnöß. Da kam es mir zu Gute, dass ich viele Wilderer kannte. Die hatten dann nichts mehr zu feiern, denn ich passte sie alle ab. Gar einige überzeugte ich, die Jägerprüfung zu machen, sodass sich die Anzahl der Villnösser Jäger in kurzer Zeit fast verdoppelte.

Noch heute gehe ich gern auf die Jagd. Ich habe schon auch manchmal gefehlt, aber öfter habe ich schon getroffen. Erst voriges Jahr im Oktober habe ich in Österreich draußen einen Steinbock erlegt. Auch eine Gams habe ich geschossen, denn ich habe noch gute Augen.

Bei der Feuerwehr war ich ungefähr 30 Jahre lang, von 1944 an war ich immer dabei. Am Anfang hatten wir nur ganz einfache Handpumpen. Was war das für ein Fortschritt, als wir die erste automatische Pumpe bekamen! Einmal bei einer Probe stand ich ganz oben auf der Drehleiter und spritzte. Da kam ich mit dem Wasserstrahl zu nahe an die Stromleitung. – Mensch hat's mich abgebeutelt! Beinahe wäre ich heruntergefallen. Aber noch mehr erwischt hat es die beiden, die unten an der Leiter standen. Zum Glück sind wir alle unverletzt davongekommen.

Meerurlaub habe ich noch nie gemacht. Da wäre mir langweilig. Ich gehe lieber mit meiner Büchse in den Wald und lege mich weit oben irgendwo unter einen Baum. Das ist für mich Urlaub.

Peter Pernthaler
»Vikoler«

Peter wurde am 20. September 1924 geboren und wuchs auf dem Pedritschhof in St. Jakob auf, den seine Eltern Theresia Schatzer (Runggatsch) und Peter Pernthaler (Untergspoi) bewirtschafteten. Sein Vater arbeitete zusätzlich als Holzerer und Saltner auf Raschötz. Peter war das vierte von sieben Kindern: Gottfried, Theresia, Rosa, Peter, Ottilia, Regina und Josef. Er besuchte die italienische Grundschule in St. Peter. Danach arbeitete er zu Hause und als Knecht bei verschiedenen Bauern in Villnöß. 1944 wurde er einberufen. Nach dem Zusammenbruch kam er für einige Monate in amerikanische Gefangenschaft. Anschließend verdiente er seinen Lebensunterhalt als Knecht, Schafhirte und Waldarbeiter. 1958 heiratete er Maria Michaeler vom Vikolhof in *Coll* und wurde Vikoler Bauer. Seit dem Jahr 1996 ist Peter Witwer. Er übergab den Hof seinem Neffen Günther und fand ein neues Glück mit Anna Walcher Wwe. Braito.

Kindheitserinnerungen

Mein Vater stammte vom Untergspoihof, und an der heutigen Hofstelle Pedritsch stand ursprünglich nur ein Stall. Mein Vater erbte diesen Stall samt Grund und baute ein Haus dazu, sodass meine Eltern dieses Höfl mit zwei Kühen und ein wenig Kleinvieh bewirtschaften konnten. Natürlich reichte der Ertrag nicht, um uns sieben Kinder zu ernähren. Unser Vater ging immer nebenbei arbeiten, meistens zu *holzern*, um etwas dazuzuverdienen. Er war auch einige Sommer lang Saltner auf Raschötz.

Als ich noch ganz klein war, hatten wir noch nicht einmal Strom im Haus. Wir benutzten Petroleumlampen und Karbidlampen, auch im Stall. Natürlich waren die nicht besonders hell, aber wir kannten es nicht anders. Maschinen gab es damals sowieso noch keine. Erst Anfang der dreißiger Jahre wurden dann Strommasten aufgestellt, und die Leitung von Pramstrohl herunter nach Pedritsch wurde gelegt. Da hatten wir dann eine richtige Glühbirne in der Stube – ich glaube, es war eine 40-Watt-Birne –, und sie kam uns ungeheuer hell vor.

Ich ging in die Volksschule von St. Peter und hatte alle Jahre nur italienischen Unterricht. Am Anfang verstanden wir lange Zeit überhaupt nichts, und so lernten wir auch kaum etwas. Meine älteren Geschwister besuchten den Katakombenunterricht, um Deutsch zu lernen, doch ich hatte keine Gelegenheit dazu. Es wurde immer gefährlicher, und einige Lehrer wurden auch erwischt. So blieb ich ganz ohne deutsche Schulbildung.

Unser Schulweg war weit, wir brauchten fast eine Stunde. Aber wir gingen immer zu Fuß, hatten nicht einmal ein Fahrrad. Nur manchmal im Winter, wenn genug Schnee lag und die Schlitten gefahren waren, konnten wir die Rodel nehmen. Zu Mittag essen konnten wir zunächst bei unseren Tanten, die im Dorf wohnten. Später richtete man für die Kinder, die einen weiten Schulweg hatten, eine Ausspeisung ein. Dort gab es meist Suppe, aber auch manchmal Nudeln und sogar eine Semmel dazu. So gingen wir recht gern hin, denn das bekamen wir daheim nie! Die Voraussetzung war aber, dass man bei der *Balilla* eingeschrieben war. Auch Schulsachen bekamen die *Balilla* umsonst, während die anderen, die nicht dabei waren, nichts kriegten. Für die ärmeren Familien, die viele Kinder hatten, gab es vom Staat auch eine Unterstützung in Form von Lebensmitteln. So konnten wir einmal im Monat im Geschäft eine gewisse Menge Mehl und Nudeln holen.

Manchmal mussten wir auch aufmarschieren mit der *Balilla*-Uniform. Ich erinnere mich, wie wir einmal in St. Magdalena drin beim Forsthaus strammstehen mussten. Da gab es so eine Sportveranstaltung, ein Skitourenrennen, würde man heute sagen. Start und Ziel waren in der Verginerwiese, und die Teilnehmer mussten durch den *Schwarzwald* nach *Zans*, hinauf nach *Glatsch,* zur *Duslerhütte* und wieder zurück. Im Zielgelände wurde die Zeit gestoppt. Die Musikkapelle spielte, es wurden italienische Ansprachen gehalten, und es gab auch Preise für die Sieger. Das Skifahren faszinierte uns Buben schon sehr. Ich hatte alte Skier von meinen Geschwistern, die man sich mit Riemen an die

Joggumer Jugend beim Skifahren

Bergschuhe schnallen konnte. Daheim fuhren wir *Joggumer* Kinder immer auf der Wiese beim Drocker. Das war eine Hetz!

Bei der Option wählten wir wie die meisten »Deutsch«. Dafür wurde viel Propaganda gemacht. Es hieß schließlich, alle müssten auswandern, und die Bauern bekämen in Deutschland draußen die gleichen Höfe wie hier und könnten einfach gleich weiterarbeiten. Einige Villnösser wanderten wirklich aus. Doch als der Krieg verloren war, mussten sie mit Sack und Pack wieder von den zugewiesenen Höfen abhauen, weil die richtigen Besitzer zurückkamen.

Mit 19 Jahren in den Krieg

Da meine Eltern bei der Option 1939 Deutsch gewählt hatten, ließ meine Einberufung zur deutschen Wehrmacht nicht lange auf sich warten. Im Dezember 1943 musste ich zuerst in die Kaserne nach Sterzing zur Musterung. Die Stärkeren von uns kamen zur SS und die Schwächeren zur Luftwaffe. Ich war erst 19 und damit einer der Jüngsten. So kam ich auch zur Luftwaffe. Zunächst gab es eine Zeit der Ausbildung in einer Kaserne in Bozen. Dort lernten wir, die schweren 88er-FLAK-Geschütze zu bedienen. Schon nach einigen Wochen kam ich bei der FLAK im Talferbett Bozen zum Einsatz. Dort waren zwölf Abwehrgeschütze in Reih und Glied aufgestellt. Sie standen in Gräben, die ungefähr vier mal drei Meter groß und zweieinhalb Meter tief waren. Links und rechts in unseren »Löchern« hatten wir Munition gelagert, denn die musste immer griffbereit sein.

Zur Bedienung eines jeden einzelnen Geschützes brauchte es acht Leute. Ein Geschoss wog an die 40 Kilogramm. Wir schossen damit bis zu 7000 Meter hoch in den Himmel und höher. Hoch oben explodierten diese Geschosse in tausend Splitter, um möglichst viel Luftraum abzudecken. Zwei von uns mussten laden, einer die Klappe schließen, einer zielen, einer Kommando geben und so weiter. Jeder hatte seine ganz bestimmte Aufgabe. Ich bediente meistens die Zielvorrichtung. Abwechselnd mussten wir auch auf der Talferpromenade Wache stehen und mit Ferngläsern Ausschau halten.

Peter als junger Soldat

Wir bekamen immer schon einen Funkspruch, wenn die feindlichen Flieger über die französische Grenze flogen und Kurs auf Bozen nahmen. Wir wurden informiert, wo sie waren und wie viele es waren. Manchmal flogen sie Richtung Deutschland, doch viele nahmen auch Kurs auf Bozen. Wir hatten auch schon ein elektronisches Radargerät, welches die Fluglinie der Bomber berechnete. Dieses große E-Messgerät, das wir »die Basis« nannten, stand oben auf der Promenade und war mit den einzelnen Flugabwehrgeschützen verbunden. Auf dem Geschütz waren Geräte angebracht, die ausschauten wie ein großer Wecker. Die Zeiger drehten sich und zeigten an, aus welcher Richtung und auf welcher Höhe die Flieger kamen. Meine Aufgabe war es meist, die Geschütze so einzustellen, dass der angegebene Bereich abgedeckt war.

Wenn wieder einmal ein Geschwader angriff, mussten wir ein sogenanntes Sperrfeuer hinaufschicken, das heißt, eine Reihe von Geschossen in die Luft feuern, die wie ein Zaun für die feindlichen Flieger waren. Diese Linie konnten sie kaum durchbrechen, ohne erwischt zu werden. Wir schossen oft welche ab, die dann einen Notabwurf machen mussten oder umdrehten. Aber natürlich gelang es dem ein oder anderen Flugzeug doch, durch das Sperrfeuer zu fliegen und seine Bomben ans Ziel zu bringen. Manchmal kamen so 40 bis 50 Flugzeuge an einem Tag, da ging es ganz schön rund!

Wir schliefen in hölzernen Baracken im Talferbett unweit von unserer Stellung. Wir mussten ja immer einsatzbereit sein, manchmal auch in der Nacht. Am Abend wusste man nie, ob man den nächsten Sonnenaufgang noch erleben würde. Ich hatte immer große Angst, dass es uns einmal erwischen würde.

Eines Tages passierte es dann: Wieder einmal gab es Alarm, und eine Staffel griff an. Wir schossen zurück und trafen. Da kam uns ein angeschossener Flieger plötzlich gefährlich nahe und warf eine Bombe genau in das Talferbett. Sie explodierte nur einige Meter weg von unserer Stellung. Es krachte ohrenbetäubend. Wir warfen uns auf den Boden, und Sekunden später waren wir über und über mit Matsch und Erde bedeckt. Doch sonst war uns zum Glück nichts passiert, und auch das Geschütz war noch ganz. Wenn die Bombe nur ein paar Meter daneben, also genau in unser Loch gefallen wäre, hätte es uns sicher allesamt in Stücke gerissen.

Genau bei jenem Angriff wurden auch der Bozner Dom und der Bahnhof getroffen. Auch die Franziskanerkirche hatte eine Bombe abbekommen und war mitten entzweigerissen. Ich weiß noch, wie wir in die Stadt gingen, um uns das anzuschauen, weil es eine große Rauchwolke gab. Menschen standen herum und weinten angesichts der Zerstörung. Doch mitten in den Trümmern der Kirche ragte der Altar hoch: Wie durch ein Wunder war er noch heil.

Nach ungefähr einem Jahr hieß es dann, ich würde an die Front nach Norddeutschland versetzt. Ich erhielt einen Bescheid, dass ich nach Berlin zu einer Panzereinheit kommen würde. Einerseits war ich froh, von der FLAK wegzukommen, andererseits war mir nicht geheuer bei dem Gedanken, weit weg von der Heimat kämpfen zu müssen. Aber nach meiner Meinung fragte niemand. Wenn zu gehen war, war zu gehen, da gab es keine Ausflüchte. Doch dann kam alles anders: Als wir im Zug Richtung Norden unterwegs waren, gab es plötzlich Fliegeralarm. Es war zwischen Rosenheim und München. Der Zug stoppte, und wir rannten alle hinaus, um in Deckung zu gehen. Schon kamen die amerikanischen Tiefflieger und beschossen den Zug mit ihren Bordwaffen. Sie warfen auch Splitterbomben, die besonders viel Schaden anrichteten. Wenn sie explodierten, flogen tausend gefährliche kleine Splitter herum.

Ich saß mit meinen Kameraden in der steilen Böschung unten hinter einem Zaun und hielt die Arme über den Kopf. Wir hatten keine Waffen, um uns zu verteidigen, wir konnten uns nur verstecken und hoffen, mit dem Leben davonzukommen. Doch dann erwischte es mich: Auf einmal spürte ich einen stechenden Schmerz im linken Oberarm. Ich drehte mich um, und schon bohrten sich weitere Splitter in meinen Rücken und in mein Hinterteil. Trotzdem hatte ich in der Situation noch ein Riesenglück, denn ich hätte nur irgendwie anders sitzen oder liegen brauchen, dann hätten mich die Splitter am Kopf getroffen. Neben mir lag ein Grödner, der am Bein getroffen wurde. Auf der anderen Seite war ein Soldat, der weniger Glück hatte. Ein Splitter bohrte sich durch seine Brust genau ins Herz, und er war sofort tot. Viele kamen an diesem Tag um, überall lagen Tote herum. Diesen Anblick werde ich nie vergessen.

Als der Angriff vorbei war, wurden wir Verletzten in ein Lazarett nach München gebracht. Dort bekam ich auch meinen Rucksack wieder, den ich im Zug zurückgelassen hatte. Ein Tragegurt war total zerfetzt, denn der Zug war voll unter Beschuss geraten. Doch zumindest hatte ich meine Zivilkleidung und ein paar persönliche Sachen wieder.

Aus meinem Einsatz an der Front wurde also nichts, denn besonders der Splitter am Arm machte mir zu schaffen und wollte gar nicht heilen. Ich wurde nach Hause geschickt und musste mich dann in Brixen bei einem Militärarzt melden. Dieser überstellte mich in ein Krankenlager in Gröden, wo damals viele Hotels zu deutschen Lazaretten umfunktioniert worden waren. Ich kam ins Hotel Post. Dort durfte ich dann bleiben, bis der Krieg aus war. Ich erinnere mich noch an den Abend des 25. Mai, als plötzlich die Ärzte in den Saal kamen und sagten: »Wer imstande ist und nicht weit heimzugehen hat, sollte sofort gehen. Bald werden die Amerikaner kommen und alle gefangen nehmen.« Ein weiterer Villnösser, der Putzer Rudl, der später Pfarrer geworden ist, war mit mir in dem Lazarett, und wir beschlossen, sofort abzuhauen. Zu Fuß wanderten wir nach St. Peter/Lajen, wo wir in einem Stadel übernachteten. Am nächsten Tag kamen wir unbeschadet nach Hause.

Trotzdem war der Kriegsdienst noch nicht überstanden. Es hieß, auch die Soldaten aus den Lazaretten müssten sich in Brixen melden, um einen Entlassungsschein zu bekommen. Sonst würden uns die Amerikaner holen. Ich traute mich nicht, mich zu verstecken, denn es hieß, die Amerikaner fänden jeden. So meldete ich mich brav in Brixen bei den Amerikanern. Aber ich kriegte keinen Entlassungsschein. Im Gegenteil: Wir wurden kurzerhand auf Lastwagen verladen, und ab ging die Post Richtung Süden. Am Ende landeten wir in einem Gefangenenlager in Livorno bei Pisa und hatten keine Ahnung, wie lang man uns dort festhalten würde.

Das Lager war ziemlich groß und mit Stacheldrahtrollen eingezäunt. In gewissen Abständen standen Wachtürme, von denen aus wir beobachtet wurden. Man durfte sich der Umzäunung nicht nähern, sonst wurde sofort von diesen Türmen heruntergeschossen. Einmal wurde ich Zeuge, wie ein Gefangener seine Decke trocknen wollte und sie über den Zaun vor dem Stacheldraht hängen wollte. Da knallte es plötzlich, und er sank tot zu Boden.

Ansonsten ließen uns die Amerikaner aber in Ruhe. Wer wollte, konnte sich freiwillig zur Arbeit melden. Die anderen saßen herum, unterhielten sich und spielten Karten. Meist spielten wir um ein paar Münzen »17 und 4«, manchmal machten sogar unsere Bewacher mit. Denen war ja auch langweilig. Wir waren sechs Villnösser und schliefen alle im gleichen Zelt: Der Viseller Hans, der

Ludwig Mantinger, der Koserotter Luis, der Weißenbacher Franz, der Blauele-Franz und ich.

Der Blauele-Franz meldete sich zum Küchendienst, und durch ihn bekamen wir immer eine Extraportion zum Essen. Die Amerikaner hatten viereckige weiße Kastenbrote, von denen sie aber nur den weichen inneren Teil aßen. Die Brotrinde wurde weggeschnitten und zum Abfall geworfen. Der Franz brachte uns immer diese und andere Reste aus der Küche mit. Wir erhielten auch Kisten mit Konservenessen und Keksen. Über die Verpflegung konnten wir uns nicht beklagen, es war halt nicht zu viel.

Wir wussten nie, wie lange sie uns dort behalten würden. Diese Ungewissheit war das schlimmste. Wir bekamen auch keine Post von zu Hause – nichts drang zu uns durch. Irgendwann im September, nach mehr als vier Monaten, wurden dann plötzlich von allen die Fingerabdrücke genommen, und es hieß, wir würden bald nach Hause geschickt. Schließlich kam der lang ersehnte Tag: Wir wurden streng bewacht in den Zug begleitet und in eine Kaserne nach Bozen gebracht. Dort erhielten wir dann endlich den ach so wichtigen Entlassungsschein und durften nach Hause.

Von uns Villnössern blieben nur der Weißenbacher Franz und der Koserotter Luis noch etwas länger in Gefangenschaft, weil sie sich zu einer Arbeitskompanie gemeldet hatten. Wir anderen fuhren mit dem Zug nach Klausen. Dort bekamen wir von jemandem ein Auto zu leihen, und der Ludwig hatte damals schon den Führerschein. So kamen wir wohlbehalten heim.

Mein Vater, der auch einberufen wurde, war auch schon heimgekommen, nur mein Bruder Gottfried war noch in Gefangenschaft. Er war bei den Gebirgsjägern. Wir wussten nur, dass er irgendwo in Norwegen in einem Lager war. Dann sagten sie im Radio durch, die Gefangenen aus Norwegen würden alle nach Deutschland gebracht. Sonst bekamen wir keine Nachricht. In Deutschland wurden die Gefangenen auch noch eine lange Zeit festgehalten. Erst im Herbst 1946 kam auch Gottfried dann wohlbehalten heim.

Hirte und Holzerer

Nach meiner Ausschulung arbeitete ich noch eine Zeit lang auf dem Hof, und danach ging ich als Knecht zu den Bauern: Ich war beim Moar und zu Fischnol. Dann musste ich einrücken.

Nach meiner Rückkehr verdingte ich mich wieder als Knecht. Einen Sommer lang hütete ich die Schafe von St. Jakob auf der *Koflwiese*. Das war eine unvergessliche Zeit. Ich war auch dabei, als die Schafhütte oben renoviert wurde. Die alte Hütte war halb verfallen, und wir mussten fast alles neu machen. Mit den Pferden zogen wir die Bretter und Schindeln durchs *Zanser* Tal hinauf. Da ist es ganz schön steil, und wir waren froh, als wir endlich oben waren.

Der andere Hirte, der Verginer Franz, war für die Schafe von Magdalena zuständig. Zusammen hatten wir über 1000 Schafe: Die *Joggumer* hatten eine rote

Peter beim Holzführen im Winter

Markierung an den Ohren und auf dem Rücken, die *Berger* Schafe eine blaue. Unseren Proviant und das Salz und die *Lecke* für die Schafe mussten wir mühsam mit der Kraxe von *Zans* herauftragen. Das war schon eine Schinderei. Auch ums Wasser mussten wir immer von der Schafhütte zu den Trögen hinuntergehen: Das war ein Fußmarsch von ungefähr zehn Minuten hinunterwärts und 20 Minuten zurück hinauf. Ganz früher wurden auf der *Koflwiese* sogar Ochsen gehütet. Diese waren alle beschlagen, damit sie besseren Halt hatten, und oft fanden wir noch solche alte Eisen im Gras.

Die Schweine wurden meist in der Adventszeit geschlachtet.

Die Weide für unsere Schafe war groß: Sie reichte taleinwärts bis zum *Wörndle Loch*, talauswärts bis zum *Berger* Wald und zu den *Muntwiesen* auf *Coll* und im Süden hinunter zur heutigen *Zanser* Straße bei *Pitscheført.* Frühmorgens trieben wir die Schafe ganz hinunter, und bis zum Abend grasten sie von allein wieder hinauf und scharten sich in der Mulde um die Hütte. Die wussten schon, wo wir waren. Außerdem schmeckte ihnen wohl das Gras oben besser. Aufwärts musste man sie nie treiben.

Die gefährlichsten Feinde der Schafe waren die Adler. Damals gab es gar einige, und sie hatten es vorwiegend auf die Lämmer abgesehen. So mussten wir ihnen, kaum dass sie auf die Welt kamen, ein rotes Band um den Hals binden. Das hielt die Raubvögel fern. Trotzdem habe ich ein paar Mal gesehen, wie diese Adler Lämmer raubten. Sie schossen herunter wie ein Pfeil, packten das Tier und trugen es auf und davon.

In den folgenden Jahren ging ich hauptsächlich zu *holzern.* Ich war in Gröden, aber auch hier in Villnöß. Wir hatten immer viel zu tun. Das Holz wurde immer bis zur Straße getrieben und dann talauswärts transportiert. Eine große Erleichterung waren die *Gummiwagen,* die nach dem Krieg aufkamen. Die rollten auf Gummirädern und gingen natürlich viel leichter dahin als die alten mit den Holzrädern. Als dann die Zeit der Lastwagen kam, hatten die Pferdegespanne ausgedient.

Wir tanzten die ganze Nacht

1958 heiratete ich Maria Michaeler vom Vikolhof. Kennengelernt habe ich sie beim Tanzen. Früher gab es wenig öffentliche Veranstaltungen und Feste, aber dafür gar einige private. Sonntags wurde oft auf den Höfen musiziert und getanzt, vor allem auf *Coll* und *Joggum.* Und da ich immer schon gern getanzt habe, war ich öfters Gast zu Vikol. Maria war die älteste Tochter, und sie tanzte ebenfalls gern. So kam es, dass wir schließlich zum Pfarrer gingen, um das Aufgebot zu machen. Dieser schaute uns an und fragte mich dann ganz ernst: »Hast du dir diesen Schritt wohl gut überlegt?« Auf dem Hof lebten damals ja auch noch die Eltern meiner Frau und zahlreiche ledige Schwestern. Doch natürlich ließ ich mich nicht von der Entscheidung abbringen.

Bei der Trauung mit Pfarrer Terleth

Wir heirateten an einem Pfingstmontag, und es war ein schönes Fest. Nach der schlichten Trauungsmesse hatten wir ein Mahl beim *Kabis.* Es gab Gulasch und weizene Knödel. Einen Teil der Rechnung beglichen wir mit Eiern und Butter. Außer den Verwandten hatten wir schon auch einige gute Kollegen eingeladen. Nach dem Mahl fuhren wir nach Brixen zum Fotografen. Anschließend feierten wir daheim und tanzten bis in die frühen Morgenstunden.

Ganz unberechtigt waren die Bedenken des Pfarrers ja nicht gewesen, denn das Zusammenleben der großen Familie unter einem Dach war nicht immer einfach. Doch nach einigen Jahren bekam meine Frau den Hof überschrieben, und wir richteten uns eine eigene Wohnung ein. So hatten wir unsere Ruhe. Mehr als 40 Jahre lang lebten und arbeiteten wir auf dem Hof. Unser Neffe Günther wohnte mit seiner Mutter bei uns. Als sie wegheiratete, wollte er lieber bei uns auf dem Hof bleiben. Wir zogen ihn auf wie unser eigenes Kind.

Wann immer ich Zeit hatte, ging ich mit den Zimmerern. Arbeit gab es eigentlich immer, wenn man arbeiten wollte.

Jäger, Schütze und immer noch aktiv

Heute gehe ich auch noch oft auf den Hof, um Günther zu helfen. Doch meine Leidenschaft war immer schon das Jagen, und heute habe ich endlich mehr Zeit, auf die Pirsch zu gehen. Ich finde, es ist ein gesunder Sport, weil man immer im Wald ist. Seit mehr als 50 Jahren bin ich nun Jäger und vorher, in meiner Jugendzeit, war ich Wilderer. Unsere erste Beute waren Eichhörnchen. Wir schossen sie weniger wegen des Fleischs, sondern mehr wegen der Felle. Ein Mann aus Lajen handelte mit diesen Fellen und bezahlte uns für fünf Eichhörnchen so viel, wie sonst ein *Holzerer* in einer Tagschicht verdiente. Somit war das für uns Jungen ein schöner Nebenverdienst. Damals gab es noch mehr als genug Eichhörnchen im Wald. Man musste nur aufpassen, dass man sie nicht aus zu kurzer Distanz schoss, sonst war das Fell zerfetzt und nicht mehr zu gebrauchen. Gerne gingen wir auch Hasen schießen, um sonntags einen guten

Peter war schon immer passionierter Jäger.

Braten zu haben. Am leichtesten kriegte man sie im Mondlicht. Auf den abgemähten Getreidefeldern saßen oft acht, neun Hasen zusammen und grasten. Da konnte man sich einfach den größten aussuchen. Am Anfang hatte ich nur ein Schrotgewehr, doch schon bald erwarb ich einen richtigen *Stutzen*.

Weiters bin ich Gründungsmitglied der Schützenkompanie Villnöß. Im Jahre 1969 entschlossen wir uns, auch hier im Tal eine Schützenkompanie aufzubauen. Wir mussten ganz neu anfangen, die Trachten nähen lassen und so weiter. Bei der Gründungsversammlung wurde zunächst der alte Fraßbauer zum Hauptmann gewählt, doch schon nach einigen Monaten wollte er es nicht mehr machen. So rückte der Planatsch-Paul nach und wurde Hauptmann. Seit einigen Jahren gibt es wieder viele junge Neuzugänge. Auch ich bin noch aktiv dabei. Unser Schützenhauptmann meint immer: »Es braucht alte Säulen.« Und der Bezirksmajor sagt auch stets: »Nur junge Schützen ist auch nichts, es macht nur ein schönes Bild, wenn auch ein paar alte dabei sind.«

Ich habe auch schon immer gerne getanzt, und so habe ich auch meine Anna bei einem Faschingstanz kennengelernt. Seitdem sind wir befreundet und genießen das Leben gemeinsam. Wir machen Ausflüge und fahren auch manchmal in Urlaub. Sehr gerne spielen wir auch Karten und treffen uns mit Freunden, so oft wir können.

Was ich mir vom Leben noch wünsche? Vor allem Gesundheit und noch ein bisschen Glück bei der Jagd!

Johann Messner
»Tschampertuner Hansl«

Johann wurde am 11. Mai 1925 auf dem Tschampertunhof in Pardell, St. Valentin, geboren. Seine Mutter hieß Kreszenz Kofler und war Bäuerin. Sein Vater Johann Messner stammte vom Fraßhof in St. Peter. Er verunglückte, als Hansl ein Kleinkind war. Seine Mutter heiratete den Bruder ihres verstorbenen Mannes. So wuchs Hansl mit seinen zwei Geschwistern Kreszenz und Anton sowie seinen Halbgeschwistern Filomena, Franz, Sepp und Maridl auf. Zwei weitere Kinder aus der zweiten Ehe starben.

Bis etwa 1940 gab es auch Dienstboten auf dem elterlichen Hof, auf dem Hansl bis 1952 arbeitete. Anschließend lernte er das Zimmererhandwerk, war später aber vorwiegend als Maurer tätig. 1956 heiratete er Rosa Messner vom Hoanzlerhof auf *Coll*, mit der er die drei Kinder Hilde, Manfred und Kurt großzog. Seit 2009 ist er Witwer.

Ich hatte nur die Wahrheit gesagt

1931 schulte ich ein und besuchte zuerst zweieinhalb Jahre lang die italienische Schule in St. Peter. Dort hatten wir eine Lehrerin, die mich nicht ausstehen konnte, weil ich rote Haare und Sommersprossen hatte. Sie konnte mich gar nicht anschauen, daher musste ich fast immer hinter dem Pult in einer Ecke sitzen statt in der Schulbank. Der Unterricht war von Montag bis Samstag immer von 8 bis 11 und von 13 bis 15 Uhr. Donnerstags hatten wir dafür schulfrei. An dem Tag war dann meistens Religionsunterricht. Der Kooperator unterrichtete uns im Frühmesshaus. Dieser Unterricht war auf Deutsch.

Ich war auch bei der *Balilla,* und zwar vor allem deswegen, weil man so von der Schule aus leichter die Erlaubnis bekam, Ende Mai und Juni sowie im September und Oktober dem Unterricht fernzubleiben. Da brauchten mich die Eltern immer zum Arbeiten und zum Hüten. Die Mitgliedschaft bei der

Balilla kostete fünf Lire. Wer nicht bei diesem Verein eingeschrieben war und der Schule fernblieb, musste Strafe zahlen. Ein Nachbar musste einmal 20 Lire Strafe zahlen, weil er seine Buben zu Hause behalten hatte. Wer bei den Faschisten war, durfte allerhand, die anderen wurden schikaniert. Ich war aber auch bei den Ministranten, und der Pfarrer sagte uns klipp und klar, dass er es nicht gern sah, wenn seine Messdiener Mitglieder der *Balilla* waren. Als der Lehrer in der Schule einmal die Proder Buben Stanis und Franz fragte, warum sie nicht Mitglied werden würden, wollten sie es nicht sagen. Von den Kindern, den Betrunkenen und von den Narren erfährt man die Wahrheit, lautete früher ein Sprichwort. Und ich war halt ein Kind und platzte damit heraus, dass der Pfarrer dagegen war. Ich hatte es nur auf Deutsch gesagt, und der Lehrer verstand mich nicht. Aber ein Mädchen, dessen Mutter Grödnerin war und das deshalb besser Italienisch konnte, übersetzte ihm meine Äußerung. Er meinte nur: »Va bene, va bene«, und sagte nichts weiter. Ich rechnete nicht damit, dass mein Kommentar Folgen haben würde. Doch der Pfarrer bekam meinetwegen eine Rüge, und auch meine Eltern erfuhren davon. Es wurde dann so gedreht, dass ich das nur so dahingesagt hätte, doch zu Hause bekam ich ordentlich die Rute zu spüren. Das werde ich nie vergessen. Dabei hatte ich nur die Wahrheit gesagt.

Bei den Ministranten mussten wir immer die lateinischen Gebete auswendig lernen, wobei ich mich sehr schwer tat. Immer nach der Sonntagsmesse mussten wir noch mit dem Kooperator üben. Wir mochten ihn nicht, denn er war sehr streng: Jedes Wort musste ganz genau passen, und es war ungeheuer schwierig, weil wir ja nicht verstanden, was wir da sagten. Bis heute weiß ich einige dieser lateinischen Sätzchen: »Suscipiat domine sacrificum de manibus tuis at laudem et gloriam nomini sui ad utilitatem quoque nostram totiusque Ecclesiae suae sanctae.« Das sagte man bei der Opferung. An Sonntagen mussten wir ausnahmslos zur Messe gehen: Zuerst wurde das Verkündblatt von der Kanzel herunter vorgelesen, dann gab es eine Predigt und schließlich eine lateinische Messe. Zu Hause fragten uns die Eltern dann regelmäßig nach der Predigt. Wehe, wenn wir nicht aufgepasst hatten und nichts wussten! Dann bekamen wir zur Strafe nichts zum Mittagessen. So fragten wir oft unsere *Dirn,* die Stindl-Lene, auf dem Heimweg, was der Pfarrer gepredigt hatte. Sie war eine nette Frau und half uns Buben immer aus der Patsche.

Am Sonntagnachmittag war oft »Christenlehre«, das war ein Rosenkranz, dann wieder eine Predigt von ungefähr einer Dreiviertelstunde und anschließend eine Litanei. Ansonsten hieß es stets Rosenkranz beten, entweder daheim oder im *Pardeller* Kirchl. Meist wählten wir das Kirchl, denn dort sah man wenigstens ein paar andere Leute. Als wir größer waren, sind wir schon oft abgehauen und haben uns gedrückt. Ja, früher hieß es, fleißig in die Kirche gehen. Was früher zu viel des Guten war, ist heute zu wenig.

Von 1933 an gab es dann eine Außenschule in *Pardell.* Das war uns natürlich recht, denn so hatten wir die Schule praktisch vor der Haustür. Eine Zeit lang hatten wir eine Lehrerin, die sich nicht recht zu helfen wusste. Wir waren viele Kinder, und alle Jahrgänge saßen zusammen in einer einzigen Klasse. Oft kamen die Carabinieri in die Schule. So sechs, sieben Buben, darunter auch ich, fingen an, *Hinterschule* zu gehen: Wir versteckten uns hinter der Höller Säge in den Büschen und vertrieben uns die Zeit mit Häuschenbauen, Plaudern und Mundharmonikaspielen. Die Lehrerin fragte nicht nach, sie war wohl froh, einige Lausbuben weniger in der Klasse zu haben. Unsere Eltern merkten auch lange Zeit nichts. Irgendwann bekam die Vermieterin des Klassenzimmers, die Tischlerin, Wind von den Zuständen und machte Meldung. Die Lehrerin wurde daraufhin entlassen, und wir bekamen einen anderen Lehrer. Die letzten drei Schuljahre lernten wir dann etwas mehr. Das war schon der bessere Unterricht. Doch genau an dem Tag, als ich 14 Jahre alt wurde, also am 11. Mai, verließ ich die Schule. Ich hatte nicht vor, einen Tag länger als unbedingt nötig im Klassenzimmer zu verbringen. Ich war viel lieber bei den Tieren und bei der Arbeit zu Hause. Auch meine Schwester blieb nach ihrem 14. Geburtstag sofort daheim, denn sie ist genau am Blasiustag, am 3. Februar, geboren. Und am Tag zuvor, an Mariä Lichtmess, endete immer das Dienstverhältnis der Knechte und *Dirnen.* So war keine *Dirn* mehr da und Zenze musste ihren Platz einnehmen.

Klein Hansl auf dem Schoß der Mutter Zenze, Schwester Zenze auf dem Schoß des Vaters Hansl (1926). Kurz darauf verunglückte der Vater beim Holzern.

Wir hatten auch nach der Ausschulung noch Katakombenunterricht, »Deutschunterricht« sagten wir dazu. Die Proder Anna kam zu uns nach Hause und brachte uns ein wenig Deutsch schreiben und ein bisschen Rechnen bei. Einmal waren wir auch beim Proder, und plötzlich kamen die Carabinieri. Aber wir waren schon darauf vorbereitet, denn es wurde immer strenger kontrolliert, und man hatte uns eingeschärft, was wir zu tun hatten. So flüchteten wir alle über eine Treppe, die aus dem *Stübele* in den Keller führte, und rannten in alle Richtungen davon, ohne dass die Ordnungshüter etwas bemerkten.

In der Faschistenzeit litten auch viele unter dem hohen Steuerdruck. Ich weiß noch, wie uns einmal ein Nachbar besuchen kam. Wir Kinder lauschten, wie er erzählte, er habe gerade durch den Holzverkauf ein wenig Geld verdient. Aber er müsse es hernehmen, um endlich die Steuern nachzuzahlen, und so habe er wieder nichts davon gehabt.

Wir hatten das Glück, dass in unserem Zuhäusl zwei alte Nachbarsleute wohnten, die keine Kinder hatten. Sie hatten ihren Hof, den Punterhof, verkauft und meiner Mutter einen Teil des Erlöses gegeben. Dafür schaute sie auf die Alten und verköstigte sie. Damals gab es sonst keine Altersversorgung oder Rente. Ich weiß noch, wie diese zwei alten Leute mit uns am Tisch saßen. Früher aßen meist alle aus einer Schüssel oder Pfanne, Teller benutzte man sehr selten. Nun hatte diese alte Frau die Gewohnheit, immer mit den Fingern den Rand der Schüssel abzustreichen und sich die Finger abzulecken. Das ekelte vor allem den Vater, und auch der Knecht schimpfte über diese Unsitte. Schließlich einigte man sich darauf, dass wir den beiden das Essen immer ins Zu-Häusl hinüberbrachten, und von da an ging alles tadellos.

So kam es, dass unsere Mutter Bargeld besaß, was zu jener Zeit sicher außergewöhnlich war. 1937 kauften wir die *Zanser* Alm um 24.000 Lire. Das war damals ein schönes Geld. Um einen Vergleich zu haben: Eine gute Kuh kostete damals 800 bis 900 Lire. Dieser Kauf wurde vorwiegend mit Holz finanziert, das der Vater in *Flitz* oben *schlägerte*. Das Holz war damals noch etwas wert.

Das waren nicht gute Zeiten

Bei der Option wählte unser Vater »Deutsch«, und es hieß, wir müssten auswandern. Es hieß auch, wer fürs Dableiben wählte, komme nach Italien hinunter. So wurde Propaganda gemacht. Die Auswanderer wollten sie draußen alle gemeinsam in einem Dorf ansiedeln. Aber die Leute draußen hatten sie ja auch nur verjagt, und nach dem Krieg wären sie wieder zurückgekommen und hätten uns dann zum Teufel gejagt. Als Hitler den Krieg nämlich verloren hatte, drehte sich alles um. Den Mussolini haben sie ja schon früher gekippt. Es war schlimm, denn sogar in der Schule entflammte eine Feindschaft zwischen »Auswanderern« und »Dableibern«, obwohl die Kinder ja alle nichts dafür konnten. Die Dableiber wurden als »*walsche Fockn*« beschimpft. Das waren nicht gute Zeiten.

In meinem neunten Lebensjahr hatte ich einen schwerwiegenden Unfall. Unser Pferd scheute wegen eines Donnerschlags, schlug aus und traf mich voll ins Gesicht. Ich weiß vom Unfallhergang nichts mehr, denn ich hatte eine starke Gehirnerschütterung. Man erzählte mir danach, der herbeigeholte Doktor hatte schon gemeint, ich sei nicht mehr zu retten. Trotzdem brachte man mich ins Brixner Krankenhaus – mit dem Pferdefuhrwerk natürlich –, und nach einigen Tagen zwischen Leben und Tod hatte ich das Schlimmste überstanden. Doch der Sehnerv von meinem rechten Auge war beschädigt, da war nichts mehr zu machen: Ich hatte mein rechtes Augenlicht verloren. Trotz dieser Behinderung wurde ich 1944 einberufen und musste am 5. September einrücken. Es hieß, ich könne ja links schießen. Man schickte uns nach Mals zur Ausbildung. Dort mussten wir viel exerzieren und ständig in die Sonne schauen. Ich vertrug das überhaupt nicht, mir tränten nur so die Augen. Das brachte mich auf eine Idee.

Villnösser Taleingang: Das Kraftwerk und die Gleise bis Albeins unterstanden der Wache des SOD.

Von einem Kameraden erbettelte ich ein wenig Salz, das ich mir ins linke Auge streute, sodass es ganz rot wurde. So meldete ich mich *marod.* Man schickte mich ins Lazarett nach Meran, aber am nächsten Tag entließ man mich wieder »ohne Befund«. Wieder zurück in Mals, versuchte ich noch einmal den Trick mit dem Salz und meldete mich erneut krank. Diesmal klappte es. Der Doktor stellte mir den Entlassungsschein aus. Zusammen mit ungefähr 15 anderen »Untauglichen« wurde ich am 20. September wieder aus dem Kriegsdienst entlassen. Zu Hause war man natürlich froh, dass ich wieder zurückkam, denn man brauchte jede Hand zum Arbeiten. Ich musste zwar auch zur *SOD*-Wache beim E-Werk und bei der Bahn, doch jener Dienst wurde bezahlt, und schon deswegen machte ich das lieber. Unser Vater war auch bei der *SOD* und musste eine Zeit lang sogar nach Mühlbach zum Bewachen des Bahnhofs.

Die Bombardierungen in den letzten Kriegsmonaten wurden immer häufiger und immer schlimmer. Immer wieder flogen Formationen von sechs Bombern über Villnöß: einer voraus, zwei dahinter, drei in der dritten Reihe. Die Erde zitterte, so tief flogen sie. Sie tauchten im Süden über Riegl auf, überflogen das Tal, und sobald sie so im Norden so überm Zinner waren, ließen sie schon die Bomben fallen, welche die Albeinser Brücke treffen sollten. Man hörte das Krachen der Einschläge bis zu uns nach Hause, so laut knallte es. Sogar am Christtag 1944 griffen sie an. Am schlimmsten aber war der 28. Februar 1945. Die Lajener FLAK schoss die Flieger an, sodass sie die Bomben abwerfen mussten. Die ersten Bomben fielen in der Nähe vom Siederhof. Es krachte fürchterlich und bei uns zersprangen viele Fensterscheiben. Danach fielen Bomben zu *Riegl* und auf St. Valentin, den Wald bei Petrund und Miglanz. Reihenweise knickten die Bäume ein. Das ganze Holz war zersplittert und konnte nur mehr als Brennholz gebraucht werden. Wir Buben liefen sonst immer hinaus, um den Fliegern nachzuschauen. Aber an jenem Tag trauten wir uns nicht hinaus, weil Splitter von der FLAK herumflogen. Solche Eisensplitter machten so ein surrendes Geräusch, nicht gerade wie eine Kugel, aber die hätten einen doch schwer verletzen können. Wir haben später eine ganze Kiste voller Eisensplitter eingesammelt, die überall herumlagen.

Auch in Bozen wurde viel bombardiert. Das hörten wir im Radio. Man durfte aber nur die gewissen Sender hören: Vor allem der Schweizer galt als Feindsender, und den durfte man ja nicht einschalten. Der Schweizer sagte die Wahrheit. Aber manchmal ging der Wachtmeister umher, der ziemlich fanatisch war, und lauschte an den Türen. Wir haben immer alles zugesperrt und nicht zu laut aufgedreht, damit ja niemand etwas hörte. Der Schweizer meldete, wie weit sie mit dem Krieg waren und dass es für die Deutschen immer weiter rückwärtsging. 1943 waren ja die Deutschen in Italien einmarschiert und rückten ständig weiter nach Süden vor. Doch die Amerikaner drängten sie von Süden aus immer weiter herauf. Ich weiß noch genau, dass ich am 3. Mai 1945 auf den Markt nach Klausen wollte. Als ich mit meinem Fahrrad bei der Villnösser Haltestelle ankam, sah ich auf der Hauptstraße die amerikanischen Panzer Richtung Norden fahren. Da bekam ich es mit der Angst zu tun, dass sie mich gefangen nehmen würden. Ich hatte zwar Zivilkleidung an, aber es war trotzdem gefährlich. Jeder, der es damals irgendwie schaffte, vom Militär abzuhauen, versuchte an Zivilkleidung zu kommen und auf irgendwelchen Schleichwegen nach Hause zu kommen. So ließ ich den Markt sausen und machte mich schleunigst wieder auf den Heimweg, damit mich ja niemand sah.

Im Winter brauch ich keine Sonne

Im Sommer mussten wir oft um vier Uhr aufstehen zum Mähen, um sechs Uhr rief die Mutter zum Frühstück, einem *Plentemus*, und anschließend hieß es wieder arbeiten. Nach dem Mittagessen, das meist aus *plentenen* Knödeln bestand, durfte man ein wenig rasten. Am Nachmittag ging es dann wieder aufs Feld, und zum Abendessen gab es zu 90 Prozent Gerstensuppe. Freitags war immer Fasttag, das ganze Jahr über, da durfte man auch keinen Speck essen. Da bekamen wir meist einen *Ofenplenten* zum Mittagessen.

Zu Weihnachten, an den sogenannten *Rahnächten*, luden wir immer Leute zum Essen ein. Meist waren es ältere, allein stehende Menschen, die um eine gute Mahlzeit froh waren. Die waren wirklich arm, denn es gab ja keine Pension.

Wir hatten auch ein Pferd, zeitweise auch zwei, sowie ein Fuhrwerk. Ich arbeitete viel als Fuhrwerker. Im Winter war ich viele Tage lang damit beschäftigt, das Heu von den Almen ins Tal zu bringen, manchmal auch für Nachbarn. Auch das »Holz-*Strafen*« machte man vorwiegend im Winter, wenn ordentlich Schnee lag. Oft sagten die Leute: »Bei euch in Pardell ist ja im Winter keine Sonne.« Aber ich entgegnete immer: »Im Winter brauche ich keine Sonne, da wird geholzert.« Zunächst zogen wir die Baumstämme von den kleinen Bächen beim *Flitzer Wasser* oben mit dem Pferd hinunter zum Unteregarter. Dann ging's mit dem Schlitten über den alten *Flitzer* Weg durch den *Flitzer* Kessel nach Fagl, von dort hinunter zum Planer und zum Parweiger und dann über die Brücke auf die Hauptstraße bei der *Schoade*. Auf so einem Schlitten hatte ich ungefähr einen Kubikmeter Holz geladen und noch gar einige Stämme hinten nachgehängt. An besonders steilen Stellen legte man Ketten unter die Kufen, um den Halt nicht zu verlieren. Auf der *Schoade* wurden die Stämme *geplumt*. Von dort aus transportierten wir sie dann talauswärts zum Sägewerk Prader, aber noch häufiger hinaus zur Villnösser Haltestelle, wo sie dann eine große Holzfirma abholte.

Johann mit Rosl (auf dem Boden rechts) auf Dolomitenfahrt 1954

Mit 15 Jahren fuhr ich schon allein mit dem Fuhrwerk. »Bübele, *dertreibsch* du woll in *Schräpfer*?«, fragte mich einmal ein Mann, als er mich mit meiner Ladung sah. Doch der *Schräpfer*, also die Bremse, die man kurbeln musste, war nicht so sehr das Problem, man musste nur wissen, wo und wann. Das hatte mir der Vater gezeigt. Aber das Auf- und Abladen der Holzstämme war schon eine reine Schinderei, besonders für so einen schmächtigen Jungen wie mich.

Bauern beauftragten mich auch manchmal, Holz zu den Kapuzinern nach Klausen zu führen. Das tat ich immer besonders gern, denn da bekam ich draußen im Kapuzinerkloster auch ein richtig gutes Essen. Oft fuhr ich auch Leute ins Krankenhaus nach Brixen. Einmal in der Endphase des Krieges, als immer wieder bombardiert wurde, musste ich einen Nachbarn unbedingt ins Krankenhaus bringen. Auf dem Heimweg auf der Höhe vom Gasthaus Ziggler dachte ich mir: »Wenn es jetzt bloß nicht Fliegeralarm gibt.« Die Flieger griffen nämlich vorwiegend bei schönem Wetter an, und die Albeinser Eisenbahnbrücke war ihr Hauptziel. Aber diese Bomben landeten in der ganzen Gegend, vor allem auch dort beim Ziggler und die Brücke trafen sie nie. Kaum hatte ich diesen Gedanken gehabt, fingen auch schon die Sirenen an zu heulen. Ich trieb mein Ross an wie selten zuvor, um möglichst weit von dort wegzukommen, bevor die Bomber auftauchten. Bis die Flieger kamen, war ich über alle Berge.

Wir waren mehrere Fuhrwerker, manchmal so sechs bis sieben Leute, und es war Brauch, auch zu *Außermühl* und beim *Dörer* oder zu *Mittermühl* einzukehren, um die Pferde zu tränken und etwas zu trinken. Das Essen hatte man immer selber mit. Kein Gastwirt sagte damals etwas, wenn man den eigenen Speck auspackte und verspeiste. Ein Gasthausessen konnten sich nur die »Besseren« leisten. Der Poster Luis hatte ein Doppelgespann und einen *Landauer*, das war eine größere *Klesse* für den Personentransport. Auch nahm er immer die Post mit von Klausen herein, deshalb nannte man ihn »Poster«. Er war es auch, der als einer der ersten Villnösser ein kleines Auto kaufte. Wenn wir früher ein Auto kommen hörten, liefen wir immer auf die Straße, um zu schauen, denn es kam uns ganz wundersam vor, dass sich so ein Gefährt ganz von allein bewegen konnte. Nach dem Krieg kamen langsam die Lastwagen auf, die das Holz schneller und billiger liefern konnten. Somit hörte das Pferdefuhrwerken bald auf, weil es nicht mehr rentabel war.

1951 fing ich eine Zimmererlehre an. Eigentlich wäre ich schon ganz gern Bauer geworden, denn es hieß früher immer: »Wer zu blöd ist für einen Bauer, wird Zimmerer und Maurer.« Aber meine Eltern meinten, ich würde keinen guten Bauern abgeben und sollte lieber etwas anderes lernen. Als Zimmerer verdiente ich jedoch nicht viel. So fing ich an zu mauern.

Hausbau und Hochzeit

Meine Frau Rosa arbeitete damals beim Unterschleller. Sie musste dort das Vieh versorgen und im Haus alles machen. Wir trafen uns oft heimlich, denn früher durfte niemand etwas wissen, wenn man eine Freundin hatte. Ich fuhr immer mit dem Fahrrad bis dort, wo heute die Tankstelle steht, versteckte es und lief über die Wiese hinauf zum Hof. Das hat nie jemand mitbekommen. Als ich mit dem Zimmern anfing, mietete ich mir ein Zimmer im Dorf. Da konnte ich meine Rosa dann öfter nach Feierabend besuchen.

Einmal machten wir auch gemeinsam eine Dolomitenfahrt mit dem Frächter Messner. Ich fragte alle möglichen Bekannten, ob sie nicht mitfahren wollten, und so bekamen wir schließlich eine schöne Gruppe zusammen. Bequem war es nicht gerade, hinten auf dem offenen Laster zu sitzen. Aber die Aussicht war wunderschön. Es war ein unvergessliches Erlebnis.

Als ich schließlich zu Hause erzählte, dass wir heiraten wollten, waren meine Leute nicht besonders erfreut. Aber ich ließ mir nicht dreinreden, schließlich musste ich mit dieser Frau auskommen, nicht meine Eltern. Ich besuchte einen Ehekurs in Lichtenstern am Ritten. Dort hatten wir einen ganz strengen Prediger, der uns einschärfte, was alles Sünde war, und mit dem Höllenfeuer drohte, sollten wir irgendwelche vorehelichen Beziehungen haben. Mein Zimmergenosse war richtig verzagt, weil er alles ganz ernst nahm, was dieser Prediger gesagt hatte. Er war überzeugt, in die Hölle zu kommen.

Im Frühjahr 1956 begann ich, ein Haus für uns zu bauen. Ich musste erst einmal eine Mauer machen, um in dem steilen Grund, den meine Frau geerbt hatte, eine ebene Fläche zu bekommen. Früher durfte man überall bauen, wo man ein Stück Grund hatte. Das war kein Problem. Mit Pickel und Schaufel habe ich dann den Aushub gemacht. Auch sonst machte ich so viel wie möglich selbst, und trotzdem wurden wir im Spätherbst so weit fertig, dass wir einziehen konnten. Allerdings froren wir im ersten Winter erbärmlich, weil außen noch nichts verputzt war und der Frost durch die Mauern drang. Von einer Isolierung wusste man früher sowieso noch nichts.

Am 29. November 1956, gerade noch vor dem ersten Adventsonntag, heirateten wir. Es ging sehr bescheiden her, denn durch den Hausbau hatten wir einfach kein Geld. Nach der Messe gab es für die Gäste eine Suppe mit Brot beim *Kabis*. Danach fuhren wir mit dem Taxi nach Brixen, und zwar nur wir Brautleute und die Eltern. In Brixen besuchten wir die Kirche in Zinggen, um zu beten, und gingen anschließend zum *Stremitzer* Mittag essen. Es gab *Schweinernes* mit Kraut.

Hochzeitsfoto 1956

Ja, wir mussten noch einige Jahre ziemlich sparen, bis es uns besser ging. Aber meine Frau hat sich nie beklagt, sondern immer geholfen sparen. Dafür war ich ihr sehr dankbar. Bald vermieteten wir auch einige Zimmer an Sommergäste, und ich half bei verschiedenen Höfen beim Hausbau mit. 1960 erhielt ich eine fixe Anstellung bei einer Firma, die vor allem Straßenmauern baute. Die Villnösser Straße wurde verbreitert, und da wurden bevorzugt Villnösser angestellt. Da bekam ich dann zum ersten Mal in meinem Leben ein monatliches Gehalt, was eine große Erleichterung war. Es kamen auch allgemein bessere Zeiten, und so ging es langsam aufwärts mit unserem Lebensstandard.

Veränderungen

26 Jahre lang war ich bei der Freiwilligen Feuerwehr St. Peter. Ganz am Anfang, noch während der Kriegszeit, hatten wir nur eine Handpumpe, an der sechs Männer, drei links und drei rechts, pumpen mussten. Diese Pumpe war ziemlich schwer, und man brauchte schon zwei Pferde, um sie von der Feuerwehrhalle in Pitzack, dort, wo heute die Carabinieri-Kaserne steht, nach St. Peter hinauf zu bringen. Die Rösser waren vom Fraßhof oder vom *Zellen.* Auch Sirene gab es keine, sondern bei Alarm wurde einfach die Kirchenglocke geläutet. Wenn die »Große« ertönte, brannte es im Dorf, wenn das Feuer außerhalb war, läutete die kleinere. Und je schneller geläutet wurde, desto größer war das Feuer. Ich hatte damals immer eine Buttenspritze, die man auf dem Rücken trug und mit der man das Wasser mit einer Handpumpe ins Feuer spritzte. Als wir dann eine motorisierte Pumpe bekamen, bediente ich lange Zeit diese. Die alljährliche Florianifeier wurde jedes Jahr in einem anderen Gasthaus gehalten, sehr schön war es immer in der *Zellen*-Veranda. Bei diesem Anlass wurden auch oft Fotos gemacht.

In meiner Kindheit und Jugend hat sich die Welt rasant verändert. So viel Veränderung wird sonst kaum eine Generation mitgemacht haben oder jemals wieder mitmachen. Obwohl in meinem Leben nicht immer alles nach Plan verlief, bin ich heute sehr zufrieden.

Ida Florian
Wwe. Profanter »Ganoierin«

Ida wurde am 19. November 1925 in Kaltern geboren. Ihr Vater hieß Leopold Florian und war der Wiesmüllersohn, ihre Mutter Anna Klauser arbeitete als Hausfrau. Ida hatte drei Geschwister namens Heinrich, Anna und Hermann. Von 1929 bis 1939 besuchte sie den italienischen Kindergarten, anschließend die italienische Grund- und Mittelschule. Von 1940 bis 1945 absolvierte sie die Lehrerbildungsanstalt in Feldkirch (Vorarlberg) und wurde nach dem Krieg als Lehrerin in St. Peter/Villnöß eingesetzt. 1951 heiratete sie Josef Profanter vom Ganoihof und arbeitete von da an auf dem Hof. Von 1952 bis 1964 kamen die sechs Kinder Paul, Helene, Hilda, Ida, Konrad und Siegfried zur Welt. Seit 2007 ist Ida Witwe.

Hungern mussten wir nicht, sparen schon

Ich spielte immer am liebsten mit den Nachbarskindern auf dem Hof vor unserem Haus oder auf der Straße, denn Autos fuhren ja so gut wie keine. Die Häuser in Kaltern waren schon damals eher eng aneinandergebaut. Da kamen bald zehn bis zwanzig Kinder zusammen, und wir spielten Verstecken, Reigen- oder Fangspiele wie »Schwarzer Mann« und »Schneider, leih mir die Schere«. An Winterabenden haben wir auch oft gesungen, Geschichten erzählt oder Tischspiele wie »Fuchs und Henne« oder »Mühle« gespielt. Gelesen hätte ich auch sehr gern, aber es gab ja kaum etwas. An italienischen Büchern hatten wir wenig Interesse, und um deutsche Bücher zu kaufen, fehlte das Geld.

Unsere Eltern bewirtschafteten ein kleines Weingut und besaßen auch ein paar Obstbäume, doch es waren einfach schlechte Jahre für die Bauern. Die Genossenschaft zahlte nur sehr wenig aus für den Wein, und man musste fest sparen. Wir hatten zwar zu essen, aber eingekauft wurde bei uns meist nur Salz, Saccharin und Tabak für den Vater. Ich weiß noch genau, wie meine Schwester immer ganz eng schrieb und ihre Schulhefte von der ersten Zeile ganz oben bis zur letzten Zeile am untersten Rand vollkritzelte, um Papier zu sparen. »Das sieht ja furchtbar aus, das kannst du doch nicht machen«, sagte ich stets zu ihr. Doch die Lehrer ließen das zu, weil sie wussten, wie knapp es bei vielen Schülern zu Hause herging.

Zum Essen gab es bei uns sehr oft Mus: Für die Milch hatten wir ein, zwei Ziegen und ganz früher eine Kuh. Weizen wurde gekauft oder getauscht. Das Maismehl, das wir daruntermischten, hatten wir selber. Aus den Maiskörnern, die man zum Müller zum Mahlen trug, wurde feines Mehl fürs Mus, grobes Mehl für Polenta-Brei und Hennenfutter gemacht. Ganz oft gab es Polenta mit Käse vom Nonsberg oder Fisolen. Auch Fisolensuppe gab es mehrmals in der Woche. Neben den Obstbäumen hatten wir einen Streifen Acker mit Mais, und neben den Maispflanzen wuchsen die hohen Kletterbohnen. Das waren unsere Hauptnahrungsmittel. Ich musste viel im Haushalt helfen und natürlich im Wein- und Obstgarten. Die guten Trauben kamen in die Kellerei, und aus den schlechteren, unreifen Trauben kelterte jeder Bauer seinen Wein oder *Leps* für den Eigengebrauch. Unser Kaffee war aus gerösteten Gerstkörnern gemacht, denn richtigen Bohnenkaffee konnte sich kaum jemand leisten. Auch das Brot wurde manchmal selber gemacht, aber nur im Herd. Große Backöfen gab es bei uns nicht. An Sonntagen gab es *weizene* Knödel und manchmal auch Fleisch. Hungern mussten wir also nicht, aber sparen schon.

Mein Vater hatte schon als junger Mann mit offenen Beinen zu leiden. Trotzdem ging er oft als Tagwerker in die großen Weinberge der Barone und Grafen von Kaltern, um ein wenig Geld zu verdienen. Dabei erlitt er eine Spritzmittelvergiftung, von deren Folgen er sich nie mehr richtig erholte. Damals wurde gegen das Ungeziefer Kupfervitriol gespritzt, und als das nicht mehr half, griff man zu dem hochgiftigen Blei-Arsen. Das wurde damals so ganz ohne Schutzmasken mit der Handpumpe gespritzt, sodass viele Bauern und Tagwerker erkrankten. Als ich zwölf Jahre alt war, lag mein Vater im Krankenbett. Es wurde wieder etwas besser, als er nicht mehr in die Weinberge ging und daher nicht mit dem Gift in Berührung kam, aber ganz gesund wurde er nie mehr.

Aus »Florian« machte sie »Floriani«

Ich besuchte drei Jahre lang den italienischen Kindergarten in Mitterdorf und hatte so schon einen Vorteil, als ich eingeschult wurde, denn ich verstand schon ein bisschen Italienisch. Viele Kinder durften den Kindergarten nicht besuchen, denn ihre Eltern waren strikt dagegen. Nicht wenige glaubten immer noch, es wäre nur eine Frage der Zeit, bis Südtirol wieder zurück zu Österreich käme, und sie wollten sich nicht auf die Italiener einlassen. Meine gleichaltrige Nachbarin und beste Freundin durfte z. B. nicht in den Kindergarten. Als wir eingeschult wurden, konnte sie dem Unterricht nicht folgen, denn sie verstand ja kein Wort. Unsere Lehrerin war ziemlich rabiat und hatte keine Geduld mit diesem Mädchen. Einmal gab sie meiner Freundin so eine heftige Ohrfeige, dass sie zu Boden fiel und aus der Nase blutete. Sie blieb dann auch gleich in der ersten Klasse sitzen.

Es war uns in der Schule strikt untersagt, Deutsch zu sprechen. Auch bei der Pause und sogar auf dem Schulweg durften wir uns nicht auf Deutsch unterhalten. Wir rannten regelmäßig zur Schule und sagten kein Wort, aus Angst, irgendjemand würde es hören und uns bei der strengen Lehrerin verpetzen.

Wir haben eigentlich viel gelernt in der Schule, denn unsere Lehrerin hielt viel auf Disziplin, aber sie war auch sehr fanatisch. Oft sprach sie über den *Duce* und seine Reden. Einmal erlaubte sie sich sogar, auf meinem Zeugnis einfach ein »i« an meinen Nachnamen zu hängen. Meine Eltern redeten sonst nicht gegen die Schule, denn sie wussten, ohne Bildung geht es halt auch nicht. Aber das ging dennoch zu weit. Als mein Vater zu Hause den Namen »Ida Floriani« las, wurde er sehr wütend und radierte das »i« kurzerhand aus. Ich traute mich fast nicht mehr in die Schule, doch es half nichts. Als die Lehrerin das Zeugnis erblickte, wurde sie hochrot vor Zorn. Aber gesagt hat sie dann doch nichts. Sie wusste sicher, dass sie nicht befugt war, einen Namen einfach zu ändern.

Am Anfang waren wir nicht bei der *Balilla,* oder besser bei den *Piccole Italiane,* wie die Mädchenvereinigung hieß, doch in meinen letzten Schuljahren mussten wir beitreten. Da bekamen wir dann die Schulbücher und Hefte gratis. Und am 6. Jänner gab es ein Päckchen von der *Befana* mit Süßigkeiten und Schulsachen. Am Wochenende wurde der *Sabato Fascista* abgehalten: Da mussten wir dann in Uniform auf dem Marktplatz oder auf dem Sportplatz aufmarschieren und faschistische Lieder singen. Als 1935 der Abessinienkrieg war, mussten wir uns öffentlich aufstellen und die langen und imposanten Reden des *Duce* aus dröhnenden Lautsprechern anhören. Mit dem *Balilla*-Gewand schämten wir uns vor den Leuten und zogen einen langen Mantel darüber an. Wir rannten immer über Nebenwege, damit uns ja niemand sah.

In meiner Schulzeit besuchte ich auch immer den Katakombenunterricht. Wir trafen uns in einem Stadel oder in versteckten Hinterzimmern. Manchmal unterrichtete uns eine Baronin, manchmal ein Katechet oder eine Klosterfrau, manchmal eine pensionierte Lehrerin. Dort lernten wir auch die deutsche Schrift, die *Sütterlin-Schrift.* Wehe, wenn die italienischen Lehrer dann in den Schulheften einen deutschen Buchstaben entdeckten! Dann wurde man ausgefragt und bekam eine saftige Strafe. Die Katakombenlehrer gingen ein großes Risiko ein, denn sie wurden streng bestraft, wenn man sie erwischte. Sie wurden eingesperrt oder nach Süden hinunter verbannt. Deswegen mussten wir furchtbar aufpassen und uns immer wieder woanders treffen. Ansonsten war nur der Religionsunterricht auf Deutsch. Dieser wurde außerhalb der Schule abgehalten.

Mein Onkel war Gemeindesekretär, denn er hatte studiert und konnte den Leuten ein wenig helfen, die nicht Italienisch konnten. Aber ansonsten wurde in den Ämtern nur Italienisch geredet, und die einfachen Menschen waren aufgeschmissen. Zum Glück hatte man damals nicht so viel mit den Behörden zu tun, besonders als Bauernfamilie.

Ich spreche bis heute gern Italienisch, und ich unterhalte mich gern mit unseren italienischen Hausgästen, aber ich muss sagen, dass diese Zeit, dieser

Zwist zwischen Italienern und Südtirolern, bis heute nachwirkt, denn es war einfach eine schreckliche Erfahrung.

So war es nicht verwunderlich, dass unsere Familie bei der Option für Deutschland wählte – so wie die meisten Familien. Mussolini hatte den Dableibern Sizilien versprochen, und da blieb uns eigentlich keine Wahl, denn wir wollten ja deutsch bleiben. Mein Vater war zu krank, um sich darum zu kümmern, und so musste die Mutter handeln. Sie ging und wählte für uns alle, denn wir Kinder waren ja noch minderjährig. Doch wo würde Hitler die Menschen hinführen? Der Krieg war ja bereits ausgebrochen. Es war eine schwere Zeit.

Die Lehrerbildungsanstalt in Vorarlberg

Nach meiner Ausschulung wollte ich gern eine höhere Schule besuchen, aber die italienische Lehrerbildungsanstalt, die es in Bozen gab, kam für mich nicht in Frage. Dafür hätte auch das Geld gefehlt. Eine meiner Katakombenlehrerinnen war Missionsschwester und hieß Schwester Karisia. Sie erzählte uns oft ergreifende Geschichten vom Urwald, von den wilden Tieren und den kleinen Negerkindern in Afrika. Ich war auch sehr fromm und besuchte jeden Tag die Frühmesse. So dachte ich auch eine Zeit lang daran, Ordensfrau zu werden und in die Mission zu gehen. Oder sollte ich doch lieber Kellnerin oder Verkäuferin lernen? Über all das grübelte ich in der Ferienzeit nach, während ich daheim bei der Feldarbeit half und meinen Vater betreute. Doch da kam mir unverhofft das Schicksal zu Hilfe: Durch die Katakombenlehrer erfuhren wir, dass auf der Seiser Alm oben ein sogenanntes »Ausleselager« abgehalten wurde. Zu meiner Freude durfte ich daran teilnehmen. Es wurde getestet, ob wir ein wenig Deutsch lesen und schreiben konnten, und die Geeigneten wurden dann eingeladen, die deutsche Lehrerbildungsanstalt in der Ostmark, wie Österreich damals unter deutscher Besetzung hieß, zu besuchen.

Meine Mutter hatte große Bedenken, dass wir in dieser Schule ungläubig werden würden, denn es ging das Gerücht um, dass Hitler keine Religionen duldete. Außerdem war der Krieg schon ausgebrochen. Doch meine Eltern

Die Trauerfeier auf dem Feldkircher Stadtplatz im Oktober 1943

wussten auch, dass ich gern lernte und Lehrerin werden würde, und so ließen sie mich gehen. Für mich ging damit ein Traum in Erfüllung.

Die Lehrerbildungsanstalt in Feldkirch umfasste ein Bubenheim, ein Mädchenheim und das Schulhaus selbst. In der Anlage, die ursprünglich ein Kloster gewesen war, stand auch eine Kirche, die zur Turnhalle umfunktioniert worden war. In unserem Schlafsaal standen ungefähr 40 Betten, und in unserer Klasse waren fast ebenso viele Schülerinnen, die meisten aus Südtirol, einige auch aus Kärnten und Tirol. Während viele Kolleginnen zwischendurch nach Hause fuhren, durften wir Südtirolerinnen das ganze Schuljahr über nie heimfahren. Gar einige brachen die Schule ab, weil sie so großes Heimweh hatten. Von uns sieben Mädchen aus Kaltern hielten nur vier bis zu Matura durch. Die Vorarlberger Mitschülerinnen hatten dafür kein Verständnis. »Was plärrt ihr denn vor Heimweh, ihr Südtirolerinnen, ihr hättet ja auch daheimbleiben können«, tadelten sie uns. Wir bekamen deutlich zu spüren, dass die Österreicher von den vielen Südtiroler Zuwanderern die Nase voll hatten. Oft litten wir auch Hunger, denn das Essen war knapp bemessen, alles wurde rationiert.

Der Unterricht interessierte mich sehr, aber das ganze Umfeld und das Heim waren deutlich nationalsozialistisch geprägt. Im Speisesaal hing eine große Landkarte, auf der jeden Tag mit Fähnchen die deutsche Front neu abgesteckt wurde. Es wurde immer nur über Hitlers große Siege berichtet, von Niederlagen oder auch Konzentrationslagern und all den anderen Schrecken erfuhren wir nichts. Wir mussten alle dem *BDM,* dem *Bund deutscher Mädchen,* beitreten, wo wir Lieder sangen und regelmäßig entsprechende Vorträge hörten. An manchen Tagen mussten wir auch in Uniform singend durch Feldkirch marschieren. Zur Kirche durften wir anfangs noch halb heimlich gehen, weil uns die Heimleiterin erlaubte, in aller Früh leise aus dem Schlafsaal zu schleichen. Bei der Messe in Feldkirch trafen wir auch immer einige Lehrer an. Zum Frühstück mussten wir zurück sein. Doch mit der Zeit wurde uns der Messbesuch untersagt. Ich weiß noch genau, wie unsere Scharführerin an einem Pfingstsonntag zum Frühstück den Spruch brüllte: »Lieber mit Hitler in die Hölle als mit dem Papst in den Himmel!« Es war schon schockierend, solche Reden aus dem Mund einer Schülerin zu hören! Es ging auch das Gerücht um, dass wir bei der Matura eine Erklärung unterschreiben müssten, dass wir vom katholischen Glauben abschwören. Doch dazu kam es Gott sei Dank nicht. Allgemein waren die älteren Lehrpersonen ganz in Ordnung, während viele junge sehr fanatische Parteianhänger waren.

Je weiter der Krieg fortschritt, desto öfter gab es auch Bombenalarm, meistens mitten in der Nacht. Da mussten wir dann alle in den Duschraum gehen und stundenlang auf Entwarnung warten. Am nächsten Tag war wieder Unterricht, als ob nichts gewesen wäre. Aber wir waren natürlich sehr müde, wenn wir wieder einmal nur wenige Stunden geschlafen hatten.

Am 1. Oktober 1943 passierte es dann: Die FLAK schoss Flugzeuge an, die eigentlich die Waffenfabrik in Friedrichshafen im Visier hatten, und diese ließen dann ihre Bomben fallen. Das Mädchenheim wurde schwer getroffen und auch der Duschraum, der ja eigentlich als Schutzraum dienen sollte. Ich besuchte damals bereits die vierte Klasse, und der Zufall wollte es, dass wir Viertklässerinnen genau zu jener Zeit ein Praktikum in umliegenden Volksschulen absolvierten.

Ich war damals in Hohenems, und so kriegte ich von dem Bombenangriff zunächst gar nichts mit. Doch als ich abends ins Heim zurückkam, bot sich ein grauenvolles Bild der Zerstörung: Auf dem Hof war ein riesiger Bombentrichter, und das Mädchenheim war nur mehr eine Ruine. Mit Baggern, Schaufeln und bloßen Händen wurden Tote und Verwundete ausgegraben. Einige Lehrer und 40 Schülerinnen waren ums Leben gekommen, zwei davon aus meiner Klasse. Sie waren wegen einer Grippe daheimgeblieben, denn unser Pädagogiklehrer hatte immer betont: »Beim Unterrichten müsst ihr euer Bestes geben, wenn ihr euch nicht wohl fühlt, bleibt ihr besser zu Hause.« Nun waren sie tot. Wir mussten sie auf dem Hof draußen identifizieren, denn sie waren bis zur Unkenntlichkeit entstellt. Es war schrecklich. Wir waren sehr traurig, denn zu allem Unglück hatten wir Mädchen auch noch alles verloren, was wir besaßen. Unsere wenigen persönlichen Habseligkeiten lagen allesamt unter den Trümmern.

Einige Tage später gab es eine große Trauerfeier in Feldkirch. Die Särge waren auf einem Platz der Reihe nach aufgestellt, und die Trauernden scharten sich außen herum. Plötzlich heulten wieder die Sirenen: Alle Teilnehmer stoben auseinander, um in Deckung zu gehen, und die Särge standen verlassen auf dem Platz. Es war gespenstisch.

Wir Heimmädchen wurden eine Zeit lang in einem Fabriksgebäude untergebracht, wo wir auf Pritschen schlafen mussten. Eine Schneiderin kam und nähte uns Kleider, auch Unterwäsche und Schuhe bekamen wir. Die Schule stellte uns Leihbücher zur Verfügung. Einige Wochen später wurden wir in einem Gasthaus in Feldkirch einquartiert, wo auch der Unterricht abgehalten wurde. Als unsere Schule wieder halbwegs repariert war, gingen wir täglich zu Fuß dorthin. Doch es war nicht mehr so wie vorher: Wir waren nicht mehr so konzentriert, und das Lernen fiel uns immer schwerer. Immer häufiger gab es Bombenalarm und Unterbrechungen des Unterrichts. Schon wegen der Nähe zur Schweiz und zu Liechtenstein flogen immer mehr feindliche Flugzeuge über Feldkirch.

Natürlich ließen uns die Eltern nach diesen Ereignissen nicht mehr gern in dieser Schule, aber ich wollte meine Ausbildung unbedingt abschließen. Das war mir wichtiger als alles andere. An die Gefahr dachte ich gar nicht. Da wir für Südtirol ausgebildet wurden, musste ich auch in der Heimat ein Praktikum absolvieren. So kam ich im Herbst 1944 zunächst nach Neumarkt und dann nach Tramin. Endlich durfte ich selber unterrichten!

Im Jahr 1945 rückte das Kriegsende immer näher. Unsere Maturaprüfung wurde kurzerhand auf Februar vorverlegt, denn man ahnte wohl, dass alles zusammenbrechen würde. Der Schuldirektor war immer sehr nett zu uns Südtirolern, aber er war auch ein sehr fanatischer Nazi. Nach Kriegsende nahm er sich das Leben.

Daheim in Südtirol arbeitete ich 1945 wieder in Tramin als Lehrerin. Irgendwann im April kam der Zonenlehrer zu mir und zeigte mir einen Brief. Es war die Einberufung als FLAK-Helferin, denn gegen Ende wurden ja alle einberufen. Der Lehrer war aber sehr verständnisvoll und meinte: »Ich sage einfach, ich habe Sie nicht angetroffen, gehen Sie schnell heim.« Und er nahm den Brief wieder mit. Es war absehbar, dass bald alles vorbei sein würde, und ein paar Wochen später, im Mai, war der Krieg dann endlich aus.

So kam ich nach Villnöß

Im Herbst 1945 war nicht klar, ob das Unterland zur Provinz Trient kommen sollte oder zur Provinz Bozen. So wurde ich nicht in Tramin oder Neumarkt eingesetzt, sondern in St. Peter/Villnöß. Diesen Ort kannte ich nur vom Hörensagen, doch meine Freundin Martha Rohregger aus Kaltern bekam dort auch eine Stelle, und so war ich zuversichtlich, ja ich freute mich richtig auf das Berufsleben.

Wir wohnten zunächst in einer kleinen Wohnung, die der Kirche gehörte, und später dann in einem kleinen Kämmerlein im Schulhaus. Am Anfang aßen wir immer mit den Arbeitern im Gasthof *Kabis*, denn in der Schule gab es keine Küche. Verdient haben wir nicht viel, aber für die Unterkunft war gesorgt. Die Villnösser Schüler waren ausgesprochen nett. Natürlich konnten die meisten von ihnen nicht viel, und alle sprachen nur Dialekt. Auch in Villnöß hatte es oft Bombenalarm gegeben, und der Unterricht war unterbrochen worden. So musste ich mit meinen Zweitklässlern noch viel Unterrichtsstoff von der ersten Klasse nachholen. Aber sie waren alle höflich, und einige waren richtig anhänglich. Ich liebte sie alle, und das Unterrichten machte mir große Freude. Bis heute grüßen mich einige noch als »Lehrerin«.

35 bis 40 Kinder saßen Bank an Bank in einer Klasse; wir waren fünf Lehrpersonen für alle acht Klassenstufen, denn eine eigene Mittelschule hatte man in den Berggebieten damals noch nicht. Nur Religion und Italienisch wurde von anderen Lehrpersonen unterrichtet. Die anderen Fächer unterrichtete allesamt der Klassenlehrer. Da war die Lehrerin fast wie eine Mama für diese Kinder.

Im Oktober und im Mai, Juni fand der Unterricht immer nur vormittags statt, denn die meisten Kinder mussten zu Hause arbeiten. Im Winter und im Frühling war den ganzen Tag Schule. Viele Kinder hatten einen weiten Schulweg zu bewältigen. Gar einige mussten auch in der Früh zuerst Stallarbeit verrichten, dann zur Messe gehen und anschließend zur Schule. Ein paar Buben mussten sogar in der Mittagspause in den Stall gehen und kamen dann entsprechend schmutzig zum Nachmittagsunterricht. Wenn es im Winter schneite, durften die *Flitzer* Schüler immer früher den Heimweg antreten, damit sie noch nach Hause kamen, bevor es dunkel wurde. In der Früh konnten sie wohl herunterrodeln, aber beim Heimweg ging es steil bergan.

Der Schuldirektor, Herr Fill, war ein alter Lehrer aus österreichischer Zeit, der nach dem Krieg wieder eingesetzt wurde. Er machte regelmäßig Klassenbesuche. Da er in St. Peter im *Fillhaus* wohnte, kam er besonders oft zu uns, immer einige Male in der Woche. Aber er war sehr umgänglich, wir kamen ganz gut aus. Oft mussten wir Lehrerinnen auch Sekretariatsarbeiten für ihn erledigen. Dafür stellte er uns eine alte Schreibmaschine zur Verfügung, und als Belohnung bekamen wir Gemüse aus seinem Garten. Alle 14 Tage hatten wir in Klausen Konferenz mit Lehrern aus dem ganzen Bezirk, der bis Kastelruth reichte. Es gab viel zu wenig ausgebildete Lehrpersonen, viele waren als Hilfslehrer angelernt worden, um den Bedarf abzudecken. Wir waren also die ersten deutschen

Ida Profanter (links) und Martha Rohregger (rechts) mit Schulklasse 1949

Lehrerinnen nach der Faschistenzeit. Einmal im Jahr kam eine Inspektorin, die sehr ernst und streng war. Vor diesem Besuch zitterten wir immer ein wenig. Als ihr schließlich zu Ohren kam, dass ich heiraten wollte und noch dazu einen Bauern, redete sie mir ins Gewissen. Das war ihr überhaupt nicht recht.

Er fragte mich vorsichtig, ob ich ihn noch heiraten wolle

Meinen Mann habe ich im Jahre 1947 zunächst nur von Weitem gesehen. Er war aus der Kriegsgefangenschaft heimgekommen, und das Dorf bereitete eine große Feier für den heimgekehrten Soldaten. Meine Freundin Martha und ich standen auf dem Bühl oben und schauten hinunter nach *Pitzack*. Martha wollte näher hingehen, aber mir war da viel zu viel Getümmel.

Kennengelernt habe ich den Sepp dann am Tag danach. Es war Kirchtagssonntag, und wir Lehrpersonen begleiteten die Schulkinder bei der Prozession. Schon da fiel mir der schneidige Mann mit den tiefblauen Augen auf. Am Nachmittag lud uns die *Ganoier* Anna, die Hilfslehrerin war, zu sich nach Hause ein, und dort habe ich dann zum ersten Mal mit Sepp gesprochen. Er arbeitete als Maurermeister. Da er damals der einzige in Villnöß war, hatte er immer viel zu tun. An den Wochenenden war er stets mit der Musikkapelle beschäftigt, weil er auch Vizekapellmeister war. Auch beim Kirchenchor war er sehr aktiv. So sahen wir uns nicht sehr oft. In den Sommerferien fuhr ich ja immer nach Hause nach Kaltern, und er besuchte mich nur selten. Als er sich einmal lange nicht blicken ließ, habe ich verärgert gesagt: »Lass du mich in Ruhe, und schau lieber auf deine Musik.« Doch wir waren trotz allem jung und verliebt und dachten schließlich ans Heiraten. Meine Eltern hatten Bedenken, denn »Maurer« war nicht gerade ein angesehener Beruf. Besonders im Unterland waren es ausschließlich Italiener, die dieses Handwerk ausübten. Aber ich war froh, dass er diesen Beruf hatte. Wir hatten nämlich vor, irgendwo ein Haus zu bauen, und ich wollte zumindest eine Zeit lang weiter als Lehrerin arbeiten. Doch das Schicksal wollte es anders: Sepps ältester Bruder Luis, der eigentlich den Ganoihof hätte übernehmen sollen, war im Krieg verschollen. Da der Vater schon alt war, drängte er darauf, Sepp den Hof zu überschreiben. Dieser fragte mich dann ganz vorsichtig, ob ich ihn schon noch heiraten wolle, wenn er Bauer würde. Ich entschied mich dafür, denn ich hatte ihn gern, und schließlich stammte ich ja auch aus einer Bauernfamilie. Dass die Bauernwelt in Villnöß eine ganz andere war als in Kaltern, war mir am Anfang nicht so bewusst.

Hochzeitsfoto 1951

Voller Zuversicht absolvierte ich im Sommer 1949 einen Kurs an der landwirtschaftlichen Haushaltungsschule in Dietenheim. Außerdem ging ich im Mai und Juni, wenn nachmittags keine Schule war, zur Fischnoler Bäuerin, um zu lernen, wie man Käse und Butter machte. Auch *Tirtlen* kannte ich von daheim nicht. Sogar in den Stall ging ich, um mich mit Milchkühen vertraut zu machen. Wenn ich schon als »Fremde« hier einheiratete, wollte ich zumindest alles richtig machen. Die Leute sollten nicht sagen: »Die kann ja nichts.«

Schließlich feierten wir am 18. September 1951 sogar eine Doppelhochzeit: Josefs Schwester Anna heiratete den Proder Bauer Toni, und so wurde es eine große Feier. Alle unsere Schüler kamen und sagten Gedichte auf, obwohl noch Ferien waren. Die ganze Musikkapelle, die Lehrpersonen und der Kirchenchor waren eingeladen. Der Proder schlachtete ein junges Schwein, das beim Mahl im *Kabis* aufgetischt wurde. Wir machten sogar eine Hochzeitsreise, was damals etwas Besonderes war. Wir fuhren mit dem Zug nach Genua. Anna und Toni fuhren hingegen nach Venedig.

Es waren nicht nur schöne Zeiten

Im Juni 1952 kam bereits unser erster Sohn zur Welt. Auf dem Weg zur Frühmesse platzte die Fruchtblase. Ich kehrte um, und die Hebamme wurde gerufen. Die Geburt war sehr schwer. Wir mussten schließlich den Doktor holen, der meinte: »Der hat einen richtigen Ganoier Schädel.« Er musste ihn mit der Zange herausholen. Inzwischen war es fast Mitternacht geworden. Doch der Bub war gesund, und unsere Freude war groß! Bei unserer Tochter Helene ein Jahr später ging alles glatt, doch bei meiner dritten Schwangerschaft fühlte ich mich eigenartig. Nachdem die Hebamme mich von einem Mädchen entbunden hatte, das nur 1,8 Kilo wog, meinte sie: »Da ist wohl etwa noch eines drin.« Ich war ja so dick und rund. Aber ich hatte überhaupt keine Ahnung gehabt, dass ich Zwillinge erwartete! Das zweite Kind lag quer, und die Hebamme schaffte es nicht, es zu drehen. Der Doktor wurde gerufen, und nach langen vier Stunden kam endlich das zweite Mädchen zur Welt. So hatte ich nun plötzlich vier Kinder und das älteste war noch keine drei Jahre alt. Das war eine schöne Herausforderung. 1958 kam dann Konrad, der zweite Junge. Obwohl er mehr als vier Kilo wog, verlief die Geburt problemlos.

Als junge Ehefrau hatte ich nicht immer nur schöne Zeiten. Mein Mann ging morgens aus dem Haus und kam oft spätabends heim. Ich hatte die kleinen Kinder und zudem noch meinen bettlägerigen Schwiegervater zu betreuen. Wir hatten zwar einen Knecht und eine *Dirn* sowie Tagelöhner, und auch die Schwestern meines Mannes halfen auf dem Hof mit, aber die Arbeit nahm kein Ende. Besonders der Getreideanbau war sehr zeitaufwändig, und mein Mann hatte mit seiner Firma alle Hände voll zu tun. Manchmal brachte er auch noch seine Arbeiter zum Essen mit nach Hause, und einige Lehrlinge schliefen auch hier auf dem Hof. Ich wundere mich heute manchmal selbst, wie ich das alles schaffte. Ich hatte kaum Zeit zum Durchschnaufen.

Ganoier Kinder 1956: Ida bekam ihre ersten vier Kinder innerhalb von knapp drei Jahren.

An Sonntagen war Sepp stets bei der Musikkapelle eingespannt. Eine Zeit lang war er sogar Kapellmeister – und so war ich oft allein. Ich traf mich dann immer mit Martha, die ebenfalls einen Villnösser geheiratet und inzwischen auch Kinder hatte, und wir gingen gemeinsam im Wald spazieren oder spielten mit den Kleinen die Spiele unserer Kindheit.

Als ich 1964 wieder schwanger war, riet man mir, zur Geburt ins Krankenhaus zu gehen. Nun war aber gerade Fronleichnamssonntag, als es losging. So fuhr mich mein Mann zwar nach Brixen, eilte dann aber gleich wieder heim, denn er musste unbedingt bei der Prozession dabei sein. Nach der Messe rief er dann vom Gasthof *Kabis* aus an, um zu fragen, wie es mir ging. Aber da war alles schon vorbei, und ich berichtete ihm das freudige Ereignis: Ein Bub war geboren. Wir nannten ihn Siegfried.

In den 1970er Jahren bauten wir das Haus um und vermieteten Zimmer. Eine Zeit lang betrieben wir auch eine Garni und kochten für die Gäste. Unsere Kinder mussten immer fest mit anpacken, besonders in den Sommerferien. Vom Krieg erzählte mein Mann kaum und wenn, dann nur mir und nicht den Kindern. Immerhin war er zweimal angeschossen worden und hatte die Hölle der russischen Gefangenschaft mitgemacht. Erst als er älter wurde, sprach er öfter über jene schweren Jahre.

Nun bin ich 85 Jahre alt, und seit mein Mann gestorben ist, wohne ich allein im Nebenhäusl vom *Ganoihof*. Meine Kinder sehen nach mir, und auch die Enkelkinder besuchen mich. Ich fühle mich eigentlich noch gar nicht so alt. Ich lese jeden Tag die Zeitung, löse Rätsel, sehe fern, und manchmal stricke ich noch ein Paar Socken für den Winter. In schlaflosen Nächten denke ich viel über mein Leben, über Gott und die Welt nach. Ich habe viel Gutes, Schönes und Frohes, aber auch Trauriges erlebt, doch ich bin zufrieden. Ich danke Gott jeden Tag, bete für all meine Lieben und bitte ihn, dass sie gottesfürchtig und in Frieden mit allen Menschen leben.

Konrad Fischnaller
»Flecker Konrad«

Konrad wurde 26. November 1926 auf dem Fleckerhöfl in St. Peter als fünftes von zehn Kindern geboren: Luis, Rosa, Konrad, Sepp, Heinrich, Marianne und Alfons. Drei Geschwister namens Luis, Rosa und Peter verstarben als Kleinkinder. Der Vater Alois Fischnaller arbeitete im E-Werk der Gemeinde sowie als Elektriker und Hydrauliker. Seine Mutter Rosa Lambacher stammte vom Pianerhof in St. Valentin und war Hausfrau.

Nach neun Monaten Kriegsdienst und 15 Monaten Gefangenschaft kehrte Konrad 1946 nach Villnöß zurück und begann 1948 als Tischler bei der Firma Leitner in Klausen. Dort arbeitete er bis zu seiner Pensionierung. Seit seiner Hochzeit 1955 mit Frau Anna Gfader wohnt Konrad in Klausen, wo auch seine zwei Töchter Marianne und Brigitte sowie seine Pflegetochter Patrizia leben. Seit 1995 ist er Witwer.

Die Mutter wusste nicht, was sie uns kochen sollte

Wir hatten eigentlich eine schöne Kindheit, aber es herrschte halt eine furchtbare Not. Für Spielsachen gab es kein Geld. So halfen wir uns mit ganz einfachen Dingen aus dem Alltag. Meine Schwester spielte besonders gern »Kaufladen« und sammelte dafür alte Dosen und Schachteln, die man so zu Hause hatte. Wir Buben hingegen spielten am liebsten »Holz führen«. Unser Vater hat uns einige Spielsachen gebastelt, zum Beispiel einfache Wagelen und ein paar *Priegelen* zum Aufladen. Unser ganzer Stolz war ein geschnitztes Holzpferd, das uns der Vater einmal gekauft hat. Er hat es für uns auf einem Brett befestigt und Räder aus alten Fadenspulen angebracht, damit wir es herumziehen konnten. Manchmal haben wir auch »Prozession« gespielt, mit Stangen und einem Heutuch haben wir die »Fahnen« herumgetragen. Andere beliebte Spiele waren *Derwischerlus* und *Versteckerlus* oder auch *Speckern.* Kinder von den Nachbarn waren oftmals bei uns, da kam stets eine ganze Schar zusammen. An den Abenden saßen wir alle im Familienkreis beisammen und redeten, oder es wurden Geschichten erzählt. Eine Abwechslung war für uns, wenn wir einmal auf den Markt mitgehen durften oder unsere Familie in der Fastenzeit nach Säben pilgerte. Ansonsten kamen wir nicht aus dem Tal hinaus, denn wir hatten kein Geld. Von unseren Eltern bekamen wir so gut wie nie Geld in die Hand. Eine Ausnahme war der *Weiße Sonntag,* denn da kriegten wir Kinder ein paar Centesimi. Ganz selten schenkte uns auch der *Tete* 20 Centesimi, wenn wir ihm nach der Messe die Hand gaben. Damit gingen wir dann zum *Zellen* ein Germ-Striezl kaufen, das war ein ganz besonderer Leckerbissen. Was war das immer für ein Festtag!

Ich weiß noch gut, wie unsere Mutter einmal meine Schwester ins Geschäft schickte, um Mehl zu kaufen, doch sie kam mit leeren Händen heim. Man hatte sie zuerst gefragt, ob sie Geld dabei habe. »Nein, Geld hat die Mutter keins«, erwiderte meine Schwester. »Dann bekommst du auch kein Mehl«, war die Antwort. Anschreiben durften nur die »Besseren«. Die Mutter weinte und wusste nicht, was sie uns kochen sollte.

Zum Anziehen hatten wir lediglich ein Hemd mit Knöpfen, eine dünne Hose und Wollstrümpfe bis zu den Knien. Über dem Hemd trugen wir eine selbst genähte Jacke aus Stoff. Wir besaßen weder Unterhemden noch Unterhosen. Wenn wir Buben an langen Winterabenden oft in der Stube tobten und rauften und das ein oder andere Kleidungsstück dabei zerrissen wurde, hat unsere Mutter furchtbar geschimpft. Stoff und Faden waren teuer, und immerhin waren wir sechs Kinder, die einzukleiden waren.

Aber trotz der materiellen Not waren wir eigentlich ziemlich glücklich und zufrieden. Und vor allem waren wir immer sehr dankbar und voller Respekt den Erwachsenen gegenüber.

Schlechte Erinnerungen an die Schule

Die ganze Schulzeit war eigentlich schlimm, denn unsere Eltern haben kein Wort Italienisch gesprochen, und als wir mit sechs Jahren in die Schule kamen, sollten wir plötzlich nur mehr Italienisch reden. Unsere Lehrer konnten kein

Konrad Fischnaller (rechts) mit seiner Familie 1939

Wort Deutsch, und wir haben einfach nichts verstanden. Ich hatte einen Lehrer, der immer furchtbar schrie und Schläge austeilte, um uns unter Kontrolle zu halten. Wer nicht gehorchte, musste aufstehen und auf den Mittelgang treten. Da bekam er dann eine schallende Ohrfeige. Einmal hatten wir auch einen anderen Lehrer, der hat beim *Zellen* immer Gebäck besorgt, um sich die wildesten Buben zu »kaufen«. Aber er hatte keine Chance, kaum war aufgegessen, führten sich die Betreffenden wieder auf wie die Teufel. Nein, die Schulbildung, die wir damals hatten, war mehr als armselig.

Ein Gewand und ein paar Schuhe als Lohn

Mit 13 Jahren musste ich schon zu einem Bauern zum Arbeiten. Zuerst war ich auf dem Valtinerhof in St. Valentin. Dort gab es außer dem Bauern und der Bäuerin den ersten Knecht, den zweiten Knecht, den Fütterer und den *Bua,* also mich, sowie eine *Dirn* und eine *Gitsch,* die auf die Kinder schauen musste. Als *Bua* hatte man es am schlechtesten auf dem Hof, da war man der unterste in der Hierarchie. Am Samstagabend, wenn die anderen Dienstboten Feierabend hatten, musste ich immer noch den Schweinestall ausmisten. Es hieß um fünf Uhr morgens aufstehen, dem Fütterer füttern helfen und danach zur Schule gehen. Nach der Schule ging die Arbeit weiter.

Später war ich zu Sturgles, wo ich noch härter arbeiten musste, denn dort hatten sie viele Getreideäcker, und diese machten viel Arbeit. Ich *bugglte* fast so wie ein richtiger Knecht. Aber dafür gab es richtig gutes Essen, das – im Gegensatz zu daheim – auch reichlich war. Wir bekamen auch das gleiche Essen wie die Bauersleute. Das war nicht selbstverständlich, denn auf vielen Höfen bekamen die Dienstboten nur mindere Kost. Als Lohn gab es ein Gewand und ein Paar Schuhe einmal im Jahr. Das war alles.

Einmal noch heimkommen und einmal noch genug essen

1943/44 war ich zu Hause und begleitete meinen Vater, der beim E-Werk angestellt war. Ich musste helfen, die Maschinen in der Zentrale zu warten, oder auch draußen Masten aufstellen und Leitungen reparieren. Als die deutsche Wehrmacht 1943 einmarschierte, wurden Südtirol und Belluno zur Operationszone Alpenvorland. Mein Vater war *SOD*-Wachkommandant und hatte den Befehl, für den Schutz des Kraftwerks bei der Villnösser Haltestelle zu sorgen. Auch waren die Villnösser für die Bahnstrecke von Klausen bis in die Klamm verantwortlich. Da musste ich auch öfters zu dieser *SOD*-Wache antreten: Mit Uniform und Gewehr hatten wir Wache zu schieben. Mein Gott, wenn da wirklich jemand gekommen wäre, hätte ich sicher auch nichts ausrichten können, ich war ja nur so ein Junge ohne jegliche Ausbildung.

1944 im Mai erhielt ich den Befehl einzurücken, doch ich war krank. Ich hatte eine Lungenentzündung. Der zuständige Wachtmeister kam persönlich, um sich davon zu überzeugen, dass ich wirklich im Bett lag. So wurde der Befehl aufgeschoben bis August. Da musste ich dann wirklich einrücken. Doch ich kann mich nicht erinnern, dass ich Angst gehabt hätte. Ich wusste überhaupt nicht, was mich erwartete, denn unser Vater hat nie etwas vom Krieg erzählt, obwohl er selber im Ersten Weltkrieg bei den Kaiserjägern gekämpft hatte und im Trentino in Gefangenschaft gewesen war. Und zu jener Zeit hätte man es nie gewagt, etwas zu hinterfragen. Als es hieß, ich müsse gehen, bin ich halt gegangen. Es gab schon einige Deserteure in Villnöß, die sich wochen- oder monatelang versteckten. Aber das hätte ich meinen Eltern nie antun können, denn wenn man nicht einrückte, wurde die Familie überwacht, verhört und schikaniert.

Zuerst kamen wir nach Bozen, dann nach Schlanders und Mals zur Ausbildung, dann wieder nach Bozen und schließlich hinunter nach Italien. Ich weiß noch genau, wie wir in Schlanders waren und einmal nach Kortsch mussten, um den Schießstand dort zu bewachen. Wir ahnten schon, dass da irgendetwas passieren würde. Da führte man vor unseren Augen einen ganz jungen Ladiner herein, der etwa so alt war wie ich. Er hatte die Hände auf den Rücken gebunden und wurde an die Mauer gestellt. Vor unser aller Augen haben sie ihn erschossen, weil er den Wehrdienst verweigert hatte. »So wird es jedem ergehen, der versucht abzuhauen oder sich zu drücken«, wurde uns eingeschärft. Danach wurde der junge Mann in einen Sarg gelegt, und auf dem Rückweg nach Schlanders spielte die Regimentskapelle wie an einem Festtag. So wurde uns diese Hinrichtung vorgeführt. Wir waren nach dieser Aktion natürlich noch mehr eingeschüchtert als vorher und mehr denn je davon überzeugt, dass wir keine Wahl hatten, als alles mitzumachen.

Neun Monate lang diente ich beim Polizeiregiment Bozen in der Gegend um Belluno. In unserer Einheit waren alles Südtiroler, doch unsere Vorgesetzten waren Deutsche. »Partisaneneinsatz« nannte man unsere Tätigkeit: Wir mussten die Straßen freihalten für den Nachschub an die Front und bestimmte strategisch wichtige Objekte bewachen. Das war teilweise noch schlimmer, als an der Front zu kämpfen, denn dort weiß man zumindest, wo der Feind ist. Wenn wir hingegen irgendwo unterwegs waren, konnten wir jederzeit aus einem Hinterhalt angegriffen werden. Einmal explodierte ein Sprengsatz gerade einige Meter vor uns auf der Straße. Es war ein Wunder, dass wir noch davongekommen

Konrad Fischnaller (links) als Soldat in Belluno

sind. Immer wieder wurden wir mit Maschinengewehren beschossen – die Partisanen versteckten sich hinter den Sträuchern an den Hängen. Schließlich bekamen wir Verstärkung von den Italienern, die uns die notwendige Deckung gaben, um dort fortzukommen. Für ein paar Kilometer brauchten wir den ganzen Tag.

In den letzten Kriegsmonaten wurden wir auch immer wieder von Tieffliegern angegriffen. Als wir schließlich von der Kapitulation Deutschlands hörten, waren wir gerade in Caprile bei Alleghe. Wir gerieten wieder unter Beschuss und ergaben uns schließlich. So wurden wir von den Partisanen, allesamt ganz junge Kerle wie wir, gefangen genommen. Sie haben uns alle Waffen und Wagen abgenommen, und schließlich wurden wir in einem großen Haus untergebracht, das früher einmal ein Erholungsheim gewesen war. Für uns war der Aufenthalt jedoch alles andere als erholsam. Wir mussten unsere Schuhe ausziehen und auch unsere warme Kleidung abgeben. Den ganzen Tag lang wurde verhandelt, was mit uns zu geschehen hätte. Zuerst hieß es, unsere Offiziere kämen in Gefangenschaft, und wir anderen dürften in 24 Stunden heimgehen. Schließlich wurden wir aber acht Tage lang dort festgehalten. Ich weiß noch, welch großen Hunger wir hatten, weil sie uns kaum etwas zu essen gaben. Es herrschte eine große Spannung und Unsicherheit, was wohl passieren würde. An einem Sonntag wurden wir den Engländern übergeben. Von diesen wurden wir nach Bozen gebracht und freuten uns schon, bald nach Hause zu können. In Bozen kamen einige Angehörige von Gefangenen und sagten uns, wir müssten unbedingt auf den Entlassungsschein warten. Wenn wir ohne diesen nach Hause gingen, würden sie uns doch nur wieder holen und einsperren. So warteten wir den ganzen Tag lang, immer in der Hoffnung, dass es sich nur um ein paar Zettel handle, die uns noch von der Freiheit trennten. Doch am Abend gab es eine böse Überraschung: Plötzlich wurden wir alle auf Lastwagen geladen und wieder fortgebracht, hinunter nach Modena und am nächsten Tag weiter nach Rimini. Als wir durch Bologna fuhren – das werde ich nie vergessen –, wurden wir öffentlich von wütenden Menschen beschimpft. »Porco Tedeschi!«, schrien sie uns nach und bewarfen uns mit Sachen. In diesem Moment habe ich mir gedacht: »Wir werden nie, niemals mehr heimkommen.« Die Fahrt ging mit großer Geschwindigkeit weiter nach Süden.

Im Nachhinein hat uns jemand erzählt, dass uns in Bozen irgendein Italiener bei den Engländern angeschwärzt hätte, um selber einen Vorteil zu erlangen, und wir waren die Opfer. Ich habe mir später oft gedacht, wir waren damals so blöd, wir hätten einfach über die Mauer springen und abhauen sollen, statt wie die dummen Schafe zu warten, bis sie uns abholten. Irgendwie hätten wir uns schon durchgeschlagen und verstecken können, bis alles vorbei war. Schon in Caprile hätten wir wohl mit etwas Glück fliehen können. Aber wir waren unerfahren, und vor allem wussten wir damals nicht, was auf uns zukommen würde.

Statt nach Hause schickte man uns also in die Gefangenschaft, am Ende wurden es 15 lange Monate. Die meiste Zeit davon habe ich im Lager von Taranto in Apulien verbracht. Wir waren in Zelten untergebracht, schliefen auf Holzbrettern, die mit dünnen Gummimatten bedeckt waren. Außen ums Lager herum waren Wachtürme aufgestellt, und ein hoher Stacheldraht machte eine Flucht unmöglich. Der lehmige Erdboden war im Sommer steinhart und im Winter, wenn es regnete, musste man die Schuhe gut zuschnüren, sonst blieben sie im knöcheltiefen Matsch stecken. Zum Essen gab es meist so eine Art Gemüsesuppe mit allen möglichen Stängeln und wurmigen Bohnen und ein Stückchen Brot oder staubtrockene Militärkekse, aber wir waren schon froh, überhaupt etwas zu bekommen. Wir waren jung, und sie gaben uns auch irgendwelche Spritzen, sonst hätten wir diese Zeit wohl nicht so unbeschadet überstanden. Am Morgen wurde stets ein Appell durchgeführt, wo alle antreten mussten. Nicht selten kippte dabei der eine oder andere vor Schwäche um, denn alle waren ganz eindeutig unterernährt. Den Rest des Tages hockten wir draußen oder in den Zelten herum und ratschten ein bisschen. Es gab sonst nichts zu tun, außer auf unsere Freilassung zu warten. Aus Villnöß war der Gstiller Peter immer bei mir. Es waren auch einige Jäger unter den Südtirolern, die halt den lieben langen Tag von der Jagd erzählten. Aus dem grünen Blech der Keksdosen bastelten wir das eine oder andere, ganz ohne Werkzeug natürlich und sehr primitiv. Die Tage zogen sich in die Länge, die Zeit verging sehr langsam. Wir hatten damals nur zwei Wünsche: einmal noch heimkommen und einmal noch genug essen!

Im Frühjahr 1946 gab es dann einen Lichtblick: Wir wurden nach Arezzo gebracht, Latarina hieß die kleine Ortschaft, in dem das Lager errichtet war. Dort durften wir auch Briefe schreiben und bekamen Post von daheim. Viele von uns kriegten auch Pakete mit Essen von zu Hause. Meine Mutter meinte es gut und schickte mir Strudel. Ich hätte aber lieber hartes Brot gehabt, denn in der Hitze hielt der Strudel nicht lange. Durch das lange Hungern vertrugen viele kein schweres Essen mehr oder aßen zu gierig, sodass sie erkrankten. Die Ruhr verbreitete sich im Lager und war eine große Plage. Auf dem Abort war überall Blut, und es war sehr grausig. Es war eigentlich ein Wunder, dass ich nicht krank wurde. Ich hatte sehr viel Glück!

Im August 1946 bekamen wir dann endlich den heiß ersehnten Entlassungsschein. Man begleitete uns noch zum Bahnhof, und ab ging die Post mit dem Zug Richtung Heimat. Ich werde nie vergessen, wie wir uns bei Trient unten freuten, endlich unsere Berge wiederzusehen, nach denen wir uns so gesehnt hatten.

Ich weiß nicht mehr genau, wie ich von Klausen nach Villnöß gekommen bin, aber ich war fertig. Ich war sehr abgemagert und besaß überhaupt nichts mehr. Sogar meine Kleider waren zu klein geworden, weil ich trotz allem wohl noch gewachsen war. Daheim habe ich dann als Erstes ein Gewand bekommen, damit ich überhaupt wieder unter die Leute gehen konnte. Mein Bruder Luis war im Krieg in Dänemark und in Frankreich gewesen. Aber er war schon vor mir nach Hause gekommen.

Es war nicht leicht, unterzukommen

Nach dem Krieg war ich einige Zeit lang beim Gostner in Pardell auf Dienst, wo ich mir dann etwas Geld ersparte. Auch zu Hause half ich immer mit. Als ich einmal mit meinem Vater und meinem Bruder Luis hinter Zans drin bei den »Hirschlöchern« *holzern* waren, setzte Schneefall ein. Ich verkühlte mich schrecklich und erkrankte ein zweites Mal an Lungenentzündung. Daraufhin meinte meine Mutter: »Jetzt wird es aber Zeit, dass du endlich etwas lernst, wo du im *Scherm* bist, so kann das mit dir nicht weitergehen.«

Es war damals nicht leicht, irgendwo unterzukommen, denn entweder man wurde Knecht oder Handwerker. Öffentliche Stellen waren unmöglich zu bekommen, und viele wanderten auch aus, um in Österreich oder in der Schweiz Arbeit zu finden. Ich wollte gerne einen Handwerksberuf lernen, und als zufällig einmal der Tischler Leitner aus Klausen zu Besuch kam, erfuhr ich, dass er einen Lehrbuben suchte. So fragte mein Vater für mich, und ein kurzes Gespräch besiegelte meine Zukunft. Ich freute mich sehr, dass ich eine Stelle bekommen hatte, denn ich wollte gerne Tischler werden. Am Allerseelentag ging ich am Vormittag noch zur Kirche, und am Nachmittag fing ich als Tischlerlehrling in Klausen an.

Ich verdiente 500 Lire in der Woche, womit ich mir anfangs nicht einmal meine Unterkunft bezahlen konnte. Da musste ich auf mein Erspartes zurückgreifen. Am Samstagabend fuhr ich heim nach Villnöß, um mir zwei Übernachtungen und die Kost zu ersparen. Als ich nach einiger Zeit erfuhr, dass beim Reinthaler Hof Lehrbuben essen konnten, habe ich dort gefragt und hatte Glück: Ich bekam nicht nur das Essen, sondern sogar ein Bett in der Bubenkammer. Von da an ging es mir besser. Es war natürlich nichts Besonderes. Zum Essen gab es einfache Bauernkost, und wir schliefen auf Strohsäcken. Aber das Zimmer, das wir uns zu viert teilten, war schön groß und hell. Vor allem blieb etwas vom Lohn übrig am Ende der Woche.

Es war bei uns üblich, elf Stunden am Tag zu arbeiten, und zudem war das Tischlern damals eine sehr schwere Tätigkeit. In der Werkstatt hatten wir schon ein paar einfache Maschinen, aber auf Montage mussten wir immer alles mit der Hand machen. Wir hatten zum Beispiel nur einfache Sägen, Schneckenbohrer und eine Rauhbank, das ist ein langer Hobel, mit dem man saubere Fugen anfertigen musste. Die Schrauben brachte man noch alle per Hand an, und die Maurer mussten bereits die entsprechenden Löcher dafür vorsehen, denn Dübel, die man nachträglich einsetzen konnte, gab es noch nicht. Auch das Furnieren war sehr aufwendig. So brauchten wir früher viele Stunden für Arbeitsabläufe, die heute mit ein paar Handgriffen erledigt sind.

Samstags wurde damals selbstverständlich auch gearbeitet. Ich als Lehrbub musste sogar noch die Werkstatt aufräumen, wenn die anderen um 17 Uhr Feierabend hatten. So konnte ich mich erst gegen 19 Uhr auf den Heimweg machen. Den Weg nach St. Peter bewältigte ich mit dem Fahrrad, obwohl ich schon von der Arbeit fix und fertig war. Wenn wir auf Montage fuhren – die Firma Leitner hatte viele Aufträge im Pustertal –, kam ich auch am Wochenende nicht heim. Ein Lastwagen brachte uns und das ganze Material zum Auftraggeber, und wir blieben einige Tage dort, um die Arbeiten auszuführen. Wenige Male, wenn wir mit den Arbeiten nicht fertig wurden, mussten wir auch am Sonntag arbeiten. Der Chef fuhr nach Hause, sobald das Gröbste getan war, und wir mussten alles fertig machen und danach mit öffentlichen Verkehrsmitteln, also mit der SAD und mit dem Zug, heimfahren.

Auch geregelten Urlaub kannten wir nicht. Manchmal hieß es einfach: Am Samstag tun wir nichts, und dann hatten wir einen Tag frei, aber das war insgesamt höchstens eine Woche im Jahr. An solchen Tagen hat man einfach gerastet, denn man hatte nicht das Verlangen, noch irgendetwas Besonderes zu unternehmen.

1952 habe ich mir dann ein Motorrad leisten können, eine 150er MV Agusta. In Villnöß war ich einer der Ersten, außer mir besaßen nur der Ludwig und der Blauele-Franz ein Moto. Eines Sonntags kurz vor Weihnachten, es müsste

1953 gewesen sein, fiel mir und meinem Bruder ein, wir sollten einmal nach Weißenstein pilgern. Am Bahnhof in Klausen sahen wir den Zug gerade noch von hinten. Nach kurzer Diskussion beschlossen wir, die Fahrt nach Leifers mit der MV zu wagen, natürlich ohne jede Ausrüstung und Erfahrung. Die Hinfahrt ging eh halbwegs, es war halt bitterkalt. Doch auf dem Rückweg ging uns das Benzin aus. Als wir in Klausen tanken wollten, war alles schon geschlossen, und so fuhren wir halt so weit wie möglich. Beim Sieder war dann endgültig Schluss. Da versteckten wir das Motorrad und gingen zu Fuß weiter. Im Dorf drin mussten wir erst jemanden suchen, der uns ein Motorrad leihen konnte, um etwas Benzin abzuzapfen. Dann fuhren wir zu zweit hinaus, um das andere Moto zu holen. Bis wir schließlich erschöpft heimkamen, war es weit nach Mitternacht.

Die richtige Frau fürs Leben

Im Reinthalerhof habe ich dann auch meine Anna kennengelernt. Sie war eine der Töchter des Hauses und eine sehr humorvolle Person. Ich musste mich aber sehr respektvoll aufführen und durfte mir keinen Ausrutscher erlauben, sonst wäre ich wohl aus dem Haus geflogen. Ich weiß auch noch, wie ich meinen Schwiegervater sehr förmlich um die Hand seiner Tochter fragen musste. Das war damals üblich. Er war zwar nicht gerade begeistert, denn ich konnte seiner Tochter nicht gerade viel bieten. Aber schließlich gab er doch seine Zustimmung, weil er mich »als Mensch sehr schätzte«, wie er sagte.

Wir feierten eine bescheidene Hochzeit. Nach der Messe gab es ein Essen, und dann fuhren wir mit dem Taxi nach Trens. Es war Februar und ziemlich kalt. Doch wir wollten nicht mehr länger zuwarten, denn ich hatte schon eine Wohnung. Außerdem hatte unsere Mutter schon so genug Arbeit mit den anderen Buben, da wollte ich ihr nicht mehr länger zur Last fallen.

1956 kam unsere erste Tochter Brigitte zur Welt. Da fuhren wir dann immer zu dritt mit meinem Motorrad, oft auch nach Villnöß zu meinen Eltern oder auf die Alm. Damals konnte man noch bis auf die Gampenalm hinauffahren. Ich vorn, Brigitte in der Mitte und meine Frau hinten drauf. Als Marianne 1960

Hochzeitsfoto mit Konrads Eltern und Geschwistern

geboren wurde, war das Motorrad dann aber endgültig zu klein. Zwei Jahre später nahmen wir dann noch ein Pflegekind auf: Die kleine Patrizia kam im Alter von drei Wochen zu uns.

1966 sind wir in unserem Haus in Langrain eingezogen. Den Grund hatte meine Frau von ihrer Stiefmutter bekommen. So haben wir – schön langsam natürlich – ein Haus gebaut. Vorher wohnten wir elf Jahre lang bei meinem Arbeitskollegen in Miete.

Mit 47 Jahren machte ich den Führerschein. Wir hatten eine sehr schöne Zeit mit den Kindern, und als sie größer waren, machten wir oft zu zweit Ausflüge mit Bekannten und Freunden. Ich hatte das Glück, die richtige Frau geheiratet zu haben. Sie war überall beliebt und verbreitete stets gute Laune. Im Herbst

1994 war sie noch so aktiv, dass ich ihr beim Wandern kaum nachkam. Doch dann erkrankte sie schwer, und im Juni 1995 mussten wir sie zu Grabe tragen.

Insgesamt gesehen hatte ich trotzdem sehr viel Glück in meinem Leben. Wenn ich so zurückdenke, wundert es mich selber, dass ich so alt geworden bin. Wir hatten sehr harte Jahre zu überstehen, doch die jungen Leute von heute beneide ich trotzdem nicht. Wir litten zwar Not, aber seelisch waren wir in Ordnung. Wir waren nicht den ganzen Gefahren und Versuchungen ausgesetzt, die es heute so gibt auf der Welt.

Johann Profanter
»Blosegger Hansl«

Veronika Rauter
»Bloseggerin«

Johann wurde am 2. Oktober 1928 auf dem Blosegghof geboren. Er war das älteste von zehn Kindern: Johann, Luis, Maria, Sepp, Engelbert, Peter, Heinrich, Roman und Konrad. Ein weiteres Kind namens Heinrich starb mit wenigen Monaten. Sein Vater, der Bloseggerbauer, hieß ebenfalls Johann Profanter. Seine Mutter Maria Psaier stammte vom Glarzerhof. Außer einem Winter in der Landwirtschaftsschule Dietenheim und seinem Militärdienst in Meran verbrachte Johann sein ganzes Leben in Villnöß. Er war aktiv in vielen Vereinen tätig, vor allem bei der Musikkapelle und im Kirchenchor.

Veronika wurde am 26. März 1932 auf dem Dietrichhof in Feldthurns geboren. Sie wuchs mit ihren neun jüngeren Geschwistern Theresia, Hermine, Simon, Amalia, Rosa, Frieda, Sepp, Marianna und Hans auf. 1964 kam sie nach St. Peter zum *Kabis* auf Dienst.

1965 heirateten Johann und Veronika und schenkten in den Jahren 1967 bis 1970 den vier Kindern Christine, Paula, Bernhard und Petra das Leben. Bis heute leben und arbeiten sie beide auf dem Bloseggerhof.

Sonst wurde man *gehuntet*

Hansl Als ich im Jahre 1928 geboren wurde, waren die Faschisten voll an der Macht. 1934 wurde ich in die italienische Schule eingeschult. Ich war ein ziemlicher Spitzbub, der alles eher im Sinn hatte als Lernen. Es war halt Pflicht, so ging ich eben hin. Wir hatten immer wieder andere Lehrpersonen. Als mein Vater noch zur Schule ging, waren 81 Schüler in einer Klasse. Wir waren auch ziemlich viele, und die Lehrer hatten es nicht leicht. Wer nicht folgte, bekam den Stock zu spüren. Es wurde immer viel vom Mussolini erzählt: Das war unser Geschichtsunterricht. Sonst lernten wir nicht viel. Wer seinen Namen schreiben konnte, konnte eh schon viel. Als junger Mann besuchte ich einen Winter lang so eine Art Abendschule beim Lehrer Messner. Da lernten wir noch ein bisschen etwas dazu zu unserer mageren Schulbildung.

Ich war auch bei der *Balilla.* Dazu war man fast gezwungen, sonst wurde man *gehuntet.* Ich schämte mich immer mit dieser Uniform. Dafür, dass man dabei sein durfte, musste man auch noch fünf Lire zahlen! Als uns der Vater das Geld für den Mitgliedsbeitrag nicht mehr gab, war ich halt nicht mehr dabei.

Wir hatten zu Hause auch Katakombenunterricht mit der *Riegler Seffe,* Leitner schrieb sie sich. Da haben wir ein bisschen Deutsch gelernt. Das war alles nur heimlich.

Der Religionsunterricht war auch immer außerhalb der Schule. Da ging es immer um diese Katechismusfragen, die wir zu Hause lernen sollten. Am Anfang der Stunde wurde stets ausgefragt. Ich war nicht der Fleißigste, und der Kooperator stellte einmal fest: »Der kann die Fragen wohl nicht recht auswendig, aber wenn man ihn nicht als Ersten fragt, dann kann er sie schon auch.« Wenn nämlich die anderen Kinder vor mir schon ein paar Mal die richtigen Antworten heruntergesagt hatten, schaffte ich es auch, diese Sätzchen nachzubeten. So fragte mich der Kooperator dann meistens erst zum Schluss.

In meinen letzten beiden Schuljahren besuchte ich die deutsche Schule, weil meine Vater »Deutsch« gewählt hatte. Aber das war so eine Notschule mit Hilfslehrern, die keine richtige Ausbildung hatten. Es gab ja, wenn ich mich recht erinnere, zur Faschistenzeit nur mehr das Vinzentinum in Brixen und das Johanneum in Dorf Tirol als Oberschule, die Lehrerbildungsanstalten wurden alle geschlossen. Ich hatte die *Parweiger Cäcilia* als Lehrerin. Ich weiß noch, wie wir am letzten Schultag auf dem Bühl draußen auf unser Zeugnis warteten und sie es mir und meinem Schulkollegen, dem *Kabis*-Luis, mit den Worten überreichte: »Jetzt habe ich euch wohl doch eine ›Eins‹ in Betragen gegeben, obwohl ihr ziemliche Spitzbuben gewesen seid.« Darüber waren wir äußerst froh, denn die Betragensnote war sehr wichtig: Mit einer »Zwei« konnte man sich fast nicht nach Hause trauen.

Veronika Von der Faschistenzeit weiß ich noch, dass manchmal die Carabinieri zu uns kamen und wir Kinder uns immer vor ihnen fürchteten. Wir hatten immer Angst, sie würden den Vater einsperren. Aber sie sagten: »Keine Angst, keine Angst.« Sie wollten nur ein paar alte Hennen haben. Hühner hatten wir eine ganze Menge, denn die Mutter züchtete sie selber. Die Carabinieri waren sehr froh, wenn sie zwei, drei Hennen bekamen, um eine Hühnersuppe zu kochen. Sie hatten wohl auch nicht besonders viel zu essen. Wir waren jedenfalls froh, wenn sie wieder gingen.

Wir hatten eine Stunde bis zur Schule zu gehen, und der Rückweg dauerte noch länger, weil es steil hinaufging. Dass wir täglich diesen weiten Weg bewältigen mussten, kam mir aber in späteren Jahren zugute, denn ich tat mir nie schwer beim Gehen. Wir hatten einfach eine gute Kondition. In der Schule saßen wir Buben und Mädchen immer getrennt. Als ich einmal etwas angestellt hatte, vielleicht zu viel geschwätzt, musste ich zur Strafe in die Bubenreihe hinübersitzen. Das war mir eine Lehre, denn ich schämte mich furchtbar.

Hansl Auch wenn man in der Kirche nicht Ruhe gab, wurde man bestraft. Da musste man im Mittelgang knien. Im ersten Kirchenstuhl hinter den Kindern saß immer eine Frau, die es sich zur Aufgabe gemacht hatte, Aufpasserin zu spielen. Schon wenn man sich dreimal umdrehte, musste man hinausknien. Meine Eltern hätten es manchmal gar nicht mitbekommen, denn wir Kinder saßen ja vorn in den Kinderbänken. Ich hatte jedoch das Pech, dass meine *Basl* beim Chor war und von oben immer genau sah, wenn ich wieder einmal vorn kniete. So verriet sie mich immer zu Hause. Daheim bekam ich dafür dann die Rute zu spüren.

»Ich mache keinen neuen Stubenboden mehr«

Veronika Der Vater wollte zuerst vom Auswandern überhaupt nichts hören. »Wir gehen nicht weg von unserem Hof«, meinte er. Doch schließlich ließ er sich umstimmen. Ich glaube, vor allem deswegen, weil wir Kinder dann deutsche Schule gehen durften. Von den Italienern wollten die Leute einfach nichts mehr wissen. Es hieß auch, die Dableiber würden nach Sizilien kommen. Natürlich hofften wir, dass es nicht zur Auswanderung kommen würde, aber die Lage war schon ernst. Ich weiß noch, wie der Vater sagte: »Ich mache keinen neuen Stubenboden mehr hier, wenn wir dann doch gehen müssen.« Eine Zeit lang wusste man wirklich nicht, wie es weiterging. Die Dableiber wurden lange Zeit schikaniert.

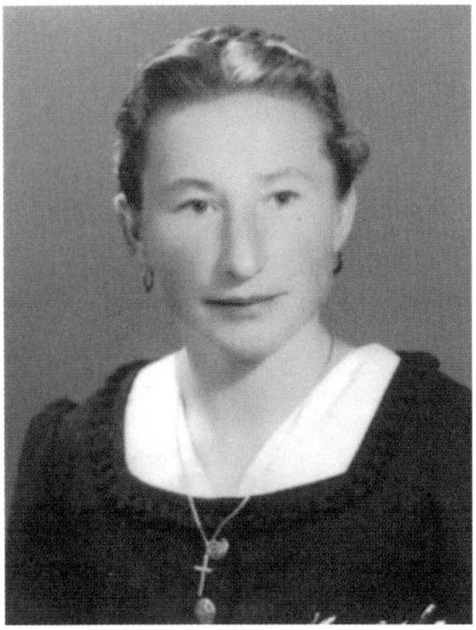
Veronika in jungen Jahren

Hansl Ja, man musste ein fanatischer Deutscher sein, sonst wurde man schief angesehen. Die Leute waren ganz durcheinander von der ganzen Propaganda, die da gemacht wurde.

Auch die Betriebe und Handwerker hier litten sehr unter dieser Situation. Ich weiß noch, wie ein Tischler im Dorf an seinem Fenster wartete, auf die Straße schaute und hoffte, dass endlich jemand einkehren und etwas bestellen würde. Er wusste nicht mehr, was tun. Die Leute waren so verunsichert, dass sie nichts mehr reparieren, geschweige denn Möbel anfertigen ließen. Es hieß ja, alle müssten auswandern. Erst nach dem Krieg besserte sich allmählich die Lage, und die Leute trauten sich wieder, etwas anzuschaffen.

In den Krieg ziehen musste ich nicht, denn ich bin erst im Herbst 1928 geboren, aber ich musste auch zur HJ, zur Hitlerjugend. Wir kamen eine Woche lang nach Wolkenstein in Gröden zur Ausbildung, wo wir *Luppe klopfen* lernten und ein Gewehr zu laden und auch zu schießen. Auch auf der *Kabisgasse* mussten wir immer hin- und hermarschieren, beim *Kabis* im oberen Stock hatten wir das HJ-Quartier.

Wir Jungen wurden dann gegen Kriegsende draußen in der Haltestelle zur *SOD*-Wache eingesetzt. Da mussten wir die Geleise und das Werk bewachen. Eine Wachschicht dauerte jeweils zwei Stunden, dann wurde man abgelöst.

Aber wenn da wirklich jemand gekommen und ein wenig lauter geschrien hätte, wären wir wohl samt Gewehr umgefallen.

Bomben gehörten zum Alltag

Veronika Nicht weit von unserem Hof sah man genau auf die Albeinser Brücke hinunter. Die wurde ja ständig bombardiert. Wir hörten die lauten Sirenen von Brixen herauf und versteckten uns immer in einem selbst gebauten Luftschutzkeller hinterm Haus. Wir gingen jedes Mal aus dem Haus, denn auch wenn der Hof sonst schön war, die Häuser waren früher einfach minder gebaut. Da hätte es nicht viel gebraucht, und alles wäre zusammengestürzt. Sobald es Entwarnung gab – das war ein langer Sirenenton –, konnten wir wieder heraus. Das Überfliegen der Fliegerstaffeln dröhnte ohrenbetäubend. Zuerst hatten wir schon Angst, aber mit der Zeit gehörte der Bombenalarm fast zum Alltag. Wir hörten immer genau das »Singen« der Bomben und dann den Einschlag im Tal unten. Besonders schlimm war es am 28. Februar 1945, wo sie von zehn Uhr vormittags bis vier Uhr nachmittags ununterbrochen Angriffe flogen. Schließlich trafen sie ein Gleis, aber die Brücke wurde nicht zerstört.

In Pinzagen stand auch eine FLAK, aber die war nicht sehr effizient. Zu unserem Glück! So wurden nur einmal drei, vier Bomben im äußeren Feld in unserer unmittelbaren Nähe abgeworfen. Da hatten wir auch großes Glück, denn ein Eisensplitter flog in Richtung Futterhaus. Unser Vater hatte ihn aber rechtzeitig surren gehört und riss uns Kinder in die Strebhütte hinein. Wir wussten gar nicht, was los war, und verstanden erst, als wir den Splitter außen in der Stallmauer stecken sahen.

Hansl In Lajen stand eine FLAK und schoss die Flieger an. Die ließen dann die Bomben fallen, und zwar auf Villnöß statt auf die Albeinser Brücke. Die Amerikaner taten sich ungeheuer schwer, weil hier alles so eng war. Um ihr Ziel zu treffen, mussten sie die Bomben schon loslassen, bevor sie die Brücke überhaupt sahen. Die Bomben fielen dann schräg hinunter, und oft verfehlten sie schon kilometerweit. In Bozen wollten sie ja auch immer den Bahnhof treffen und trafen stattdessen auch die Stadt und die Kirche.

VERONIKA Gegen Ende des Krieges hieß es, der Krieg müsse gewonnen werden, daher brauchten sie »gute Männer«. Damit meinten sie die älteren, die schon den Ersten Weltkrieg miterlebt hatten. Obwohl es hieß, dass diejenigen nicht einrücken müssten, die mindestens sieben Kinder hatten, wurde auch unser Vater, Jahrgang 1893, einberufen. Er hatte wohl zu viel geredet oder etwas Falsches gesagt, denn man musste damals ungeheuer aufpassen, was man sagte. Er kam hinunter nach Udine zu den Standschützen. Er schrieb uns: »Ihr müsst nur über die *Geisl* hinüberschauen, und dort ein Stückchen dahinter da bin ich.« Unsere Mutter war schwanger und *bugglte* trotzdem von morgens bis abends: Sie stand um vier Uhr auf und kam meist nicht vor Mitternacht ins Bett. Das Getreide musste eingebracht werden, das Grummet verkam auf den Wiesen. Schließlich bekam sie Blutungen, doch als sie endlich zum Arzt ging, war es zu spät, und sie verlor das Kind. Auch sie selbst kam nur knapp mit dem Leben davon. Der Doktor meinte, sie sei schon mit beiden Beinen im Grab gestanden, nicht nur mit einem.

Johann beim Militärdienst in Meran

In der Kriegszeit hatte man nichts übrig

HANSL Zum Essen hatten wir auf dem Hof immer genug, und an Kleidung hatten wir halt das, was man selber herstellte. Wir besaßen Schafe und deshalb auch Loden. Ein- bis zweimal im Jahr kamen der Schneider und der Schuster ins Haus und machten ihre Arbeit. Dabei besetzten sie immer eine Ecke in der Stube. Oft brachte der Meister auch einen Gesellen oder Lehrbuben mit. Auf der Bank breiteten sie ihr ganzes Zeug aus. Ich weiß noch gut, wie sie immer im Fensterbrett einen Nagel schlugen, um ihren Faden zu spannen und zu wachsen. Die Schuster flickten immer, was immer noch ein wenig zu flicken ging, denn neue Schuhe waren ziemlich teuer.

Allgemein spielte sich das Leben vorwiegend in der Stube ab, weil es der einzige warme Raum im Haus war. Kleidung wurde vielfach in der Stube aufgehängt, die Wäsche auf dem Ofen getrocknet. Mancherorts war es auch noch Brauch, dass die Löffel nur abgeputzt und am Fensterbalken an so Riemchen oder auf einem Regal ober demTisch aufgehängt wurden. Das sah ich manchmal, wenn ich bei anderen Bauern zum Tagewerken war. Besonders im Sommer waren darum auch sehr viele Fliegen in den Stuben. Die Haustüre stand früher sowieso meistens offen. Und sonst gab es auch überall Ritzen und Spalten, wo die Insekten hereinkamen.

Früher war man sicher mehr abgehärtet. Es sind aber auch gar einige Kinder gestorben. Bei uns starb auch ein Kind, der Zwillingsbruder vom Peter, mit ungefähr sechs Monaten an einer Lungenentzündung. Obwohl unser Doktor sonst gut war bei der Behandlung dieser Krankheit, konnte er Heinrich nicht mehr retten. Peter hingegen überlebte, obwohl er eigentlich der schwächere der beiden war. Lungenentzündung war früher eine sehr ernste Krankheit, an der oft auch Erwachsene starben.

Veronika Wir hatten noch lange Zeit *Holzknospen,* daran kann ich mich noch gut erinnern. Mein Vater schnitzte sie aus Zirbenholz, und sie waren gar nicht unbequem und vor allem fein warm. Doch vor der Kirche musste man sie immer ausziehen und auf Strümpfen hineingehen. Das führte oft zu Verkühlungen, im Winter hörte man immer viele Leute in der Kirche fürchterlich husten. Man hatte nur einen lodenen Rock an und wollene Strümpfe sowie selbst gestrickte Jacken und darüber ein Schultertuch, in das man sich fest einwickelte.

Geschlafen haben wir auf Strohsäcken, die immer im Herbst neu gefüllt wurden. Diese Arbeit war auch immer sehr unangenehm, denn meist herrschte schon die ärgste Kälte, bis man dafür Zeit hatte. Wir hatten Betten, die mit

Gänsefedern gefüllt waren, denn die Mutter hatte immer selber Gänse. Diese Daunenbetten waren schön warm. Das brauchte man aber schon in den kalten Kammern, in denen wir schlafen mussten.

Mein Bruder hatte auch einmal eine schwere Lungenentzündung. Man legte Wickel mit *Goffer* und Schweinsfett auf, um so das Fieber zu senken und die Entzündung zu bekämpfen. Ansonsten gab es keine Medikamente. Die Masern bekamen wir Kinder auch alle. Da mussten wir strenge Bettruhe einhalten.

In Feldthurns waren damals auch noch lange nicht alle Höfe an die Stromversorgung angeschlossen, da war man hier in Villnöß schon viel weiter.

Arbeitsleben

HANSL Außer meiner Militärzeit (1950) und einigen Monaten in der Landwirtschaftsschule Dietenheim (1952/53) habe ich eigentlich immer zu Hause auf dem Hof gearbeitet. In der Früh hieß es gleich in den Stall gehen und das Vieh versorgen. Ich musste auch im Kuhstall helfen, war aber vor allem für das Pferd zuständig. Das Fuhrwerk übernahm meistens ich: Im Sommer wurde Heu geführt, im Winter Holz – was halt gerade so anfiel. Beim Holzführen gab es früher den Brauch des »Buschnbaum-Führens«: Den größten Baum hob man sich nämlich immer bis zum Schluss auf. Der wurde dann geschmückt und unter Gejauchze mit dem letzten Schlitten ins Tal geführt. Dann wurde gefeiert, denn es hieß, dass nun die größte Arbeit getan war.

Richtig Staub fressen mussten wir Kinder beim Futterschneiden und beim Dreschen – *Rumpeln* sagte man auch. Meistens mussten wir das am Donnerstag machen, wenn schulfrei war.

VERONIKA Ich musste schon früh zu Hause die Hausarbeit übernehmen: Mit zwölf Jahren kochte ich bereits für alle und passte auf meine Geschwister auf. Ich war eben die Älteste, aber ich tat es nicht ungern, denn mir gefiel die Hausarbeit. Eine Nachbarin sagte einmal zu meiner Mutter: »Dieses Mädchen kann ja nicht wachsen, wenn es immer so viele Kinder tragen muss.« Aber ich empfand es nicht so als Last – im Gegenteil, ich war stolz, dass ich das alles schon tun durfte.

Auch nach meiner Ausschulung arbeitete ich zu Hause auf dem Hof. Ich wäre eigentlich gerne Krankenpflegerin geworden. In Brixen oben in der Mahr konnte man so eine Ausbildung machen. Doch man brauchte mich daheim, denn die Arbeit ging einfach vor. Als ich älter war und meine Geschwister zu Hause mitarbeiten konnten, wollte ich auch nicht mehr die Pflegeausbildung anfangen. Es hieß damals allgemein: »Ach, was wollt ihr Mädchen einen Beruf lernen. Ihr heiratet dann eh bald, und dann ist nichts mehr damit.« Nur wenige Feldthurnerinnen in meinem Alter haben etwas gelernt, unser Dorf war diesbezüglich noch ziemlich im Winterschlaf.

Getreideernte auf dem Bloseggerhof (Johann rechts)

Ich lernte dann zumindest vier Monate lang das Kochen im Priesterseminar in Brixen. Das war natürlich nur eine kurze Ausbildung, kaum konnte man ein wenig etwas, war die Zeit schon zu Ende. Anschließend arbeitete ich drei Jahre lang in der Küche im Kassianeum. Dort kochte eine Klosterfrau, von der ich auch noch viel lernte, besonders Kuchen zu backen und Torten zu verzieren. Das gefiel mir sehr gut. Am *Kassianssonntag,* wenn in Brixen Kirchtag war und der Bischof zu Besuch kam, backten wir Unmengen an Torten. Die sehe ich heute noch vor mir.

Danach fragte man mich in der Gemeinde Feldthurns, ob ich nicht als eine Art Familienhelferin arbeiten wollte. Ich wurde immer zu den Familien geschickt, wo jemand krank war oder wo die Frau gerade ein Kind bekommen hatte. In dieser Zeit habe ich ziemlich viel erlebt und gesehen, welche Not in manchen Familien herrschte. Für einige Wochen war ich einmal bei einer Familie mit neun Kindern. Die Mutter hatte gerade das zehnte Kind bekommen, und ich musste den Haushalt führen. Alle neun Kinder machten ins Bett, und ich wusste nicht, was ich anstellen sollte, um das Bettzeug zu trocknen. »Die haben schon öfter im Nassen geschlafen«, meinte der Bauer ungerührt. Doch auf mein Bitten hin besorgte er zumindest ein wenig Aspirin, denn die Kinder waren allesamt erkältet und husteten. Es war auch gerade Weihnachtszeit, und der Mann trug mir auf, einen Braten zu kochen. Doch das Fleisch im Keller unten war verdorben, regelrecht schimmelig. Als ich ihn darauf hinwies, meinte der Bauer: »Ein solches haben wir schon öfters gegessen, das spülst du einfach ein bisschen ab.« So

Heumahd auf der Gampenalm

wusch ich das Fleisch so gut wie möglich und kochte es erst einmal, um danach irgendwie einen Braten daraus zu machen. Alle aßen fest und versicherten mir, wie gut das Fleisch wäre, doch ich rührte keinen Bissen davon an.

Eine Zeit lang übernahm ich auch das Kochen für die Grundschüler, weil die Köchin im Krankenhaus war. Zunächst aßen nur die dort, die weit weg wohnten und zu Mittag nicht nach Hause konnten. Doch nach einigen Wochen aßen fast alle Schüler in der Ausspeisung, obwohl ich eigentlich nichts Besonderes gekocht hatte. Das freute mich sehr.

Leider wurde dieser Dienst in der Gemeinde nicht gut oder oft gar nicht bezahlt. Meist kam ich nämlich zu Familien, die selber die größte Not hatten. So gab ich es auf. Ich hätte dann für Herbst eine Stelle als Konditorin in Aussicht gehabt, doch es kam alles anders. Durch einen Bekannten kam ich nach St. Peter/Villnöß zum *Kabis* und wollte dort eigentlich nur den Sommer über arbeiten. Aber dann habe ich den Hansl kennengelernt.

Ich hatte mir schon einen Korb erwartet

Hansl Ja, Villnösserin wollte mich keine, so musste ich halt um eine Auswärtige schauen. Nach der Messe gingen wir jungen Männer immer ins Gasthaus *Kabis* etwas trinken. Dort half Veronika oft in der Gaststube aus. Sie gefiel mir, und nach einiger Zeit traute ich mich endlich, sie um ein Treffen zu fragen. Das war am Ostermontag. Ich hatte mir schon einen Korb erwartet, denn es gab noch einige andere »Interessenten«. Aber zu meiner Überraschung bekam ich keinen Korb, nicht einmal eine *Wide.*

Veronika Wir heirateten im Jahr danach, am 28. Jänner 1965. Es war ein Donnerstag, denn an einem Samstag durfte man früher nicht heiraten. »Da weint die Muttergottes«, hieß es immer, denn das war Muttergottestag. Ich würde nie mehr im Winter heiraten, denn es hatte so sehr geschneit, dass wir fast nicht ins Dorf herunterkamen. Ich musste hohe Schuhe anziehen und eine Stunde lang durch den Schnee ins Dorf stapfen. Die anderen Schuhe hatte ich mit. In Feldthurns fuhren wir dann mit einem Kleinbus nach Villnöß. Der musste erst

Am Hochzeitstag von Veronika und Johann fiel reichlich Schnee.

die Ketten montieren, so sehr hatte es geschneit. Natürlich kamen wir zu spät zur Trauungsmesse.

Hansl Ja, wir warteten alle auf dem *Kabisplatz.* Ein Bekannter scherzte: »Du, ich glaube, die wird dir wohl nicht mehr kommen.« Ich antwortete: »Ja dann müssen wir wohl alle heimgehen. Irgendwo wird wohl noch eine andere sein zum Heiraten.« Aber schließlich kam sie dann doch noch. Außer der Familie luden wir auch unsere Paten sowie den Pfarrer, den Mesner und den Kooperator ein. Die Singgruppe, bei der ich sonst auch mitsang, gestaltete die Messe mit. Mein Onkel Engelbert, der seinerzeit Pfarrer in Tiers war, traute uns. Das Mahl war anschließend beim *Kabis*. Beim Brautstehlen ging früher nur der Brautführer die Braut suchen. Der Bräutigam musste warten, bis die Gesellschaft wieder zurückkam. Veronika wurde nach St. Magdalena »entführt«, aber es dauerte eh nicht so lang, bis sie wiederkamen mit meiner Frau.

Veronika Das erste Kind kam nach zwei Jahren, am 9. Jänner. Danach ging es Schlag auf Schlag. Zwischen den beiden jüngsten ist nicht einmal ganz ein Jahr

Unterschied. Es war schon eine sehr anstrengende Zeit, besonders am Anfang. Es gab ja noch keine Wegwerfwindeln, und eine Zeit lang brauchten alle vier Kinder Windeln. Wir hatten am Anfang auch noch keine Waschmaschine, die haben wir erst 1969 gekauft. Zusätzlich brachten auch noch die unverheirateten Geschwister meines Mannes ihre Wäsche zu uns. Die Wochenwäsche nahm oft kein Ende. Kochen musste ich zudem für alle, auch für die Schwiegereltern. Da hatte ich schon ganz schön zu tun. Im Sommer hatte ich ein Kindermädchen, eine Verwandte aus Feldthurns, von der ich Taufpatin war. Sie hat mir viel geholfen. Auch einen *Bua* hatten wir im Sommer zur Mithilfe auf dem Hof. Wenn ich zurückdenke, war das schon eine sehr anstrengende Zeit. Aber das wurde mir erst danach bewusst. Wenn man in der Arbeit drinsteckt, hat man keine Zeit zu denken.

Hansl Ich erinnere mich, wie ich einmal eines der Kinder abräumen musste, weil mein Frau gerade nicht zu Hause war. Es war schlimm: Ich war fast mehr voller Dreck als das Kind. Aber ich habe am Ende doch noch alles sauber bekommen.

100 Jahre Musik und Chor

Hansl Ich war 46 Jahre lang bei der Musikkapelle, und zwar von der Neugründung nach dem Krieg an. Noch länger, nämlich 54 Jahre lang, sang ich im Kirchenchor, und zwar schon von 1942 an. Insgesamt sind das genau 100 Jahre Musikkapelle und Kirchenchor.

Unsere erste Chorleiterin war eine Frau, die auch die Orgel spielte. Wir Jugendlichen trafen uns in der Schulklasse im Mesnerhaus zum Singenlernen. Zuerst waren wir so an die dreißig junge Leute, aber übrig geblieben sind am Ende nur so fünf, sechs, die dann wirklich zum Chor gingen.

Als ich begann, ein Instrument zu lernen, trafen wir uns ebenfalls im Mesnerhaus, bekamen ein Instrument in die Hand gedrückt und bliesen halt ein wenig hinein. Unser Lehrer war ein Klarinettist und konnte die Griffe für die Blechbläser selber nicht richtig. Zuerst spielte ich ein Jahr lang Trompete, dann ein Jahr lang Bassflügelhorn und anschließend Flügelhorn. Dabei bin ich dann geblieben.

Ich kannte die Noten schon ein wenig vom Chor her und tat mir daher leichter. Auch Gitarre spielen konnte ich schon ein bisschen. Aber wir hatten ja keine richtige Ausbildung und probierten halt selbst so herum. Erst mein Vetter Toni, der selbst Bassflügelhorn spielte, hat mir dann einmal die Griffe von unten nach oben alle gezeigt, und so kam ich endlich besser zurecht. Das Meiste habe ich mir selber beigebracht. Schon im zweiten Jahr konnte ich auf dem Bassflügelhorn eine Melodie spielen. Ich weiß noch, wie zwei Kollegen einmal bei einer Teilprobe staunten, dass ich junger Anfänger die Melodie schon allein herunterspielen konnte. »Da braucht es uns nicht mehr, der kann ja schon alles«, meinten sie. Ich übte einfach so lang, bis ich es konnte. Schon bald konnte ich den anderen in der Musikkapelle etwas beibringen. Man beauftragte mich sogar, Noten umzuschreiben, was mich dann oft bis spät in die Nacht beschäftigte.

Durch die Musikkapelle kam ich dann auch ein bisschen herum, was zur damaligen Zeit nicht selbstverständlich war. Wir fuhren z. B. in die Schweiz, nach Deutschland, Österreich und auch nach Genua zu Auftritten. Als wir einmal eine Fahrt nach Deutschland machten, durften wir auch unsere Frauen mitnehmen. Da haben wir dann gesagt: »Das ist jetzt unsere Hochzeitsreise.« Es hat uns sehr gut gefallen.

In meiner Familie kommt das musikalische Talent sowohl von der väterlichen als auch von der mütterlichen Seite. Mein Bruder Roman war auch beim Chor und leitete ihn viele Jahre lang, Heinrich war auch bei der Musikkapelle und Kirchenorganist. Wir hatten eine Singgruppe, die vor allem bei Hochzeiten aufspielte. Ich spielte Gitarre und sang.

Auch während des Militärdiensts war ich bei der Musikkapelle. Unser Kapellmeister hielt große Stücke auf mich und schaute daher immer, dass ich ja nicht versetzt wurde. So konnte ich die ganze Militärzeit in Meran verbringen und musste nicht weit nach Süden hinunter wie viele meiner Kollegen.

Als der Proder Toni in Villnöß die Leitung der Kapelle übernahm, kam viel Leben hinein. Er hat auch immer geschaut, dass viele Junge nachkommen. Auch Mädchen sind jetzt viele dabei: Früher wollten die Kapellmeister nichts davon wissen, dass Frauen bei der Musikkapelle waren. Das hat sich inzwischen stark geändert.

Sonst war ich auch noch eine Zeit lang bei der Theatergruppe und bei den Schuhplattlern sowie später beim Seniorenclub.

Veronika Ich wäre auch gern zum Chor gegangen, doch wir wohnten zu weit außerhalb. Und als Mädchen durfte man damals überhaupt nicht so leicht irgendwo hingehen. Das fand ich immer sehr schade. Daher freut es mich heute umso mehr, dass zwei unserer Töchter jetzt fleißig beim Kirchenchor sind.

Bei der Ernte

Paula Fischnaller
Wwe. Fischnaller »Torgglerin«

Paula wurde am 21. Februar 1928 in Teis auf dem Gostnerhof geboren. Ihr Vater Johann war Bauer, führte Holz und betrieb ein kleines Sägewerk. Paula war das jüngste von zwölf Kindern: Maria, Barbara, Anna, Josef, Johann, Notburga, Alois, Rosa, Hermann, Anton, Peter und Paula. 1938 musste die Familie ihr Zuhause verlassen und zog auf den Reinthalerhof, den die Mutter Barbara Fischnaller geb. Wieland (Mesner) gekauft hatte. Nach der Pflichtschule arbeitete Paula als Hauswirtschafterin in Bozen und später auf dem Gostnerhof, den ihr Vater nach dem Krieg wieder gepachtet hatte. Am 10. Mai 1955 heiratete sie Peter Fischnaller vom Niglunhof in Teis. Sie bewirtschafteten gemeinsam den Torgglerhof. Von 1956 bis 1971 kamen ihre sechs Kinder Florian, Lorenz, Anton, Maria, Agnes und Paul zur Welt. Seit 2002 ist Paula Witwe.

Der Vater musste den Hof hergeben

Eigentlich bin ich auf den Namen »Paulina« getauft, aber alle nennen mich Paula. Eine meiner ersten Kindheitserinnerungen ist, wie ich hinter unserem Haus im Sand ein Brett aufstelle und darauf »koche« und »Verkäuferin« spiele. Auch auf den Bäumen kletterte ich als Kind viel herum. Spielkameradinnen hatte ich eigentlich keine, da in unserer Nachbarschaft niemand in meinem Alter wohnte, und meine Brüder gaben sich auch nicht so sehr mit mir ab.

Während meiner Kindheit hatten wir auch eine Zeit lang eine *Dirn* und einen Knecht für die Rösser. Da unser Vater viel Holz führte, hatte er zwei Pferde im Stall. Er betrieb ein kleines Sägewerk am Bach, die Gostnersäge. Ich glaube, er hatte auch zeitweise einen Sagschneider angestellt. Lange sah man noch die Mauern dieses Häuschens, doch heute ist nichts mehr davon übrig. Es gab auch ein kleines E-Werk am Bach, welches den Gasthof Mittermühl und die Häuser in der Nähe versorgte. Aber das war eine höchst empfindliche Sache, denn im

Winter fror das Wasser häufig ab, und die Männer mussten mit allen Mitteln die vereisten Leitungen wieder auftauen, damit wir Strom hatten.

Als ich zehn Jahre alt war, zogen wir auf das Reinthalerhöfl, denn der Vater musste den Hof hergeben. Das hing mit dem Konkurs der Raiffeisenkasse zusammen. Dem Vater tat es schon sehr Leid, vom Gostnerhof gehen zu müssen. Mir persönlich war es lieber, denn es war feiner, im Dorf zu wohnen. Von Meleins gingen wir ja eine gute halbe Stunde steil bergauf bis zur Kirche und zur Schule. Vom Reinthaler aus hingegen hatten wir einen kurzen Schulweg, das Schulhaus und die Kirche lagen gleich ums Eck.

Zum Glück ergab es sich, dass die Mutter das Höfl kaufen konnte, sodass wir ein neues Zuhause fanden. Der alte Reinthalervater Johann Huber und seine Frau Maria Unteraichner waren zu alt zum Arbeiten. Sie behielten sich eine kleine Wohnung in unserem Haus und wurden von meinen Eltern versorgt. Ich weiß noch, wie der alte Hansl oft in die Stube kam, um auf der Ofenbank zu liegen, auch im Sommer. Er lebte nicht mehr lange. Seine Frau kam noch kurze Zeit ins Altersheim, bevor auch sie starb.

Das Einmaleins beim Kübeltreiben

Ich besuchte die Schule von 1934 bis 1942. Zuerst war eine Weile alles Italienisch. Die Lehrerinnen waren ganz nett. In meinen letzten Schuljahren gab es eine deutsche Schule. Buben und Mädchen saßen in getrennten Bankreihen. Im Winter drängten wir uns immer am Morgen als Erstes an den warmen Ofen, wenn wir ins Klassenzimmer kamen. Kreszenz Psaier und Maria Psaier haben Unterricht gehalten. Das waren zwei Teiserinnen, die verschwägert waren. Die Moidl war ganz eine gute Lehrerin, die hat mich auch nie bestraft. Die Zenze hingegen, die mich weniger lang unterrichtete, hat mich in der Zeit gleich zweimal bestraft, weil ich ein bisschen geschwätzt hatte. Das weiß ich noch genau, so etwas vergisst man nicht leicht.

Ich ging ansonsten ganz gern zur Schule. Beim Lesen tat ich mir nicht schwer, doch beim Rechnen musste mir die Mutter oft helfen. Beim *Kübeltreiben* saß ich gern auf dem Kübel drauf, und die Mutter fragte mich das Einmaleins aus, bis die Butterknollen fertig waren. So erlernte ich es zumindest halbwegs.

Man war froh um alles

Bei der *Balilla* waren wir auch, aber die Deutschen hatten es nicht so gern, dieses *Balilla*-Zeug. Ich weiß nur noch, dass ich einmal eine schöne Mütze bekommen habe. In jener Zeit war man ja um alles froh, was man bekam. Zu essen hatten wir schon, halt nicht immer das, was man gern gehabt hätte. Das ist heute schon ganz anders. Eine ältere Frau, die »Bäckin«, kam oft mit einem Tragekorb ins Dorf, und die Mutter kaufte manchmal weiches Brot. Aber ich habe nie eins zum Essen bekommen, denn es war nur für die Knödel bestimmt. Sonntags gab es gar immer weizene Knödel, manchmal mit Kraut und höchstens im Winter, wenn geschlachtet wurde, gab es ein wenig Fleisch dazu. Während der Woche wurden häufig *schwarzplentene* Knödel oder *schwarzplentener* Schmarrn mit *Holermulle* aufgetischt. Im Herbst machte die Mutter oft Apfel- oder Zwetschgenschmarrn. Den mochte ich besonders gern. Auf unserem Grund standen auch ein paar Obstbäume, und somit hatten wir genug Äpfel und Zwetschgen.

An Vieh besaßen wir drei bis vier Kühe, manchmal ein, zwei gezügelte Kälbchen, einige Schweine mit Ferkelchen und ein paar Hennen. Als Arbeitstier stand ein Ochse im Stall, Pferde hatten wir keine mehr. Als ich einmal als Mädchen mit dem Fuhrwerk in den Weingart fahren musste, erschrak der Ochse und fing an zu rennen. Da habe ich Angst bekommen und musste mit aller Kraft kämpfen, dass er mir nicht durchging. Aber zum Glück ist nichts passiert.

Wir machten daheim auch Butter, und oft kamen Leute, um die *abgetriebene* Milch zu betteln. Die Mutter gab immer etwas her, denn wir Bauern hatten ja etwas. Es gab viele Menschen, die viel ärmer dran waren als wir. Eingekauft haben wir nur ein bisschen Zucker und ab und zu etwas Mehl. Im Krieg gab es dann Lebensmittelkarten, und wir bekamen solche harte, dunkle Nudeln zu kaufen. Die waren aus sehr grobem Mehl gemacht und gar nicht gut.

Paula mit Schulkasse 1935 (Dritte von rechts sitzend)

Auch ein kleiner Weingart gehörte zum Höfl, doch dieser lag ziemlich abseits. Das Gras daraus mussten ich und die Mutter mit Körben zum Reinthaler herauftragen. Da war ich schon oft sehr müde. Aber früher hat man jedes noch so kleine Fleckchen Gras abgemäht und verfüttert. Sogar mit Sicheln haben die Frauen noch die Grasbüschel im steilen Gelände abgeschnitten und heimgetragen. Heute hingegen mähen sie die schönsten Wiesen nicht mehr. Die Getreideäcker machten auch viel Arbeit. Ich weiß noch, wie wir alle paar Stunden die *Plenteschöber* ein Stückchen weiterstellen mussten, damit das noch unreife Getreide besser trocknete. Danach musste man die Schöber heimbringen und das Getreide dreschen, natürlich alles per Hand.

Zweimal im Jahr wurde immer Brot gebacken. Das war auch eine anstrengende Arbeit. Da hieß es drei Tage lang herrichten, backen und dann drei Tage aufräumen. Das Brot musste immerhin für ein halbes Jahr reichen.

Ich musste als Mädchen auch immer hüten. Wie viel Zeit ich doch beim Hüten der Kühe verbracht habe! Im Sommer trieb man die Kühe auf die Weide ober dem Dorf oder in den Wald und im Herbst, nach der Mahd, auf die Wiesen zum Abweiden. Mit dem Heu musste man immer sparen, um über den Winter zu kommen. In unserer Nachbarschaft zogen Italiener her, und ein italienisches Mädchen musste auch hüten. Da wir uns ganz gut verstanden, habe ich gar ein wenig Italienisch von ihr gelernt, mehr als in der Schule.

Paula bei der Firmung mit ihrer Patin Kantioler Paula

Die Körperpflege nahm man früher nicht so genau. Gebadet haben wir vielleicht einmal im Monat in einem Zuber in der Küche. Ich habe ja unsere Kinder noch in der Küche gebadet, weil wir lange kein Badezimmer besaßen. Im Winter hatten wir oft auch wenig bis gar kein Wasser, weil nur ganz wenig floss und die Leitungen oft abfroren. Die Wasserknappheit war in Teis früher ein großes Problem. Teilweise musste man weit in die Felder gegen Gratschenberg gehen, um das Überwasser vom Reservoir heimzutragen.

Zum Abwaschen benutzen wir einfache Seife, und als Toilettenpapier nahm man Zeitungspapier. Und das Wäschewaschen war eine arge Sache! Ich weiß noch, wie wir die gewaschene, ausgekochte Wäsche zum Brunnen mitten ins Dorf trugen, um sie dort zu *schwenzen.* Zu zweit mussten wir die schweren Tücher auswringen. Auch hier beim Torggler hatten wir noch lange keine Waschmaschine. Ich kann heute gar nicht genug dankbar sein für diese Erfindung! Und dabei wollte ich am Anfang nicht einmal eine kaufen, denn mir kam vor, meine Mutter hatte ja auch keine gehabt, und es war doch gegangen. Eines Tages kam eine Vertreterin und ließ sich nicht mehr abwimmeln. Da kauften wir ihr am Ende halt dieses Gerät ab. Was war das für eine riesige Arbeitserleichterung!

Es war so schade um die jungen Burschen

Meine zwei ältesten Brüder mussten in den Krieg ziehen. Hansl, der spätere Reinthaler Bauer, schickte uns immer Sultaninen und Geld aus der Fremde. Er war in Griechenland stationiert und fuhr dort Lastwagen. Das Geld brauchten unsere Eltern dringend, um das Höfl abzahlen zu können.

Seppl, der Älteste, kehrte nicht mehr aus dem Krieg zurück. Er war in Oslo und schrieb uns noch in einem Brief: »Morgen geht's lustig zum Einsatz.« Danach hörten wir nichts mehr von ihm. Einige Soldaten seien im Wasser zugrunde gegangen, hörte man in den Nachrichten. Aber ganze zehn Jahre lang hatte ich noch Hoffnung und dachte immer: »Doch, doch, irgendwann wird er schon heimkommen.« Aber mein Bruder kam nie mehr nach Hause, und es gab keine Anhaltspunkte über seinen Verbleib. All diese jungen Burschen, die damals einrücken mussten und umkamen! Es war so schade. Die begriffen ja noch gar nichts, sie waren noch halbe Kinder.

Ich weiß noch gut, wie es gegen Kriegsende in Teis Bombenalarm gab. Da liefen wir immer zum Heiliggrabhügel in den Bunker. Auch in den Kirchturm flüchteten die Leute. Nur mein Bruder Hermann stieg einmal trotz der Gefahr hinauf zum Wetterkreuz, um nach Albeins hinunterzuschauen, wo die Amerikaner die Brücke treffen wollten.

»Du verschläfst ja das ganze Leben!«

Als Kind war ich öfters bei meiner *Firmgotl,* der Kantioler Paula, die Bäuerin in St. Magdalena war. Die konnte so gut singen und Zither spielen. Sonst kam ich kaum einmal irgendwohin. Gleich nach meiner Ausschulung schickten mich meine Eltern für einige Monate nach Aldein, weil wir dort mit der Häuserin und dem Pfarrer gut bekannt waren. Dort lernte ich Gerichte wie Leberknödel kochen und auch Kuchen backen. Das hat meine Mutter zu Hause ja nie gemacht. Da ich jedoch zum ersten Mal länger von zu Hause weg war, litt ich schon ziemlich an Heimweh. Und als ich schließlich heimkam, habe ich geweint, das weiß ich noch genau, weil niemand da war, um mich zu begrüßen. Zum Glück kam dann bald meine Schwester und tröstete mich.

Anschließend ging ich für ein paar Monate auf Dienst nach Bozen-Gries zu einer Familie, wo ich im Haushalt half und auf die Kinder schaute. Es waren sieben Kinder, sechs gingen noch zur Schule, und ich hatte nur den Jüngsten zu Hause. Die Bäuerin arbeitete immer draußen bei den Obstbäumen, und meine Aufgabe war es, jeden Tag einkaufen zu gehen, zu kochen und zu putzen. Es gab dort auch einen Knecht, der sonst recht *kommot* war und der einmal zu mir sagte: »Du verschläfst ja das ganze Leben.« Ich bin nämlich nie irgendwo hingegangen. Am Abend war ich stets müde von der Arbeit. So betete ich ein bisschen und ging schlafen. Ich kannte ja auch niemanden in Bozen. Er hingegen ging jeden Abend aus und kam überall herum.

Danach war ich sechs Jahre lang Wirtschafterin auf dem Gostnerhof, unserer alten Heimat. Als die Italiener, die man dort angesiedelt hatte, wieder weg waren, pachtete der Vater nämlich den Hof, an dem sein Herz sehr hing. Er wollte wieder so weit kommen, dass ihn mein Bruder zurückkaufen konnte. Es war dann mein Bruder Luis, der den Hof nach vielen Jahren wieder erwarb. Vater und Hermann bewirtschafteten den Hof, während die Mutter beim Hansl daheimblieb. Ich musste in den Stall gehen, die Wäsche machen und kochen. Wir hatten nur eine ganz alte Küche, die Stube war ganz nett, aber sonst war alles schon ganz alt. Der Vater bezahlte mir ein bisschen etwas, aber recht viel Geld hatte er selber nicht.

Ein Ringlein und der erste Kuss

Den Nigluner Peter kannte ich schon vom Chor. Ich war von meinem 18. Lebensjahr an dabei und sang Alt. Peter war bei den Tenören, genau wie der Fagl Sepp, der auch recht schön sang. Dieser war eigentlich mein erster »Verehrer«, wenn man das überhaupt so nennen kann. Als ich beim Gostner arbeitete, kam der Sepp nämlich gelegentlich vorbei, um sein Fahrrrad einzustellen, wenn er auf den Markt nach Klausen oder nach Brixen fuhr. Ich freute mich jedes Mal,

Hochzeitsfoto von Paula und Peter im Mai 1955

wenn er kam, und wir unterhielten uns ein wenig und verstanden uns ganz gut. Aber er sagte nie etwas vom Heiraten oder dass er irgendein Interesse an mir hätte. Da lernte ich schließlich den Peter besser kennen, denn er hatte ein paar Bienenstöcke unter unserem Haus. Wenn er dort nachschauen ging, ratschten wir immer ein bisschen. Schließlich kam er nicht mehr nur wegen der Bienen, sondern wegen mir. Als ich dem Seppl erzählte, dass ich mit Peter Freundschaft schließen wolle, sagte er einfach nur: »Du wirst schon einen Besseren brauchen.« Von da an sah ich Seppl nur mehr auf dem Chor. Später hat er zum Glück auch eine gute Frau bekommen und vier fleißige Kinder.

Peter fragte mich schon bald ums Heiraten. Am Anfang wehrte ich schon ab, denn mir ging das alles zu schnell. Ich musste ja noch ein wenig kochen und nähen lernen, um einen eigenen Haushalt zu gründen. So wartete er zumindest bis Ostern. Wir feierten schließlich unsere Verlobung, indem wir nach Klausen zur Muttergottes vor der Kapuzinerkirche wanderten und dort beteten. Ein schönes Ringlein habe ich bekommen und auf dem Heimweg dann den ersten

Kuss. Den Winter über ging ich nach Brixen zu den Tertiarschwestern, um dort nähen zu lernen. Essen und Unterkunft hatte ich dort auch. So kam ich selten nach Hause. Während dieser Zeit schrieben wir uns Briefe.

Im Mai 1955 heirateten wir dann in der Teiser Kirche. Ich trug eine bairische Tracht und einen Kranz auf dem Kopf. Das war so üblich, nach der Hochzeit durfte man den Jungfrauenkranz nicht mehr tragen. Peter kam mich abholen, und wir gingen zu Fuß vom Gostner ins Dorf. Die Musikkapelle empfing uns schon vor dem Widum und spielte schön auf. Neben unseren Eltern und Geschwistern waren auch der Pfarrer und der Mesner eingeladen. Das Mahl war beim Sternwirt, und am Nachmittag wollten einige Kollegen »Braut stehlen«. Doch ich weigerte mich mitzugehen, denn wir hatten vor, um 16 Uhr nach Maria Trens zu fahren. Diese Wallfahrt rundete unseren Hochzeitstag ab, und wir freuten uns sehr auf unser gemeinsames Leben.

Lebensprüfungen

Nach unserer Heirat pachteten wir den Torgglerhof. Der Torgglervater hatte hier angefangen zu bauen, doch seine beiden Söhne fielen im Krieg, und er hatte nicht mehr die Kraft gehabt, weiterzumachen. So mussten wir noch viel richten, als wir hier einzogen. Es war schon ein harter Anfang. Bis zum fünften Kind mussten wir das Wasser stets ins Haus herauftragen, weil es keine Zuleitung gab. Anfangs hatten wir ja nicht einmal einen Trog. Im Winter musste ich sogar oft fürs Vieh Wasser tragen. Mein Mann ging immer fleißig arbeiten, entweder ins Sägewerk zu Außermühl oder mit seinem Bruder Alfons zu mauern. So blieb die Arbeit daheim häufig an mir allein hängen. Manchmal stellten wir einen Nachbarn zum Helfen ein. Wenn es nach mir gegangen wäre, hätten wir ihn ruhig öfter zu Hilfe holen können, besonders in unserem kleinen Weingut. Ich hatte es schon schwer allein mit dem Vieh und den Kindern. Aber es ging immer wieder weiter. Wir hatten das Höfl acht Jahre lang in Pacht. Der damalige Pfarrer namens Denicolò setzte sich sehr für uns ein, dass wir es schließlich zu kaufen bekamen. Es kostete zehn Millionen Lire. Das war damals ein schöner

Betrag, und wir mussten schon aufs Geld schauen und fest sparen, dass wir es kaufen konnten.

Bei der Geburt unseres ersten Kindes, dem Florian, wollte ich zunächst nicht ins Spital gehen. Damals hätte es die Krankenkasse nicht bezahlt, man musste alles selber bezahlen. Aber es gab Komplikationen, und sie brachten mich am Ende doch ins Krankenhaus. Da habe ich schon etwas mitgemacht mit diesem Kind! Schon bei der Geburt, aber mehr noch, als er dann als junger Mann nicht mehr heimkam. Das war ein großer Schock. Er war intelligent, und nach der Schule ging er nach Innsbruck, um zu studieren. Dort erkrankte er, aber er ließ sich nichts anmerken. Er hat nie irgendetwas gesagt, sich nie anmerken lassen,

Das junge Paar kurz nach der Hochzeit

dass es ihm nicht gutging oder dass er das Studium nicht packen würde. Dann ist er ins Wasser gegangen. Und wir hatten nie etwas gemerkt. Noch, als er das letzte Mal das Haus verließ, rief er fröhlich »Pfiati Tate« in den Stall hinein. Es ist ja schon schmerzhaft, wenn einem ein kleines Kind stirbt, aber so ein junger Mann in den schönsten Jahren seines Lebens …

Es war auch eine schwere Zeit, als mein Mann starb. Er erlitt einen schweren Schlaganfall im Weingarten draußen, und obwohl wir ihn gleich ins Spital brachten, erholte er sich nicht mehr. Nach zwei Monaten konnten wir ihn nach Hause holen, weil meine Tochter gelernte Krankenschwester ist und fest geholfen hat. Er lag aber nur mehr im Bett und konnte nicht mehr reden. Nach weiteren zwei Monaten starb er. Es war ein schönes Begräbnis. Auch die Musikkapelle war dabei, wie einst bei unserer Hochzeit.

Alles ändert sich ständig

Als ich jung war, hatte ich keine Zeit zum Reisen. Mit unseren Kindern pilgerten wir öfters nach Säben und Freienbühl bei Afers, um zu bitten und zu danken. Später bin ich einmal mit meiner Schwester Barbara nach Lourdes gefahren. Es war sehr schön, so viele Menschen beten zu sehen. Auch Wallfahrten nach Rom und nach Assisi habe ich einmal unternommen. Daran habe ich ebenfalls schöne Erinnerungen. Jetzt sind wir nur noch drei Geschwister: Meine Schwester Barbara wird heuer 99, Anna wird 98 und ich werde 83. Die Zeit vergeht und alles ändert sich ständig. Man muss nur schauen, immer noch ein bisschen mitzukommen. Bei den Teiser Senioren mache ich fleißig mit. Besonders dankbar bin ich für meine Kinder, die mir stets alle helfen und auf mich schauen.

Alfons Fischnaller
»Nigluner Maurer«

Alfons wurde am 23. November 1928 in Teis geboren. Seine Eltern hießen Josef Fischnaller und Maria Psaier und bewirtschafteten den Niglunhof. Alfons war das achte von neun Kindern, die von 1921 bis 1930 zur Welt kamen: Josef, Florian, Anton, Paul, Peter, Laurenz (starb als Baby), Maria, Alfons und Elisabeth. Im gemeinsamen Haushalt lebten bis Ende der dreißiger Jahre auch Dienstboten und Hütkinder. Nach dem Militärdienst begann Alfons eine Lehre als Maurer und besuchte die Berufsschule in Bozen. 1963 heiratete er Luise Kasseroler vom Hochlehnerhof. Von 1964 bis 1977 kamen ihre sechs Kinder Marialuise, Hildegard, Sabine, Anna, Arnold und Brigitte zur Welt. Ein weiteres Kind verstarb. Alfons war viele Jahre lang aktives Mitglied der Teiser Musikkapelle. Er engagierte sich auch sehr für die Heimatbühne Teis, sowohl als Schauspieler als auch als Obmann und Spielleiter.

Da nutzt nix gegen den Wind brunzen

Unser Schulweg war weit, von Niglun geht man ungefähr eine Dreiviertelstunde bis ins Dorf. Der Sieder, unser nächster Nachbar, gehörte noch zu St. Peter. Wir hingegen gingen nach Teis zur Schule und zur Kirche. Beim Egger, dem Hof, der auf unserem Schulweg lag, mussten die Leute 1935 wegziehen. Dort wohnte eine Weile eine protestantische Familie, die einen ganz eigenen Dialekt sprach. Ich weiß nicht genau, woher sie stammten, doch sie nahmen dann einen italienischen Namen an und traten der faschistischen Partei bei. Ende der dreißiger Jahre wurde nämlich auch hier bei uns zunehmend Ahnenforschung betrieben, und diese Familie hatte eine jüdische Linie in ihren Vorfahren. So war es wohl von Vorteil, diese Herkunft zu verstecken.

Die Unterdrückungen durch den Faschismus bekamen wir daheim ebenfalls zu spüren. Mein Vater hatte einst, kurz vorm Heiraten, ein schön gemaltes Schild mit dem Namen »Niglun« auf unserem Heimathaus angebracht. Als die Faschisten dann Mitte der zwanziger Jahre anfingen, die Namen zu italienisieren, auch die Hofnamen, war dem Vater das nicht mehr geheuer. Als er sah, wie sie auf dem Überwassererhof plötzlich den Namen »Transacqua« aufmalten, entfernte er sofort das Schild von unserer Hausfassade. »Wenn nix draufsteht, können sie nix übersetzen«, meinte er, »sicher ist sicher.«

Dabei musste mein Vater sich Mitte der dreißiger Jahre dann selbst bei der faschistischen Partei einschreiben lassen, doch das hatte rein wirtschaftliche Gründe. Es war nämlich so, dass die Teiser Raiffeisenkasse im Zuge der Wirtschaftskrise und wohl auch wegen Misswirtschaft flöten ging. Viele Bauern steckten tief in den Schulden, und gar einige Höfe wurden versteigert. Nun hatte unser Vater zwar selbst keine Schulden gemacht, doch bei gar manchen Freunden und Bekannten als Bürge unterschrieben. Er hatte die schlechte Situation auch nicht rechtzeitig durchschaut. Somit war unser Hof auch in Gefahr, versteigert zu werden. »Pfänden« lautete das Schreckenswort jener Tage, und gar einige Male kamen die Gerichtsvollzieher, um nach pfändbaren Objekten auf unserem Hof zu suchen, falls wir die Raten nicht bezahlen konnten. Einmal schrieben sie zum Beispiel eine Milchzentrifuge auf, die der Vater vor der Krise erworben hatte. Ein anderes Mal kamen sie genau an einem Tag, als wir auch das Pferd vom Sieder im Stall stehen hatten. Beim *Bauen* liehen wir uns nämlich immer gegenseitig ein Pferd. Der Vater wollte den Beamten erklären, dass eines der beiden Pferde dem Nachbarn gehörte, doch sie glaubten ihm nicht und schrieben es auf. Zum Glück hatten wir Verwandte in Villnöß, die uns im letzten Moment aus der Patsche halfen. Die Situation war unsicher, wir hatten große Angst, doch irgendwann vom Hof gehen zu müssen.

Schließlich riet ein Bekannter meinem Vater, zur »Partei« zu gehen, sonst hätte er keine Chance, aus dem Schlamassel herauszukommen. Dem Vater stand das Wasser bis zum Hals, und am Ende befolgte er den Rat. Als er dann diesen Mitgliedsausweis der Faschisten hatte, öffneten sich plötzlich alle Türen. Bei den Gerichtsbehörden, die ihn vorher nicht einmal angehört hatten, wurde buchstäblich »schön Wetter«: Er wurde freundlich empfangen, und man gewährte ihm den dringend nötigen Aufschub der Zahlungsfristen. So retteten wir uns von Monat zu Monat.

Doch der unverhoffte Umstand, der am Ende unsere Existenz rettete, waren die steigenden Holzpreise. Der Abessinienkrieg 1935 hatte dazu geführt, dass Italien international geächtet wurde und viele Länder nichts mehr lieferten. Somit stieg die nationale Nachfrage an Holz rapide. Da wir ziemlich viel Wald hatten, konnten wir mit dem Holzverkauf die hohen Schulden bezahlen. Im Frühjahr 1939 war Niglun wieder schuldenfrei. Doch bereits wenige Monate später begann der nächste schwierige Zeitabschnitt: die Zeit der Option. Doch dazu später.

Als ich noch nicht einmal zur Schule ging, kam in den Wintermonaten die *Riegler Seffe* zu uns nach Hause, um uns Kindern heimlich Deutsch schreiben beizubringen. Ich kann mich noch gut erinnern, wie ich mit meinen Geschwistern in der Stube saß und zuhörte. Obwohl ich noch gar nicht schreiben konnte, gab die Lehrerin mir auch ein Stück alte Schiefertafel und einen Griffel, und ich kritzelte auf die kleine Tafel, so gut ich konnte. Als sie bei den anderen nachschaute, wartete ich ganz gespannt, was sie wohl bei mir sagen würde. Sie lobte mich sehr für mein Bemühen, und ich fühlte mich ungeheuer stolz.

In der Schule war ich einige Zeit lang ein *Lehrerpoppele.* Eine Lehrerin, eine ziemlich fanatische, mochte mich und nannte mich immer »Alfonso«. Sie ließ uns oft faschistische Radiosendungen hören. Eines Tages beim Geschichtsunterricht, oder wie man die damals üblichen Lobpreisungen auf Mussolini nennen möchte, fragte sie mich: »Alfonso, ami il Duce?« Ich wusste nicht, was sie wollte, denn ich war überhaupt nicht begeistert von ihrem »Duce«. Sie fragte mich immer wieder: »Dimmi un po', ami il Duce?« Schließlich antwortete ich: »No.« – »Ma perché no?«, fragte sie mich weiter und belehrte mich, der Duce sei zu verehren. Ich wusste nicht genau warum, doch ich schwieg beharrlich. Als ich an jenem Abend zu Hause von dem Vorfall erzählte, hörte mein Vater zufällig davon. Er lag auf der Ofenbank und richtete sich extra auf, um mahnend den Zeigefinger zu erheben: »Dass ös mir jo nix sogg, Buam!« Er meinte

Alfons Fischnaller (vorne Mitte) mit Familie 1935

damit, wir sollten ja nicht verraten, dass wir in Wirklichkeit keine Anhänger der Faschisten waren. Wenn das den Richtigen zu Ohren gekommen wäre, hätten wir wohl Haus und Hof verloren.

An einen italienischen Lehrer kann ich mich auch noch erinnern. Er wohnte in Bozen, fuhr jeden Tag mit dem Zug zur Haltestelle und wanderte zu Fuß nach Teis herauf. So kam er morgens schon immer ein wenig zu spät, obwohl er sich Mühe gab und immer ganz verschwitzt war. Da gab er uns immer schon am Tag vorher eine Aufgabe, die wir machen sollten, bis er kam. Dann wurde er auch noch *Podestà* von Villnöß. So kam es öfters vor, dass er nur bis zur Pause unterrichtete. Dann verkündete er: »Devo andare a Funes.« Und er stapfte los, den weiten Weg über Miglanz hinein nach St. Peter, um auf der Gemeinde Unterschriften zu machen. Wir machten dann einfach Pause von zehn Uhr bis zu Mittag. Einige Schüler blieben in der Klasse, die meisten rannten herum und machten das ganze Dorf unsicher. Die anderen Lehrpersonen, zwei Frauen, schauten zwar manchmal nach und fragten: »Dove sono tutti?« Und die Zurückgebliebenen zuckten die Schultern.

Trotz allem schimpften meine Eltern nie über die Schule. Schule zu gehen war Pflicht, so oder so. Auch auf die Hausaufgaben legten sie viel Wert, auch wenn sie uns nicht helfen konnten. Nur, wenn eine größere Arbeit anstand, mussten wir auch abwechselnd zu Hause bleiben, um zu helfen. »Eines muss morgen dableiben, eines braucht's«, sagte der Vater dann. Das war damals ganz normal.

Bei den *Balilla* hatten wir kurze Hosen. Mit denen schämte ich mich immer sehr, denn sonst hatte ich überhaupt nie kurze Hosen angehabt, auch nicht im Sommer. Andere Buben waren schon braun, ich hatte immer kasweiße Haxen. Mit dem *Balilla*-Gewand mussten wir öfters nach St. Peter und auf dem *Kabisplatz* Aufstellung nehmen. »Viva il Re, viva il Duce«, hieß es, und wir mussten den Arm zum Faschistengruß heben. Auch nach der Schule hatten wir uns immer aufzustellen und so zu grüßen. Ab und zu fuhren wir auch nach Bozen, um dort an faschistischen Veranstaltungen teilzunehmen. Mein Bruder Peter war damals schon bei den Großen, die sich »Avanguardista« nennen durften. Auch die Teiser Musikkapelle musste öfter in St. Peter und einmal sogar in Bozen aufmarschieren und die *»Giovinezza«* spielen. Die Teiser hatten schon bald herausbekommen, dass man da einfach mitspielen und die Faust im Sack machen musste. Da nutzte alles nichts. Die Villnösser waren da viel sturer. Dort wurde sogar die Musikkapelle aufgelöst, weil sie nicht mitmachen wollten. Ein alter Teiser Bauer sagte einmal: »Da nutzt nix gegen den Wind brunzen. Da wirst du nur selber nass.« So hielten es die meisten in Teis.

Wir hatten keine *Hetz* mehr

Bei der Option wählte mein Vater zuerst für Deutschland. Dafür wurde sehr viel Propaganda gemacht. Doch es war ihm nicht wohl dabei. Schließlich hatte er die letzten Jahre schwer geschuftet und alles geopfert, um den Hof zu behalten und die Schulden zu abzuzahlen. Und nun sollte er alles zurücklassen und sogar auswandern? Auch seine Verwandten in St. Peter rieten ihm ab. Ich war noch klein, doch ich glaube, meine Eltern hatten so manche schlaflose Nacht wegen dieser Entscheidung. In den letzten Dezembertagen, also kurz vor Ende der

Heimkehr der Heuarbeiter von der Alm (beim Kaseriller Bach)

Optionsfrist, ging mein Vater schließlich noch »umwählen« und entschied sich somit fürs Dableiben. Er war der einzige Teiser, der so entschied. Für uns drei jüngsten Kinder hatte dies zu Folge, dass wir weiterhin die italienische Schule besuchen mussten, zusammen mit den italienischen Zuwanderern.

Fünf oder sechs italienische Familien waren mit Sack und Pack auf jene Höfe gezogen, die in den dreißiger Jahren versteigert worden waren. Der italienische Staat tat ja alles, um die Italiener hier anzusiedeln. Sie kamen meist als Großfamilien; wer nicht auf dem Hof Platz fand, wurde in Miete irgendwo einquartiert.

So gingen wir Nigluner mit den Italienern zur Schule, während alle anderen Teiser Kinder schon »deutsche Sprachkurse« gingen. Wir kamen uns schon ein wenig ausgegrenzt vor. Einmal diskutierte ich mit einem Schulkollegen, wer von uns auswandern müsste. »Eher können schon wir dableiben als ihr!«, meinte er. An diesen Satz kann ich mich noch gut erinnern. Der italienische Unterricht war eine Sache, aber als viel schlimmer empfanden wir die Tatsache, dass wir bei der Pause keine *Hetz* mehr hatten. Wir waren ja nur mehr ganz wenige. Gespielt haben wir dann trotzdem immer auf Deutsch, nicht auf *Walsch.* Wir hatten zum Beispiel einen Auszählreim, der so lautete: »Enzele, Zenzele, Zitzele, Za, Achele, Bachele, Knoll.« Die Italiener übernahmen ihn von uns und zählten: »Enz, Zenz, Zitz, Za, Ach, Bach, Knoll.«

Meinem Vater passte diese Situation natürlich auch nicht besonders. So sprach er mit dem »Ortvertrauensmann«, wie man die führenden Dorf-Nazis damals nannte. Und er handelte mit ihm aus, dass wir im folgenden Schuljahr auch die »deutschen Sprachkurse« besuchen durften. Das waren nur zwei Stunden am Tag, aber wenigstens etwas. Von der italienischen Schule meldeten wir uns einfach ab.

Dieser Ortsvertrauensmann war allgemein recht umgänglich und vor allem vernünftig. Er war nicht einer, der hetzte und den Hass schürte. Und auch nach der Option kaufte er meinem Vater die Kälbchen ab wie vorher. Das Geschäft kam vor der Politik. Ich weiß noch gut, wie an Weihnachten 1939 ein Krippenspiel aufgeführt wurde und der Ortsvertrauensmann eine andächtige Ansprache hielt: »Liebe Volksgenossen. Wenn es nun sein soll, dass dieses Weihnachten das letzte sein soll, dass wir hier sind, so wollen wir heute diese Feier begehen.«

Reibereien zwischen Dableibern und Auswanderern gab es in Teis nicht in dem Maße wie andernorts. Unsere Mutter erzählte einmal, dass in der Kirche eine Frau aus ihrer Bank aufgestanden sei, als sie sich hinsetzte. Aber das war eine Ausnahme. Im Allgemeinen lief das Leben weiter wie vorher. Meine Brüder waren auch weiterhin bei der Musikkapelle, da hatte niemand etwas dagegen. Von der Musikprobe brachten sie damals übrigens immer die Neuigkeiten mit heim. Das war besser als jede Zeitung.

Die Einheimischen kamen recht gut mit den italienschen Zuwanderern aus. Diese waren allesamt keine Bergbauern und wussten nicht, wie man hier wirtschaften musste. Andererseits bekamen sie Beihilfen und hatten die neuesten Geräte, das beste Saatgut und ein gutes Ross. Das waren Sachen, von denen viele Bauern nur träumen konnten. So arrangierte man sich. Ein Italiener suchte einmal den Putzer Leo auf. Dieser war Schmied, konnte aber auch sonst alles und half überall aus. So brachte er sein Anliegen vor: »Du bekommsch bei mir Kalb heraus, ein Tag Pferd.« Leo verstand sofort, er sollte beim *Kälbern* helfen, und bekam dafür das Ross für einen Tag. Das war kein schlechtes Geschäft. Für ein Ross musste man sonst immerhin zwei Arbeitstage abdienen. Nach 1945 hörten die Subventionen der faschistischen Partei auf und 1949 zogen die letzten italienischen Familien weg. Einer meiner Schulkollegen heiratete eine Tochter aus einer Zuwandererfamilie. Sie war die Einzige, die von all den Leuten hierblieb.

Der Krieg forderte seine Opfer

Zum Essen hatten wir im Krieg immer genug, teilweise sogar mehr als vorher. Man bekam Lebensmittelkarten für allerhand Sachen, das heißt, man konnte diese zu einem festgesetzten, günstigen Preis kaufen. Damals kaufte die Mutter zum ersten Mal im Leben Nudeln! Die hatten wir noch nie zuvor gegessen. Solche Karten gab es zum Beispiel auch für Tabak. Der war sowieso Mangelware.

Doch bei uns rauchte niemand, und der Vater tauschte die Tabakkarten stets für andere Lebensmittel. Er fand immer Leute, die gerne tauschten.

Auf Niglun wuchs viel Getreide, denn der Vater konnte es besonders gut, vor allem mit dem Weizen. Regelmäßig verkaufte er den Weizen an einen Händler in Klausen. Während der Kriegszeit musste er dann einen gewissen Anteil abgeben, aber das war schon zu verkraften. Wenn das Fleisch ganz knapp war, wurde auch ab und zu eine Katze geschlachtet und in die Gerste geschnitten. Ein Bekannter wollte uns auch einmal einreden, wie gut Hundefleisch wäre. Doch das bereitete die Mutter nur ein einziges Mal zu, denn wir waren nicht besonders begeistert von dieser Art von Braten.

1944 wurden meine Brüder der Reihe nach einberufen. Alle zwei Monate musste einer gehen. Zurückblieb ich mit meinen Schwestern und meinen Eltern. Unser Vater war schon 67 Jahre alt und musste nicht mehr einrücken.

Immer wieder fielen einzelne Bomben, doch am schlimmsten war es am 28. Februar 1945. Der Vater war gerade bei unserer Mühle am Bach unten gewesen und wollte heim zum Mittagessen, als die ersten Bomben einschlugen. Es war ein Notabwurf, weil die FLAK getroffen hatte. Beim Siederhof explodierten mehrere Bomben, sogenannte Kettenbomben, und das Dach wurde durch den Luftdruck weggerissen. Mein Vater war wegen der FLAK-Splitter unter der Siederbrücke in Deckung gegangen, doch unglücklicherweise fiel eine weitere Bombe neben die Mühle, und ein Splitter von dieser erwischte ihn am Arm.

Alfons beim Militär 1951

Meine Schwester Moidl und ich waren gerade im Stadel beschäftigt, als es furchtbar krachte. Die Wucht des Luftdrucks war gewaltig: Fensterscheiben zerbarsten, Dachplatten flogen umher, die Haustür wurde aus den Angeln gehoben und stürzte um. Als es ein wenig ruhiger wurde, versuchten Moidl und ich, die schwere Tür wieder einzuheben. Auf einmal torkelte der Vater daher, und wir riefen: »Vater, schaug, alles ist hin.« – »Ich habe mir weh getan. Lasst nur, lasst nur«, sagte er und wankte durch den türlosen Eingang ins Haus. Da sahen wir erst, dass er voller Blut war. Kraftlos legte er sich aufs Bett. Wir holten die Mutter, und sie erkannte, dass die Verletzung arg war. Sie schickte meine Schwester um den Doktor nach St. Peter. Doch diesem war der weite Weg an jenem Tag zu gefährlich, und er kam erst am späten Nachmittag, denn immer wieder kamen

Bei der Heuarbeit auf der Alm

Flugzeuge, und immer wieder fielen Bomben. Sofort wies der Doktor meinen Vater ins Spital ein. Wieder mussten wir Kinder zu Fuß los, um den Prader zu holen. Der hatte damals schon ein Auto und fuhr unseren Vater Gott sei Dank nach Brixen. Einen ganzen Monat lang musste er im Spital bleiben, denn die Wunde eiterte immer wieder. Der Arm blieb von da an kraftlos und fast lahm. Er konnte zwar die Finger noch ein wenig bewegen, doch zur Arbeit war der Arm nicht mehr zu gebrauchen.

In dieser Zeit taten wir uns wirklich sehr schwer bei der Arbeit, denn nirgends waren Männer zu bekommen. Der Sieder durfte ein paar Tage Urlaub nehmen, um an seinem beschädigten Hof die notwendigsten Reparaturen vorzunehmen. Dann musste er sofort wieder einrücken und konnte uns auch nicht helfen. Aber dann hatten wir unverhofft Glück: Eines Tages kam zufällig ein Tagelöhner aus der Belluneser Gegend bei uns vorbei. Er wollte eigentlich auf einen anderen Hof, doch die Mutter bettelte ihn so lange, bis er blieb. Er half uns 14 Tage lang aus. Dafür waren wir sehr dankbar. Wir durften aber niemandem sagen, dass er da war, denn er war auf der Flucht. Wann immer jemand Fremdes auftauchte, versteckte er sich, vor allem vor den *SOD*-Leuten.

Mein Bruder Paul blieb im Krieg, wahrscheinlich fiel er in der Nähe von Triest beim Zusammenbruch. Dort wurde er jedenfalls zum letzten Mal gesehen. Doch es gab keine genauen Informationen, er kehrte nie zurück und wurde auch nie gefunden. Die anderen Brüder kamen zum Glück alle wohlbehalten heim.

Ein Rucksack voller Werkzeug

Nach der Schule arbeitete ich zu Hause und zeitweise als Knecht. Es war bei uns immer so: Wenn ein Bauer kam, um einen *Bua* zu fragen, sagte der Vater immer: »Zwei müssen halt hierbleiben, rauft es euch selber aus.« So konnten wir immer nur abwechselnd auf Dienst gehen, um etwas zu verdienen. Ich war eine Weile als Stallbursche beim *Zellen.* Dort hatten sie gute Milchkühe und schöne Rösser. Eine Zeit lang war ich auch beim Bühler und zu Miglanz. Mein Bruder Florian studierte in Dorf Tirol, um Priester zu werden, Paul war im Krieg verschollen. Meine zwei Schwestern mussten daheimbleiben, um der Mutter zu helfen.

Schließlich kam ich zum Militär. Es war genau zu Mariä Lichtmess, wo mein Dienstjahr zu Miglanz eh zu Ende war. Der Bauer meinte, ich solle ja nach dem Militärdienst wiederkommen. Doch es kam anders: Beim Militär traf ich viele Kollegen, die alle einen Beruf gelernt hatten oder gerade in Ausbildung waren. Vielfach fing man damals erst mit 18, 20 Jahren an, einen Beruf zu lernen. Aber da wurde mir erst bewusst, dass ich auch etwas lernen und nicht mein Leben lang Knecht bleiben wollte. Ich beschloss, Maurer zu werden, denn ich glaubte, dass damit in Zukunft etwas zu verdienen war.

So kam es, dass ich mit mehr als 20 Jahren zunächst bei einem Feldthurner Maurer in die Lehre ging. Er nahm mich gern, doch er sagte, er könne mich nicht anmelden und versichern. Das sei überflüssige Geldverschwendung. Nach einem Jahr erzählte ich es einmal meinem Bruder Flor, der damals schon Geistlicher war. Er überzeugte mich, ich müsse mich unbedingt gut versichern lassen oder die Firma wechseln. So kündigte ich nach Allerheiligen und fand schließlich eine Stelle in St. Peter beim Ganoier Maurer. Er bestand jedoch darauf, dass ich bei ihm drei Jahre lernte, also von vorne anfing. Da besuchte ich dann auch die Bauhandwerkerschule in Bozen und erfuhr dort allerhand Neues. Als ich ausgelernt war, war ich bereits Mitte 20.

Meine Lehrjahre waren hart. Früher baute man die Häuser vielfach unten her, also den Keller und den Wohnstock, mit Steinen und nur in den oberen Stockwerken mit Ziegeln. Die Steine waren für viele leichter zu besorgen und daher günstiger. Einige hatten Schotter in den Feldern oder suchten sich die Steine im Bach. Mit der Zeit wurde es dann anders, denn das Mauern mit Ziegeln ging schneller, und so sparte man sich Arbeitsstunden, die immer teurer wurden. Die Fundamente wurden mehr und mehr betoniert, denn der Baustoff Zement wurde erschwinglich.

Wir arbeiteten stets sechs Tage in der Woche, oft bis spätabends, wenn es *geneatig* war. Meist schliefen wir auch bei den Baustellen und wurden dort versorgt. Ich ließ es mir aber nie nehmen, zur wöchentlichen Musikprobe nach Teis zu gehen. Normalerweise war immer am Samstagabend Probe. Doch manchmal, wie vor Fronleichnam, dem Herz-Jesu-Sonntag und dem »Teiser Fest« im August, gab es auch immer einmal während der Woche eine Probe. So fuhr ich nach Feierabend mit dem Fahrrad nach Hause, nahm schnell mein Instrument und eilte ins Probelokal. Am nächsten Morgen musste ich früh starten, denn um sechs Uhr musste ich wieder bei der Baustelle sein zum Frühstücken oder, besser gesagt, zum »Suppeessen«, wie man früher sagte. In der Regel gab es nämlich Milchsuppe oder Mus am Morgen.

Nach meiner Zeit beim Ganoier Maurer war ich zwei Jahre lang in Bozen, wo ich mich mit neuen Techniken wie Stahlbeton vertraut machte. 1961 wagte ich schließlich den Schritt, selbstständig anzufangen. Wenn ich daran denke, wie ich damals anfing! Ich hatte nur ein Motorrad, mit dem ich auf die Baustellen fuhr. An Werkzeug besaß ich lediglich einen Rucksack voll: eine Wasserwaage, eine Kelle, einen Schlägel und ein Spitzeisen und nicht viel mehr. Bald kaufte ich mir eine Mischmaschine und einige Bretter, weil ich einen Neubau in Brixen übernommen hatte. Da ich aber noch kein Auto hatte, musste ich immer jemanden suchen, der sie mir zur nächsten Baustelle lieferte. Als sich die Gelegenheit ergab, machte ich den Führerschein, und eine Woche vor dem Heiraten bekam ich ganz zufällig einen günstigen, gebrauchten *Topolino* zu kaufen. So nach und nach wurde die Firma dann immer größer. Bis ungefähr 1980 waren die besten Baujahre, danach kam das Baugewerbe ein wenig in Krise.

Liebe geht durch den Magen

Ein Kollege hat mir einmal gesagt: »Merk dir eins: Liebe geht durch den Magen. Wenn eine nix kann, kannst sie wohl gernhaben. Das verfliegt.« Das habe ich mir zu Herzen genommen, als ich so anfing, den Mädchen nachzuschauen. Und ich habe die beste, tüchtigste Frau bekommen, die man sich wünschen kann.

Ich habe Luise schon als fesches, schwarzhaariges Mädchen in Erinnerung. Näher kennengelernt habe ich sie bei der Musikkapelle, denn sie war Marketenderin. Wir fuhren manchmal zu Konzerten und einmal im Jahr auch nach Deutschland. Sonst ging man früher ja nicht aus. Sonntagnachmittags besuchte ich Luise manchmal bei ihr zu Hause, und wir ratschten oder gingen spazieren. Man war auch müde von der langen Arbeitswoche und hatte nicht Lust, weiß Gott was zu unternehmen. Nur einmal machten wir eine Dolomitenfahrt, und zwar mit meinem Motorrad. Das war alles.

Alfons in Musiktracht mit seiner späteren Ehefrau Luise Kasseroler

Am 1. Mai 1963 heirateten wir. An drei Sonntagen vor der Hochzeit wurde man von der Kanzel herunter verkündet: »Zum Sakrament der Ehe haben sich entschlossen …« In der Woche vor dem Heiraten ging man jeden Tag zur Messe. Das war so Brauch.

Es wurde eine richtig schöne Hochzeit. Wir hatten viele Gäste, auch Sänger und Musikanten. Das Mahl war beim Sternwirt, wie es damals so üblich war. Es gab den ganzen Tag lang richtig viel zu essen. Ich war bei der Musikkapelle und Obmann von der Theatergruppe. So wurde auch alles Mögliche aufgeführt. Die Musikanten nahmen sich den ganzen Tag Zeit. Am Nachmittag fuhr uns ein Kollege nach Klausen zum Fotografen. Inzwischen wurde im Gasthaus neu gedeckt, und es gab danach eine Marende und Kuchen. Anschließend gingen wir noch zur Maiandacht. Am Abend ließen wir dann die anderen Gäste noch weiterfeiern und gingen nach Hause. Für eine Hochzeitsreise war keine Zeit. Am nächsten Tag frühstückten wir noch zusammen, dann fing der Arbeitsalltag an.

Schauspieler und Musikant

Ich war schon in meiner Jugend bei der Heimatbühne Teis. Während meiner Zeit in Bozen spielte ich mehrmals unter der Regie von Erich Innerebner. Das Theaterspielen hat mir immer große Freude gemacht. Lange Zeit war ich Spielleiter und wiederholt Obmann in Teis. Bei der Musikkapelle war ich 26 Jahre lang. Zuerst spielte ich Flügelhorn, später dann Horn. Ich denke, früher herrschte bei den Leuten eine andere Mentalität. Man war stolz, irgendwo dabei zu sein, und widmete seine knappe Freizeit ganz den Vereinen. Heute hingegen will sich niemand mehr »anhängen« lassen, und es wird immer schwieriger.

Alfons als »Armenhäusler Peter« unter der Regie von Erich Innerebner (um 1960)

Wenn ich so auf mein Leben zurückblicke, habe ich Glück gehabt. Ich hatte ein gutes Elternhaus, eine gute Ehefrau, einen guten Beruf, zudem eine schöne Heimat und gesunde Kinder. Gott sei Dank!

Aloisia Delueg Messner
»Petrunder Luise«

Aloisia wurde am 23. Mai 1929 in Feldthurns geboren. Ihr Vater war Alois Delueg, von Beruf Tapezierer und Pächter. Ihre Mutter Maria Plaseller stammte aus Lüsen und war Hausfrau und Bäuerin. Luise war die zweite von 19 Kindern, die von 1927 bis 1952 auf die Welt kamen: Maria, Luise, Luis, Olga, Josef, Genoveva, Berta, Walter, Anna, Rosa, Gertraud, Helene, Franz, Hildegard, Alfred und Karl. Als Kleinkinder verstarben Walter, Alfons und Mathilde.

Luise kam als Kind nach Villnöß, wo ihre Eltern den Petrunderhof pachteten. Nach einigen Dienstjahren auf verschiedenen Höfen und auf der Alm heiratete sie 1958 Josef Messner und wurde Bäuerin auf dem Petrunderhof, wo sie bis heute lebt und arbeitet. Zwischen 1960 und 1969 schenkten sie sieben Kindern das Leben: Oskar, Herta, Monika, Elisabeth, Leo, Marialuise und Hannes.

In welcher »riga« sollen wir schreiben?

Wir hatten eigentlich doch eine recht schöne Kindheit. Ich erinnere mich, wie unsere Mutter mir und meiner Schwester Maria das Stricken beibrachte. Ich war acht und meine Schwester neun Jahre alt, als wir stolz mit unseren Körbchen über den Feldweg hinterm Haus spazierten und strickten. In Lüsen hatten wir eine Nachbarin, die kinderlos war. Diese Frau schenkte uns Puppen, mit denen wir eine riesige Freude hatten. Am liebsten fuhren wir sie spazieren. Auch in Villnöß habe ich noch viel mit Puppen gespielt, obwohl ich schon mehr als zehn Jahre alt war. Früher war man überhaupt länger Kind als heutzutage. Wenn wir Geschwister alle beieinander waren, spielten wir oft *Versteckerlus* und *Derwischerlus* oder kraxelten auf Bäumen herum. Brauchte der Vater jemanden zum Helfen, rief er gleich fünf, sechs Namen. Dann hofften wir immer, nicht unter den Gerufenen zu sein, denn niemand wollte das Spiel abbrechen müssen.

Als wir noch in Lüsen wohnten, waren wir auch bei der *Balilla.* Der Grund war vor allem der, dass wir dadurch die Schulbücher und Hefte billiger oder sogar gratis bekamen. Wir hatten auch eine Uniform: einen schwarzen Rock, eine weiße Bluse und ein schwarzes Halstuch. An den Nationalfeiertagen oder wenn der *Podestà* aus Brixen zu Besuch kam, mussten wir das anziehen und recht militärisch in Reih und Glied aufmarschieren. Nun mochte unser Vater aber gar nicht sehen, dass wir dieses »*walsche* Gewand« anhatten. Er schimpfte immer furchtbar. So waren wir gezwungen, die Sachen bei unserer Großmutter im Dorf zu verstecken und uns immer dort umzuziehen.

Wir besuchten in Lüsen auch den Katakombenunterricht, der bei unseren Nachbarn abgehalten wurde. Unsere Lehrerin hieß Regina Ragginer. Dort bekamen wir Hefte, die mit Doppelzeilen ausgestattet waren. Da ich das noch nie vorher gesehen hatte, erlaubte ich mir zu fragen: »Frau Lehrerin, in welcher »riga« sollen wir schreiben?« Für den Gebrauch dieses italienischen Wortes wurde ich tüchtig ausgeschimpft.

Wir Kinder waren natürlich nicht sehr begeistert, als es hieß, wir würden in ein anderes Dorf ziehen. Ich war zehn Jahre alt, und ich weiß noch, als ob es gestern gewesen wäre, wie wir zum ersten Mal mit der Mutter in Villnöß zur Frühmesse und danach einkaufen gingen. Am Brunnen vor dem Geschäft standen ein paar Burschen herum, die uns spöttisch betrachteten, über uns lachten und tuschelten. Auch in der Schule hatten wir es anfangs schwer, weil wir auch ein bisschen Lüsnerisch redeten, vor allem das »r« rollten und schon deswegen ausgelacht wurden. Doch wir waren nicht auf den Mund gefallen, und schon bald fanden wir Anschluss. In der italienischen Schule, die ich auch drei Jahre lang in Lüsen besucht hatte, haben wir so gut wie nichts gelernt. In Villnöß ging ich dann auch zum Katakombenunterricht beim Proder und Oberglarzer. Dort lernten wir ein wenig lesen und ganz einfache Rechnungen zu lösen. Ab 1940 gab es dann eine deutsche Schule für uns »Deutschlandoptanten«.

Die *Balilla*-Uniformen hatten wir bei unserem Umzug in Lüsen zurückgelassen. In den Kriegsjahren waren wir bei der Hitlerjugend, bei deren Treffen wir ein Dirndl und weiße Stutzen anhatten. Das gefiel unserem Vater besser als das schwarz-weiße *Balilla*-Gewand. Bei den Treffen lernten wir sticken, stricken und deutsche Lieder singen. Auch das Nähen wurde uns beigebracht. Einmal hatten wir auch eine »Almwoche« auf Monte Pana, wo wir wanderten, spielten und sangen. Ich weiß noch, wie wir damals auch mit dem Grödner Bahndl fahren durften. Das war für uns ein einmaliges und unvergessliches Erlebnis!

Wir hatten einen weiten Schulweg. Für die rund drei Kilometer ins Dorf brauchten wir oft eine Stunde. Trotzdem gingen wir auch immer zur Schülermesse. In der Adventszeit besuchten wir abwechselnd die Rorate, die schon um sechs Uhr morgens stattfand. Es gehörte sich, dass immer jemand von der Familie anwesend war. Das blieb übrigens auch so, als ich schon ausgeschult war. Nach dem Kirchgang im Advent hieß es dann meist in die Scheune gehen und *rumpeln.* Dieses Dreschen war eine sehr staubige Arbeit, die ich oft verwünschte.

»Hier kommst du vielleicht leichter durch«

Bei der Option 1939 wählte unser Vater fürs Auswandern. Ein Onkel der Mutter wohnte in Deutschland, und dieser schrieb uns, wir sollten ruhig auswandern, er wisse einen Hof für uns. Es wurde uns damals alles glorreich versprochen und schöngeredet. Unser Vater war sehr von dem Gedanken angetan, einen eigenen Hof zu bekommen. Hier war er ja nur Pächter. So hatte er eigentlich schon alle Papiere fürs Auswandern hergerichtet, er hätte nur mehr den Pass im deutschen Konsulat in Brixen abholen brauchen. Wir Kinder hatten nur so viel von der ganzen Sache verstanden, dass wir irgendwohin mit dem Zug fahren sollten, und wir freuten uns richtig darauf. Doch es kam anders: Kurz vor der Abreise besuchte uns der Stofl Luis. Er war der Vormund vom Petrunder Sepp und seiner Schwester, welche die minderjährigen Erben vom Petrunderhof waren. Er hätte wohl einen neuen Pächter suchen müssen, wenn wir gegangen wären. Daher redete er auf meinen Vater ein, er solle sich das Auswandern gut überlegen. »Geht es dir hier nicht gut? Hast du nicht genug zu essen? Kannst du nicht leben?«, fragte er ihn. »Wenn ich dir einen Rat geben darf: Bleib hier.

Luise (hinter den Eltern stehend) mit ihren 15 Geschwistern und den Eltern

Du hast eine große Familie, und hier hast du genug zum Leben. Hier kommst du vielleicht leichter durch als draußen.« Wir Kinder lauschten an der Tür und zitterten, wie es wohl ausgehen würde. Die Männer diskutierten lange Zeit, und schließlich ließ sich der Vater umstimmen. Die Mutter war darüber sehr froh, denn sie war von der ganzen Geschichte überhaupt nicht begeistert gewesen. Wir Kinder waren anfangs enttäuscht, weil aus der Zugfahrt nun nichts wurde, aber am Ende waren wir natürlich alle heilfroh, dass wir geblieben waren. Bald hörte man, wie schlecht es manchen Auswanderern draußen erging. Schließlich wurden die Südtiroler auch nur auf Höfen von Leuten angesiedelt, die vertrieben worden waren. Die Mutter sagte danach noch oft, wie dankbar sie dem Stofl Luis für seinen Rat war.

Zum Geburtstag ein Spiegelei

Unser Vater war 1902 geboren und wurde daher einberufen. Zunächst kam er für einige Wochen nach Sizilien, doch danach wurde er zu einer Polizeieinheit nach Bozen versetzt. Das hieß, er musste nicht an die Front und hatte auch immer wieder einmal Urlaub, wo er nach Hause kam. Trotzdem mussten uns Tagelöhner helfen, die schweren Arbeiten zu bewältigen. Eine Zeit lang hatten wir auch eine *Dirn,* doch als wir Kinder aus dem Gröbsten heraus waren, mussten wir selber anpacken.

Das Wasser musste vom Trog über 16 steile Stufen in die Küche hinaufgetragen werden. Wir haben uns zwar immer in einem Holzzuber gewaschen, doch Wasser wurde keines verschwendet. Gebadet haben wir meistens in einem Zuber im Stall, denn da war es etwas wärmer, und man konnte das Wasser in der Waschküche nebenan erhitzen. Aber im Winter wurde nicht gebadet, da war es einfach zu kalt.

Unsere Mutter schaute immer, saubere Wäsche für uns zu haben, doch wir waren sehr viele. Die Buntwäsche, wie Hemden und Schürzen, wurde meist wöchentlich gewaschen, aber das Auskochen der weißen Wäsche, vor allem Bettwäsche, war sehr zeitraubend. Das machte man höchstens dreimal im Jahr. Als unsere Waschküche durch einen Erdrutsch zerstört wurde, musste der Waschkessel im Freien aufgestellt werden oder, wenn es recht kalt war, im Stall. Drei- bis viermal wurde die Aschenlauge erhitzt und die Wäsche in einem großen Zuber damit übergossen. Dieser hatte unten einen Ablauf, wo man die Lauge auslassen konnte. Danach wurde die Wäsche auf dem Waschbrett geschrubbt, oft bis die Hände ganz wund waren, und anschließend im eiskalten Wasser *geschwenzt.*

Die Konservierung der Lebensmittel, vor allem des Fleischs, war sehr schwierig, denn es gab keine Gefriertruhe. Frisches Fleisch, Schnitzel oder Braten, kannten wir nicht. Das Fleisch wurde immer *gesurt* und geselcht. Später fing die Mutter auch an, es in Fleischsuppe in Dosen einzukochen. Aber der Geschmack litt gewaltig, und recht lang hielt sich das Fleisch auch in diesen Dosen nicht.

Zum Frühstück gab es stets eine große Pfanne mit Mus. Nur am Sonntag kamen Kaffee und die *Tirtlen* oder süße Krapfen vom Vortag auf den Tisch. Es war nur selbst gerösteter Feigen- und Gerstenkaffee, nicht richtiger Bohnenkaffee, denn der war unerschwinglich.

Zum Mittagessen gab es bei uns meistens *plentene* Knödel mit Kraut. So 25 Stück waren schon nötig, um alle Mäuler zu stopfen. Von den weizenen Knödeln, die es nur am Sonntag gab, machte die Mutter bis zu 40 Stück. Mittwochs und freitags gab es manchmal etwas anderes als Knödel, z. B. *plentenen Riebler* oder *Schwarzplenten* mit *Holermulle.* Ab und zu kochte die Mutter Erdäpfelnudeln mit Mohn oder Bandnudeln zur Abwechslung. Reis oder gekaufte Nudeln kannten wir nicht. Samstags gab es immer *Tirtlen* und zu besonderen Anlässen wie Weihnachten oder Dreikönig auch süße Krapfen oder Hefekrapfen und *Kniakiachl.* Unsere Mutter backte recht gern. Abends gab es immer Suppe: *Friegl*suppe, Gerstensuppe oder Brennsuppe. Die hasste ich am meisten: Wenn es Brennsuppe gab, verzog ich mich meist auf den Ofen und blieb lieber hungrig. Extrawurst gab es keine, denn wer nicht aß, kriegte eben nichts. Nur zum Geburtstag bereitete die Mutter uns Kindern eine besondere Köstlichkeit: ein Spiegelei! Das *gebachene* Ei war aber nur dem Geburtstagskind vorbehalten, die anderen mussten zuschauen und *gluschtn.* Wir hatten zwar Hennen, aber die Eier mussten verkauft werden. Das Geld von den Eiern und der Butter gehörte der Bäuerin. Es wurde zwar nicht viel gekauft, aber ein wenig Geld brauchte man halt doch.

Wenn beispielsweise kein Knödelbrot mehr vorhanden war, kaufte die Mutter einen *Strutzen* beim Bäcker. Davon hätten wir natürlich gerne genascht: Wir wünschten uns nichts sehnlicher, als uns einmal richtig an so einem Weißbrot satt essen zu können. Aber das konnten wir uns nie und nimmer leisten. Auch der Speck reichte oft nicht das ganze Jahr über. Wir mussten jedoch nicht hungern, denn irgendetwas gab es immer zu essen auf dem Hof, zumindest Kartoffeln und Milch. Ab und zu schlachtete der Vater auch ein Schaf, wenn es sonst knapp wurde.

Meist an Sonntagen nach der Messe kaufte die Mutter ein viertel Kilo Zucker und ein viertel Kilo Gries fürs *Poppele.* Wir hatten ja fast immer ein Baby im Haus. Aber unsere Mutter empfand das nicht so als Belastung: »Kinder kriegen ist lang nicht die schwerste Arbeit«, meinte sie stets. Wir waren eine große

Luise Delueg Messner (rechts) in Tracht mit Schwester Olga. Verheiratete trugen die Schürzbänder und Hutkrausen rechts.

Familie, aber natürlich waren längst nicht immer alle zu Hause. Kaum war ein Kind etwas größer, musste es als Hütbub oder Kindermädchen auf Dienst gehen. Dann war ein Esser weniger am Tisch.

Wir bauten immer viel Getreide an, denn die Lehmerde hier hält viel Wasser, sodass es auch in trockenen Zeiten meist eine gute Ernte gab. Die Mutter hatte gerne viel Mohn, einmal ernteten wir ein ganzes *Star* davon. Zum Anziehen hatten wir Sachen aus Loden und Leinen. Auch Hanf haben wir selber verarbeitet und daraus Stoff für gröbere Sachen wie Heutücher gewonnen. Hausschuhe wurden aus dem eigenen Loden gefertigt, die Sohlen nähte man mit Spagat an. Die hielten schon was aus! Ein Problem waren die Schuhe, denn die waren sehr teuer. Der Schuster kam damals ab und zu ins Haus, fertigte neue Schuhe an und flickte die alten. Die älteren Kinder haben meist die neuen bekommen, die jüngeren mussten sie dann der Reihe nach anziehen. Doch auch die neuen Schuhe hatten ihre Tücken: Das Leder war steinhart und drückte. Unsere Eltern pilgerten jedes Jahr einmal von Leifers nach Maria Weißenstein und nahmen immer ein paar von uns Kindern mit. Als ich einmal an der Reihe war, mitzugehen, hatte ich gerade neue Schuhe bekommen. Das wurde eine richtige Bußwanderung!

Die Not der Kriegszeit bekam ich als junges Mädchen einmal besonders schmerzhaft zu spüren. Meine Schwester Maria und ich wünschten uns zu Weihnachten nichts sehnlicher als Fingerhandschuhe, die wir bei irgendjemandem gesehen hatten. Wir stellten uns vor, wie schön es wohl wäre, diese an Sonn- und Festtagen anzuziehen. Das wäre ganz was anderes gewesen als unsere groben, selbst gemachten Fäustlinge. Wir fieberten dem Weihnachtsfest entgegen, und als die Mutter am 15. Dezember auf den Markt nach Klausen fuhr, waren wir sicher, dass unser Wunsch erfüllt werden würde. Doch das Weihnachtsfest kam, und die heiß ersehnten Fingerhandschuhe blieben aus. Man erklärte uns, die Mutter hätte nicht genügend Karten für diese Kleidungsstücke gehabt. Das war wohl die größte Enttäuschung, die ich als Kind erlebt habe.

Glassplitter flogen uns um die Ohren

In schlimmer Erinnerung habe ich die Bombenabwürfe vom 28. Februar 1945. Gerade am Tag zuvor hatten wir unseren Bruder Alfons beerdigt, der im Alter von nur einem Monat gestorben war. Wir waren vor dem Haus beim Holzschneiden, als wieder einmal Flieger kamen. Schnell gingen wir in Deckung, denn wir hörten bereits das Surren der FLAK-Geschosse und hatten Angst vor den Splittern. Wir liefen in die Küche, die ziemlich in den Felsen hineingebaut war und nur ein kleines Fenster hatte. Plötzlich kam eine kräftige Druckwelle, das Fenster zerbarst, und Glassplitter, Erde und Schmutz flogen uns um die Ohren. Es fühlte sich an wie eine Ohrfeige, und ich weiß noch, wie ich schrie: »Der Speck fällt herunter!« Denn ich hatte Angst, dass uns die aufgehängten Speckseiten auf den Kopf fallen würden. Auch die Stubenfenster gingen zu Bruch, und eine Seite des Wohnhauses, die nur mit Brettern befestigt war, brach ein. Wir liefen hinaus und sahen, dass unmittelbar in der Nähe zwei Bomben gefallen waren, und talauswärts, Richtung Miglanz, war alles verwüstet: Bäume und Steine lagen kreuz und quer, und auch auf den Feldern hatten mehrere Bomben eingeschlagen. Wir beschlossen, nicht länger zu Hause zu bleiben, sondern einwärts Richtung Dorf zu flüchten. Auf dem Weg zum Valtinerhof mussten wir uns immer wieder hinlegen, ich weiß nicht, wie oft, weil uns immer wieder Splitter um die Ohren flogen. Auch auf der anderen Talseite fielen Bomben, und zwar auf den Rieglhof, gegenüber von *Flitz*. Man konnte von uns aus plötzlich das Feld hinter dem Stadel sehen, denn die Wände vom Futterhaus waren alle weggerissen. Es war wirklich ein Wunder, dass niemand verletzt wurde. Auch der Weg Richtung Valtinerhof war voller umgestürzter Bäume und Schutt, sodass wir fast nicht weiterkamen. Dann sahen wir mit Schrecken, dass beim Valtinerhof vom Futterhaus nur mehr die Balken standen. Doch wie durch ein Wunder war auch dort niemand zu Schaden gekommen. An jenem Tag hatten wir alle einen großen Schutzengel – wer das mitgemacht hat, zweifelt nicht mehr daran!

Nicht einmal eine Nähmaschine für einen Jahreslohn

Die Arbeit auf der Alm war schwer, aber doch weniger als daheim auf dem Hof.

Nach der Schule habe ich einige Jahre lang zu Hause auf dem Hof gearbeitet. Als Zweitälteste musste ich fest anpacken. Ich war recht kräftig, und daher habe ich auch viel »Männerarbeit« verrichtet: Mit meinem Bruder Luis ging ich zum Beispiel häufig Brennholz und Mist führen. Damit waren wir oft tagelang beschäftigt.

Unser Vater war sehr streng. Als Kinder kamen wir kaum irgendwohin. Als ich mich einmal sehr auf einen Schulausflug freute, durfte ich nicht mitgehen, weil zu Hause zu helfen war. Noch als wir mit 17 oder 18 Jahren irgendwo hingehen wollten, z. B. auf ein Fest oder ins Dorftheater, bettelten wir immer bei der Mutter, damit sie den Vater für uns fragte. Nach dem Krieg kam einige Male ein Kino ins Tal und zeigte einen Film. Einer hieß »Rosen aus Tirol«, den wir nach langem Bitten schauen gehen durften.

Von 1948 an war ich zwei Jahre lang als *Dirn* auf dem Mantingerhof in Pardell, ebenfalls zwei Jahre lang arbeitete ich zu Fischnol, und anschließend lernte ich drei Monate lang das Nähen bei der Neuhäuslin. Ansonsten hatte ich nach der Pflichtschule keinerlei Ausbildung. Ich wäre für mein Leben gern Köchin geworden, doch das war nicht möglich. Für meinen Jahreslohn als *Dirn* konnte ich mir damals nicht einmal eine Nähmaschine kaufen: Die kostete 55.000 Lire, und ich verdiente nur 4000 Lire im Monat.

Im Frühjahr 1952 ging ich beim Gasthof *Kabis* auf Dienst. Dort musste ich überall zupacken, im Stall, auf dem Feld und natürlich in der Küche und bei der Wäsche. Am besten gefiel mir immer die Arbeit am Herd.

Luise als Dirn beim *Kabis*

In den Sommermonaten von 1953, 1954 und 1958 arbeitete ich *Wörndle Loch* oben als Sennerin. Diese Alm gehörte damals zu Miglanz. Außer mir waren dort jeweils noch ein Senner und ein Hütbub. Von Mitte Juni bis zum *Rosenkranzsonntag* versorgten wir ungefähr 20 Stück Vieh, die Hälfte davon Milchkühe. Ich musste beim Kühemelken helfen und die Milch zu Butter und Käse verarbeiten. Das hatte ich vorher auf dem Fischnolerhof gelernt. Jeden Tag hieß es fleißig *Kübel treiben.* Außerdem hatten wir zwei Schweine und einige Hennen, für die ich zuständig war. Einmal in der Woche ging der Senner mit einem Buckelkorb ins Tal hinunter und trug Butter und Käse mit. Danach kaufte er ein, was es so brauchte, ein wenig Zucker, Mehl, Knödelbrot und Gerstenkaffee. Ich musste natürlich auch kochen und waschen, doch es gefiel mir gut dort oben. Die Arbeit war nicht so schwer wie die zu Hause oder bei den Bauern. Dennoch galt es auch auf der Alm, die ein oder andere Schwierigkeit zu meistern. In den beiden ersten Sommern hat es sogar geschneit, einmal im Juli und einmal im August. An einem Tag fielen fast 50 Zentimeter Schnee, und das war sehr schlimm, denn wir konnten das

Vieh drei Tage lang nicht rauslassen. Wir hatten nur ein klein wenig Heu vom Vorjahr, und bald schrien die Kühe vor Hunger und Durst, doch wir konnten nichts tun außer zu hoffen, dass der Schnee bald wegging.

1957 war ich das einzige Mal außerhalb des Tales auf Dienst. Durch meine Schwester Maria habe ich eine Stelle im Hotel Post in Bruneck als Personalköchin bekommen. Zuerst habe ich mir die Arbeit nicht so recht zugetraut, denn ich hatte das Kochen ja nie richtig gelernt. Doch meine Schwester redete mir gut zu. Mein Chef war ein italienischer Koch, der mir Tipps gab. Ich kam sehr gut mit ihm aus und durfte bald schon selbstständig am großen Herd arbeiten.

Die Jahre sind schnell vergangen

Am 20. November 1958 heiratete ich den Petrunder Sepp. Wir kannten uns eigentlich von Kindesbeinen an, denn als wir auf den Petrunderhof kamen, war er 14 Jahre alt und wohnte noch ungefähr ein halbes Jahr lang hier. Später trennten sich unsere Wege, doch dann fanden wir wieder zueinander und schlossen schließlich den Bund fürs Leben.

An unserem Hochzeitstag war es bitterkalt. Die Messe fand um acht Uhr morgens statt. Anschließend gab es ein Frühstück beim *Kabis*, denn in der Kirche musste man natürlich nüchtern sein, sonst durfte man nicht zur Kommunion. Auch das Mittagsmahl wurde beim *Kabis* eingenommen: Es gab eine Fleischsuppe, Knödel mit Gulasch als Hauptgang und Kompott zum Nachtisch. Wir hatten so um die 60 Gäste: Verwandte aus Feldthurns vom Vater, aus Lüsen von der Mutter, unsere Paten und

Hochzeitsfoto Luise und Sepp

natürlich die Eltern und Geschwister. Am Nachmittag fuhren wir dann nach Klausen zum Fotografen, um ein Foto machen zu lassen. Anschließend gab es noch Kaffee und Kuchen und eine Fleischsuppe zum Abendessen. Wir tanzten und unterhielten uns bis nach Mitternacht. Den Heimweg mussten wir zu Fuß bewältigen. Es war unheimlich kalt.

Ja, ich habe so einiges erlebt und könnte noch vieles erzählen. Die Jahre sind so schnell vergangen. Für Vereine hatte ich früher nie Zeit, erst im Alter war ich bei den Bauernsenioren tätig, und zwar zehn Jahre lang, davon acht im Ausschuss und einige Zeit auch als Vorstand. Doch nun lass ich andere weitermachen.

Wir hatten gesundheitlich immer Glück in der Familie, nur unser jüngster Sohn Hannes hatte 1993 einen schweren Motorradunfall. Das war ein großer Schock für uns alle. Gottlob geht es ihm wieder gut, und er kann dank einer Umschulung jetzt in einem Büro arbeiten.

Heute bin ich zufrieden und danke jeden Tag für die Gesundheit. So Gott will, möge er uns noch einige gesunde Jahre schenken.

Karl Michaeler
»Klinger Karl«

Karl wurde am 20. November 1929 in St. Magdalena geboren. Sein Vater war Josef Michaeler, von Beruf Tischler, seine Mutter hieß Katharina Chemelli und stammte aus Auer. Karl hatte zwei ältere Geschwister namens Maria und Josef (Pepi). Die Jahre von 1942 bis 1948 verbrachte er als Hütbub auf dem Gstillerhof in St. Peter, danach absolvierte er eine Tischlerlehre bei seinem Onkel. 1951 machte er sich selbstständig und verrichtete nebenbei den Dienst des Leichenbestatters. 1975 heiratete er Rosa Obexer aus *Flitz*. Von 1976 bis 1978 kamen ihre drei Kinder Günther, Evi und Meinhard zur Welt. Karl war 54 Jahre lang aktiv bei der Musikkapelle tätig und genießt nun seinen Ruhestand.

Aufwachsen ohne Vater

Meine Kindheit war geprägt vom frühen Tod unseres Vaters. Er war Tischler und starb bei einem Arbeitsunfall, als ich erst eineinhalb Jahre alt war. Somit kann ich mich auch nicht an ihn erinnern. Man hat mir nur erzählt, dass ihm bei der Arbeit ein Stück einer abgebrochenen hölzernen Riemenscheibe an den Kopf geflogen ist. Er ging noch nach Hause und sackte dann in der Stube plötzlich zusammen. Dabei fiel er nochmals mit dem Kopf gegen die Tür der Stubenkammer. Der Arzt und der Pfarrer wurden gerufen, doch es war nichts mehr zu machen. Einen Transport ins Spital hätte er nicht überlebt. So legten sie ihn in sein Bett, und gegen 17 Uhr starb er. Das war ein großer Schock für die Familie, denn es war so schon schwierig gewesen, über die Runden zu kommen. Unsere Mutter konnte nicht allein für uns sorgen, und so kam mein Bruder Pepi, der drei Jahre alt war, zu unserer Tante nach Auer. Meine fünfjährige Schwester Miedl wurde beim Gsoier untergebracht und nur mich jüngstes Kind behielt die Mutter zu Hause.

Meine Mutter verdiente sich das Notwendigste als Wäscherin und Haushälterin bei unserer Tante Mitzi. Außerdem vermieteten wir schon damals ein Zimmer an eine Familie aus Mailand, die jeden Sommer wiederkam. Im Herbst kam immer eine andere Familie, ebenfalls aus Mailand. Dieser ältere Herr, ein Doktor der Pharmazie, hatte immer zwei große Koffer voller Bücher mit. Jeden Tag ging er in den Wald, um Pilze zu suchen. Die brachte er dann mit heim, studierte sie, zeichnete sie ab, schlug in seinen Büchern nach. Das war sein Hobby, mit dem er die ganze Urlaubszeit verbrachte. Für diese Gäste kochte die Mutter auch manchmal recht exotische Gerichte wie panierte Lauchstängel und anderes Grünzeug. So etwas kam sonst bei uns nicht auf den Tisch.

Eine Zeit lang war im Parterre unseres Vaterhauses eine Filiale des Geschäfts Grutsch untergebracht. Ich kann mich noch an die riesigen Säcke Mehl, Zucker und Salz erinnern, die dort standen. Die Leute kamen alle mit Säckchen einkaufen. Auch dort half meine Mutter aus. Doch natürlich hatten wir auch die Not, wie viele Leute. Wir besaßen einen Gemüsegarten und ein paar Hasen, von denen dann ab und zu einer auf den Tisch kam. Zu Weihnachten wurde meistens die Katze geschlachtet. Gut war sie! Sonst hatten wir halt auch kein Fleisch.

»Rompete le righe!«

Unsere Schule war nur auf Italienisch. Ich hatte nur das Glück, dass unser Großvater mütterlicherseits aus dem Trentino stammte und unsere Mutter daher auch Italienisch konnte. So konnte sie uns bei den Aufgaben helfen, und wir lernten ein bisschen etwas. Aber natürlich hatten wir auch jede Menge Blödsinn im Kopf. Einmal im Frühling fiel uns ein, Schnecken mit ins Klassenzimmer zu nehmen, und zwar diese großen, die mit dem Häuschen. Wir legten sie in das Fach unter die Bank. Doch leider blieben sie nicht dort, sondern krochen munter hervor und herauf auf unsere Tische. Als die Lehrerin auf uns zukam, machten wir uns schon auf ein Donnerwetter gefasst. Aber sie war nicht zornig, im Gegenteil, sie war richtig erfreut, als sie die Schnecken erblickte. Sie sammelte sie alle ein und steckte sie in ihre Tasche. Die hat sie mitgenommen zum Kochen! Und wir

Heimathaus mit Lebensmittelgeschäft im Parterre

sollten ihr ja noch welche bringen, denn das seien ganz besondere Köstlichkeiten, meinte sie. Das machten wir Buben selbstverständlich gerne. Auch unsere Mutter hat immer erzählt, dass bei ihnen im Dorf immer Schnecken gesammelt und gekocht wurden. Wenn sie gut zubereitet waren, schmeckten sie besser als ein Fleischgericht. Aber in Villnöß kannte man die Kost nicht.

Ich war auch bei der *Balilla,* denn da bekam man die Schulbücher und Hefte gratis. Als Gewand hatten wir eine Dreiviertelhose, ein schwarzes Hemd und ein blaues Tüchlein und eine Mütze mit *Tschoggl,* die man »il fez« nannte. Erinnern kann ich mich auch noch gut an das Baumfest, wo wir *Balilla* ein *Striezl* und ein *Kracherle* umsonst bekamen.

Jeden Tag nach der Schule mussten wir vor dem Schulhaus in einer Reihe antreten. Dort rief die Lehrerin: »Rompete le righe!« Und wir antworteten: »A noi.« Darauf durften wir nach Hause gehen. Wir rannten immer zu Mittag heim zum Klinger zum Essen und stapften zum Nachmittagsunterricht wieder hinauf zum Schulhaus neben der Kirche. Donnerstags hatten wir frei. Gegen Ende meiner Schulzeit hatten wir einmal eine Lehrerin aus Brixen. Bei der durften wir manchmal ein bisschen Deutsch reden, etwas erzählen oder so. Sonst war es streng verboten gewesen, Deutsch zu reden. Diese Lehrerin ist dann bei der Option ausgewandert.

Unsere Mutter hat bei der Option »Deutsch« gewählt. Ich weiß noch, wie der italienische Lehrer mit einer Liste in die Klasse kam, wo alle drauf waren, die »Deutsch« gewählt hatten. Er verlas die Namen der Schüler und entließ sie aus dem Unterricht. So konnten wir nach Hause gehen. »Dableiber« waren nicht mehr viele übrig. Erst ein paar Monate später hatten wir dann eine deutsche Schule.

Karls Mutter Katharina (rechts) mit Wäsche

Weg von daheim

1941 im Sommer kam ich dann zum ersten Mal weg von daheim, und zwar als *Bua* zum Gstiller nach St. Peter. Ich hütete zuerst die Schafe und Kühe. Dort hatte ich es ganz gut, man könnte sagen, ich gehörte fast zur Familie. Besonders der alte Vater mochte mich. Während der Kriegszeit musste ich natürlich überall mithelfen, denn die Männer wurden alle einberufen. Oft ging ich auch nach St. Magdalena zum Proi die Kälber zu füttern, denn dieser Hof gehörte auch zum Gstiller. Auch als die Bomben fielen, am 28. Februar, war ich Proi drin beim Mistführen. Die Flieger tauchten kolonnenweise über der *Geisl* auf. Voraus flog ein Jäger, der auch schoss, und dahinter kamen die Bomber. Die FLAK schoss zurück, und es machte »schschschumm-bumm.« Da mussten wir in Deckung gehen, denn diese herumfliegenden Splitter waren sehr gefährlich. Es rumpelte den ganzen Tag. Sie wollten ja die Bomben nicht hier abwerfen, aber sie haben das Tal verfehlt. Einmal an einem Christtag griffen sie auch an. Da habe ich beobachtet, wie die FLAK zwei Flugzeuge abgeschossen hat. Rauchend stürzten sie vom Himmel, einer hing danach in *Tschatterlin* oben in den Bäumen.

In den letzten Jahren, als zu Gstill keine *Dirn* mehr war, musste ich auch der Bäuerin im Haus helfen. Besonders in Erinnerung ist mir eine ältere Tante geblieben, die auch auf dem Hof wohnte und die immer Trachtenhüte bestickte. Sie arbeitete für ein Geschäft in Bruneck und hatte immer viel zu tun. Sie hatte keine Vorlage, und doch stickte sie die schönsten Muster auf diese schwarzen Hüte. Ich schaute ihr gern zu. Doch sie war auch nicht mehr die Jüngste, und so bat sie mich immer: »Karl, tuasch mir infadln!« Und ich musste ihr immer zehn, zwölf Fäden verschiedener Längen in die Nähnadeln einfädeln. Ja, ich war sozusagen »Bub und Mädchen für alles«.

Montiggler See und *Sass Rigais*

In meiner Jugendzeit ging ich immer zu Fuß zur Musikprobe, etwas später hatte ich dann ein Fahrrad. Wir waren so sieben, acht Burschen, die ein Fahrrad hatten und sonntags gemeinsam Ausflüge machten. Wir fuhren bis Klausen, nach Waidbruck zum Wiesenfest, und einmal fiel uns sogar ein, zum Montiggler See zu fahren, zum »Schifflfahren«. Wir radelten munter bis Bozen und dann weiter nach Montiggl. Doch am See waren zu unserer Enttäuschung die Boote alle vorgemerkt. So hätten wir lange warten müssen, und da wir heimwärts mit dem Zug bis nach Klausen fahren wollten, hatten wir nicht so viel Zeit. So zogen wir schließlich den Bootsvermieter auf die Seite: »Wir kommen eigens aus Villnöß her«, erzählten wir ihm. Wir hatten eine Flasche Schnaps mit, schenkten ihm fleißig auf, lachten und scherzten mit ihm. Schließlich überließ er uns das nächstbeste Boot, das frei wurde.

Ein anderes Mal fuhren wir bis Bruneck mit dem Fahrrad. Das war auch eine unvergessliche Fahrt. Wir hatten natürlich noch keine Gangschaltung, streckenweise mussten wir die Räder nur schieben. Dennoch ging es flott voran, und wir waren schon um elf Uhr vormittags in Bruneck! Aber vor allem die Rückfahrt hatte es in sich: Damals fuhren viele Lastwagen, die mit Holz beladen waren, auch an Sonntagen. Wir hielten uns hinten an den Stangen fest und ließen uns mitziehen, was natürlich verboten war. Die Polizei ging auf uns los, und wir mussten pro Kopf und Nase 101 Lire Strafe zahlen: 100 Lire war die Strafe, und eine Lira kostete der Stempel. Einige Zeit später fuhren wir gemütlich nebeneinander her, denn so viele Autos fuhren ja nicht. Da stoppten uns wieder dieselben Polizisten, und erneut mussten wir 101 Lire Strafe zahlen, weil wir nebeneinander gefahren waren. Als wir schließlich nach Brixen kamen, wurde es schon langsam finster. Nur einer von uns hatte eine *Batterie* mit. Da hielt uns die Polizei wieder an und wollte uns strafen, weil wir ohne Licht unterwegs waren. Doch während sie mit dem Ersten beschäftigt waren, hauten wir anderen so schön langsam der Reihe nach ab, und sie erwischten uns nicht mehr. So traf es diesmal wenigstens nur einen, Strafe zu zahlen. Natürlich wieder 101 Lire.

Beim Einbetonieren des Sockels vom ersten Gipfelkreuz auf der Sass Rigais (links); die jungen Bergsteiger sind stolz auf ihr Gipfelkreuz (rechts).

Eines Tages fiel uns ein, dass es schön wäre, auf der *Sass Rigais* ein Gipfelkreuz aufzustellen. Ich hatte schon als Elfjähriger mit meinem Onkel Peter zum ersten Mal diesen Berg erklommen. Als junger Mann ging ich öfters mit meinen Kollegen zum Bergsteigen, und als wir Burschen immer wieder von neuen Gipfelkreuzen hörten, die überall in der Gegend errichtet wurden, wollten wir auch eines aufstellen. So taten wir uns zusammen und richteten zu Hause in der Werkstatt alles her. An einem schönen Sommertag 1956 stiegen wir auf, um den Sockel einzubetonieren. Auch die Haken für die Drahtseile mussten vorher im Fels verankert werden. Jeder von uns hatte schwer zu tragen: Ich schleppte eine Milchkanne mit 28 Liter Wasser. Ein anderer hatte den Eisenklotz zu tragen, wieder ein anderer Werkzeug und Schlägel. 6,5 Meter hoch sollte das Kreuz sein, und wir erkannten, dass wir es nicht an einem Stück auf den Gipfel hinauftragen konnten. So machten wir es zerlegbar: aus Holzbrettern und unten herum mit Blech eingefasst. Zu zwölft stellten wir schließlich das Kreuz auf und waren sehr stolz. Der Kooperator segnete es feierlich einige Zeit später. Bald stellten einige Burschen aus St. Peter auch ein Kreuz auf, und zwar auf der *Furchetta.* Der Blitz schlug jedoch sehr oft in unser Kreuz ein, und jedes Jahr mussten wir die Drahtseile auswechseln und wieder allerhand richten. Im Laufe der Zeit wurde es ganz verwittert, auch weil mit den Jahren niemand mehr so fleißig nachschauen ging wie wir am Anfang. Inzwischen steht ein Kreuz aus Stahl und Bronze auf der *Sass Rigais.* Es ist mit vier Meter etwas niedriger als das alte, aber fast 400 Kilogramm schwer. Das wurde allerdings mit dem Hubschrauber hinaufgebracht.

Musikantenleben

Schon als ich noch zu Gstill war, ging ich regelmäßig zur Musikprobe. Die Noten lehrte uns der Pfarrer. Die Griffe am Instrument zeigte uns der Kapellmeister, der Jegg-Jörgl. Am Anfang wollte ich Flügelhorn lernen, aber ich schaffte es einfach nicht, die hohen Töne zu blasen. So meinte der Kapellmeister im Frühjahr, ich sollte ein anderes Instrument versuchen, denn bis zum Sommer sollten wir so weit sein, mit der Kapelle mitzugehen. So stieg ich um auf »Trombone«, dann ging es leichter, denn dort ist ein größeres Mundstück, und ich konnte Begleitung spielen.

Wir waren acht Musikanten aus Magdalena. Da kam uns die Idee, eine eigene *Böhmische* zu gründen, was uns der Kapellmeister aber nicht gern lassen wollte. Dazu hätten einige von uns Instrument wechseln müssen, und das wollte der Jörgl nicht. So traten wir Berger allesamt aus der Kapelle aus. 1950 bis 1958 gab es dann die »*Berger* Musik« mit dem Plawatscher als Kapellmeister. Ich blies den Bass. Wir richteten auch ein eigenes Gewand. Dazu *lotterten* wir Wolle von den Bauern, die zu Loden verarbeitet wurde. Wir spielten auf Bällen und Festen in Brixen und Lajen und hatten die größte Hetz. Freies Essen und Trinken und die Fahrtspesen waren uns Lohn genug. 1958 mussten wir es dann aufgeben, weil mehrere Musikanten das Tal verließen, um auswärts zu arbeiten. Von den wenigen, die übrig blieben, gingen nur Pepi und ich wieder zur Musikkapelle Villnöß zurück. Da fragte mich der Blosegger Hans, ob ich nicht bei ihnen den Bass blasen würde. Sie waren sechs Musikantenbrüder, nur der Bass fehlte. So kam ich zur »Blosegger Böhmischen«. Diese Gruppe hatten wir 20 Jahre lang, von 1958 bis 1978.

Genau im Sommer 1978, als wir das 20-jährige Jubiläum feiern wollten, schnitt ich mir mit der Kreissäge alle vier Finger der echten Hand ab. Im Brixner Krankenhaus nähte man mir sie alle wieder an. Drei Drähte kamen in jeden Finger hinein. Es dauerte zweieinhalb Stunden. Ich schaute dabei zu. »Schau nur gut zu«, scherzte der Doktor, »dann kannst es nächstes Mal selber machen.« Immerhin wuchsen mir drei der vier Finger wieder an, und ich konnte sie so gut bewegen, dass ich weiterhin den Bass blasen konnte. Da braucht es zum Glück nur drei Finger.

Ich war danach noch kurze Zeit bei der »Proder Böhmischen«, dann wurde es mir zu viel, und ich ließ die Jüngeren ran. Bei der Musikkapelle war ich noch aktiv bis zum 200-jährigen Jubiläum im Jahre 2001.

Karl (hinten links) bei der Blosegger Böhmischen

Meine Frau Rosl lernte ich bei einer Firmungsfeier kennen. Wir heirateten am 8. November 1975 in St. Peter. Als Hochzeitsreise machten wir eine Wallfahrt nach Maria Trens. Von 1976 bis 1978 kamen unsere Kinder zur Welt, jedes Jahr eines, alle drei hintereinander.

Tischler und Boanlkrumer

1948 fing ich an, das Tischlern zu lernen, und zwar bei meinen Onkeln Franz und Peter. Wir fertigten vor allem Türen und Fenster an. In der Werkstatt gab es schon verschiedene Maschinen, die alle mit einem einzigen Motor angetrieben wurden. Man musste nur die entsprechenden Scheiben und Riemen austauschen. Wir hatten eine Hobelmaschine, eine Fräse, eine Bandsäge und eine Kreissäge. Auch mein Bruder Pepi lernte das Tischlern, und so machten wir uns 1951 als »Bau- und Möbeltischlerei Michaeler« selbstständig.

Wir hatten immer genug zu tun, besonders in den sechziger Jahren wurde viel gebaut. Einmal kam dann ein Grödner vorbei, der uns fragte, ob wir nicht für sein Haus die Fenster machen würden. Wir nahmen den Auftrag an, und von da an hatten wir viel in Gröden zu tun, denn auch die Brüder dieses Kunden bauten Häuser, gaben uns Aufträge und empfahlen uns weiter. Einmal fertigten wir in einem halben Jahr Türen und Fenster sowie einen Teil der Inneneinrichtung für ein ganzes Hotel in St. Christina. Im Juni wurde der Aushub gemacht, zu Weihnachten war das Haus schon voller Gäste. Ich war mehr zu Hause in der Werkstatt bei den Maschinen, während Pepi auf Montage ging. Wir hatten auch immer Lehrbuben und Gesellen und kamen viel herum.

Einige Leute nennen mich auch den *»Boanlkrumer«*. Da gibt es dieses bekannte Hörspiel vom Brandner Kaspar, wo der Tod, *Boanlkrumer* genannt, den Kaspar zum Petrus bringen soll. Diesen Spitznamen habe ich bekommen, weil ich schon seit 60 Jahren die Toten aufbahre. Ja, ich habe schon einige Leichen gesehen und angefasst in dieser langen Zeit. Wenn früher jemand starb, ging der Tischler in das Trauerhaus und bahrte die Leiche zuerst auf Brettern und zwei Zimmerböcken auf. Zugedeckt wurde sie nur mit einem Leintuch. Bei diesem Besuch nahm er Maß und fertigte daraufhin den Sarg an. Dieser wurde mit einer schwarzen Farbe angestrichen. Die musste man eine ganze Stunde lang kochen und immer rühren. Das war immer meine Aufgabe, als ich noch Lehrbub war. Nach dem Bemalen wurden Goldstreifen angenagelt. Am Abend oder am darauffolgenden Tag war der Sarg fertig, und der Verstorbene wurde hineingelegt. Verstorbene Kinder wurden meist offen aufgebahrt. Als wir uns selbstständig machten, übernahm ich diese Aufgabe zunächst in St. Magdalena, später auch in St. Peter und in den anderen Fraktionen. Wir haben die Särge dann bald nicht mehr selbst gefertigt, sondern angekauft. Oft sagen die Leute zu mir: »Du machst dir nichts draus bei dieser Arbeit.« Doch ich denke mir immer: Jemand muss sie machen. Kannst die Toten ja nicht liegenlassen. Und es ist sicher nicht so, dass mir die Todesfälle nicht nahegehen. Ich habe ja auch ein Herz. Wenn ein Familienvater stirbt, ist es besonders tragisch. Ein anderer schlimmer Fall, der sich Ende der sechziger oder Anfang der siebziger Jahre zugetragen hat, ist mir lange in Erinnerung geblieben. Da wurde eine deutsche Touristin vermisst. Es handelte sich um eine Studienrätin aus Kempten, die hier

Wanderurlaub machte und eines Abends nicht mehr in ihr Quartier zurückkehrte. Die Feuerwehr und die Bergrettung suchten sie überall, doch die Frau blieb verschollen. Erst etwa zwei Monate später wurde ihre Leiche im Wald unter *Tschan* oben aufgefunden. Sie wurde von der Bergrettung geborgen, und ich war dabei, als der Gerichtsmediziner sie aus dem Leichensack holte, um sie zu untersuchen. Zum Glück hatte mir der *Lampl*-Wirt vorher einen Schnaps aufgeschenkt. Sonst hätte ich diesen Anblick wohl nicht gepackt.

1982 starb mein Bruder ganz plötzlich. Das war ein großer Schock für die ganze Familie. So machte ich dann halt allein weiter. Doch ich hatte auch immer mehr mit gesundheitlichen Problemen zu kämpfen. Früher gab es ja keine Absauganlage wie in den modernen Werkstätten, und ich schluckte Tag für Tag den ganzen Staub. So entwickelte sich mit den Jahren ein Asthmaleiden, das mir immer mehr zu schaffen machte. Besonders nachts kam ich oft kaum mehr zu Atem, und ich musste viele Medikamente nehmen. So ließ ich den Betrieb schließlich auf und arbeitete als Bodenleger. In meinem 70. Lebensjahr ging ich in Pension. Erst seit ich regelmäßig mit dem KVW ans Meer fahre, bin ich das Asthma los.

Wenn ich heute auf mein Leben zurückblicke, würde ich nicht viel anders machen. Auch den Dienst des *Boanlkrumers* würde ich wieder übernehmen. Den jungen Leuten von heute wünsche ich, dass sie alle eine Arbeit finden. Denn wer eine Aufgabe hat, der ist auch zufrieden.

Antonia Vikoler
»Tschinefreider Tone«

Antonia wurde am 29. August 1930 auf dem Tschinefreiderhof in St. Valentin als sechstes von acht Kindern geboren: Michael, Maria, Ottilia, Josefa, Hermann, Antonia, Ida und Martha. Ihr Vater war der Tschinefreiderbauer Michael Vikoler, ihre Mutter Ottilia Patreider stammte vom Felthunerhof auf *Coll*. Nach der Pflichtschule besuchte sie einige Monate lang die Hauswirtschaftsschule in Mühlbach und arbeitete danach in verschiedenen Haushalten, am längsten bei ihrer Schwester Martha. Bis auf einige Dienstjahre, die Antonia außerhalb des Tales verbrachte, hat sie immer in Villnöß gelebt.

Arbeit und Gebet prägten unser Leben

Wir waren sieben Kinder auf dem Tschinefreiderhof, sechs Mädchen und ein Bub. Das älteste Kind wäre auch ein Bub gewesen, doch Michael ist im Alter von zehn Jahren an einer Krankheit gestorben. Wir alle mussten von klein auf überall fest mithelfen, bei der Hausarbeit, aber auch auf dem Feld und im Stall, da gab es keine Ausnahme. Tschinefreid war kein großer Hof, und so hatten wir auch keine Dienstboten. Wir besaßen auch kein eigenes Ross. Wenn man eines von einem größeren Bauern auslieh, um die Felder zu bestellen, mussten wir Kinder es nachher *abdienen,* das heißt, wir mussten dafür einen ganzen Tag lang helfen, meist beim Kornschnitt. Es war eine schweißtreibende Arbeit, bei der größten Hitze in den steilen Äckern mit der Sichel das Korn zu schneiden. Am liebsten gingen wir zum Glarzer zum Helfen, denn die Glarzer Mutter meinte es immer besonders gut mit uns: Zur Marende gab es immer Kuchen und Krapfen, und manchmal hat sie uns Schnitterinnen auch eine Kleinigkeit bezahlt.

Zum Spielen blieb nicht sehr viel Zeit. Wir spielten *Versteckerlus* und *Derwischerlus,* und ich kann mich erinnern, dass meine Eltern manchmal mitgespielt haben. Bei uns daheim stand eine Bank, die wir das »Bankl zur schönen Aussicht« nannten, und an warmen Sommerabenden haben wir dort Tiroler Lieder gesungen. »Wo man singt, da lass dich ruhig nieder«, hat der Vater oft gesagt. Das Singen machte mir große Freude. Ich hätte sehr gern ein Instrument wie Zither, Gitarre oder Hackbrett gelernt. Aber für eine musikalische Förderung war auch kein Geld übrig, und der Weg ins Dorf war weit. Aus diesem Grund durfte ich auch nicht im Kirchenchor mitsingen.

Im Winter rodelten wir viel. Bei Regenwetter oder an langen Winterabenden spielten wir Karten oder Brettspiele wie Mühle oder *Fuchsnainte.* Die Tagwerker, die bei uns halfen, spielten auch manchmal mit uns. Daran erinnere ich mich gut.

Gebadet wurden wir einmal in der Woche in einem großen Zuber in der Waschküche, und zwar einer nach dem anderen, natürlich alle im gleichen Wasser. Badezimmer hatten wir keines. Die Mutter hat uns jeden Morgen in der Küche der Reihe nach gekämmt und dabei stets das Schutzengelgebet gebetet.

Das Beten und der Glaube waren feste Bestandteile unseres Lebens. Wir besuchten fleißig die heilige Messe, und an den Prozessionen, die an bestimmten Sonntagnachmittagen abgehalten wurden, nahmen wir andächtig und vollzählig teil. Wir beteten auch daheim viel, besonders an Festtagen wie Weihnachten, Pfingsten und *Hochunserfrauen.* Ich erinnere mich, wie wir einmal den Frühmesser zum Aussegnen holten, weil unsere Felder von *Gosen* befallen waren. Es handelte sich um zwei bis drei Zentimeter große, weiße Würmer, welche die Graswurzeln und die Krautrüben auf den Äckern abfraßen, sodass nichts mehr gedeihen konnte. Der Frühmesser hieß Hochwürden Franz Gasser und war ein tiefreligiöser, tiefgläubiger Mann. Viele Bauern holten ihn zu Hilfe, denn er genoss den Ruf, sehr erfolgreich in solchen Angelegenheiten zu sein. Alle Familienmitglieder mussten sich an seiner »Zeremonie« beteiligen. Er ging mit uns hinaus auf das Feld, betete, bespritzte die Erde mit Weihwasser und segnete den Acker. Wir knieten alle nieder und beteten mit ihm. Und was soll ich sagen – ob es nun Aberglaube oder festes Gottvertrauen war –, es hat wirklich geholfen! Nicht lange danach lagen die Würmer tot in der Ackerfurche, und das Problem war gelöst.

Prozession auf den Bühl in St. Peter

An Sonntagnachmittagen hieß es für uns Mädchen, meist zu Hause ausnähen. Ab und zu kamen Nachbarn oder Verwandte auf Besuch. Den einzigen Ausflug, den wir alljährlich unternahmen, war eine Wanderung am St.-Ulrich-Tag am 4. Juli. Wir brachen in aller Frühe auf und wanderten nach Riegl auf *Flitz,* dann weiter über *Tschatterlin* zum *Tschan*-Kirchl auf Raschötz und drüben hinunter nach St. Ulrich. Dort besuchten wir die Primiz, die stets an jenem Tag abgehalten wurde. Anschließend fuhren wir mit der Seilbahn hinauf auf die Seiser Alm. Auf diesen Tag freuten wir uns immer wochenlang, eigentlich monatelang, weil es eine schöne Abwechslung war.

Bäuerlicher Alltag

Unser Essen war sehr einfach, und es gab meistens dasselbe: Zum Frühstück bekamen wir immer ein Mus mit *Birmehl.* Zum *Halbmittag* gab es entrahmte Milch mit gekochten Erdäpfeln. Zu Mittag kamen am Montag, Dienstag und Donnerstag *plentene* Knödel, am Mittwoch und Freitag etwas in Schmalz *Gebachenes,* am Samstag *Tirtlen* und nur am Sonntag weizene Knödel auf den Tisch. Speck zur Marende gab es nur dann, wenn eine schwere Feldarbeit anstand oder das *Erdeführen.* Ansonsten wurde der Speck nur in die Knödel geschnitten. Man musste ja sparen. Fleisch bekamen wir ausschließlich im Winter um Weihnachten, wenn das Schwein geschlachtet wurde. Da stellte die Mutter eine Platte mit Kraut und Schweinefleisch auf den Tisch, und alle aßen mit der Gabel von dieser Platte. Als Vorspeise bekamen wir immer *Tirtlen,* die damals mit Roggenmehl gemacht wurden. Im Sommer waren sie mit Spinat- oder Brennnesselfülle zubereitet, im Winter hingegen mit Kraut. Etwas Besonderes war auch das weizene Mus, das wir nur am 24. Dezember zu Mittag bekamen. Zu Neujahr gab es süße Krapfen oder das »Kleine Himmelreich«: So nannten wir die kleinen Germkrapfen, die man in Mohn und Honigwasser tauchte. Süße Krapfen gab es auch an Ostern, Pfingsten, Hochunserfrauen und Allerheiligen. Zu *Dreikönig* kamen Germkrapfen auf den Tisch, das war so Brauch.

Viermal im Jahr wurde bei uns daheim roggenes Brot gebacken, welches dann jeweils für drei Monate reichen musste. Es gab den Brauch des Brotaustragens: Wenn gebacken wurde, teilte man einige Brote den Handwerkern, Tagelöhnern und ärmeren Menschen aus. Dafür erhoffte man sich den sogenannten Brotsegen, der bewirken sollte, dass das Brot länger reichte. Aber manchmal reichte es leider trotzdem nicht bis zum nächsten Backtag, und wir mussten hungern.

Das Getreide wuchs auf dem Hof: Roggen, Gerste, Buchweizen und Hafer. Auch Kartoffeln und Gemüse wie Rohnen, Kohl und Bohnen hatten wir selbst. Als Zuckerersatz benutzte man *Saccharin,* nur ganz selten wurden Nudeln, Reis oder auch etwas *Türkemehl* gekauft. Es war meist kein Geld im Haus, um etwas einzukaufen. Im Sommer gingen wir auch stets in den Wald und pflückten kiloweise Himbeeren, *Grantn* und Erdbeeren. Ab und zu brachten wir die Beeren dann den Gasthäusern im Dorf und bekamen einige Lire dafür. Das war eine der wenigen Möglichkeiten, um zu etwas Geld zu kommen. Ärmere Familien waren regelrecht auf dieses Geld angewiesen. Mein Bruder Hermann und ich haben ab und zu auch im Bach gefischt und unseren Fang dem *Kabis* für ein paar Münzen verkauft.

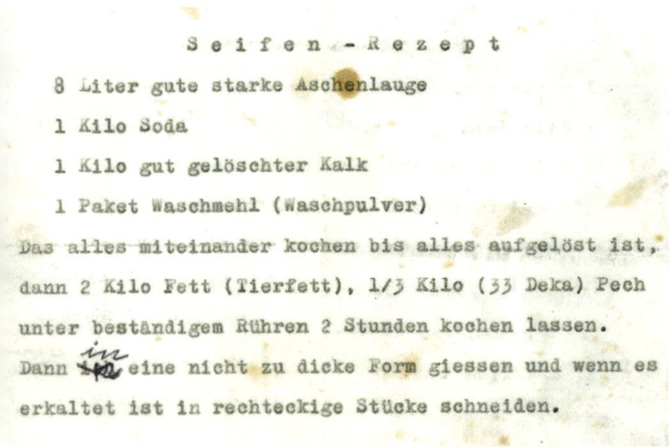

Seifen - Rezept

8 Liter gute starke Aschenlauge

1 Kilo Soda

1 Kilo gut gelöschter Kalk

1 Paket Waschmehl (Waschpulver)

Das alles miteinander kochen bis alles aufgelöst ist, dann 2 Kilo Fett (Tierfett), 1/3 Kilo (33 Deka) Pech unter beständigem Rühren 2 Stunden kochen lassen. Dann in eine nicht zu dicke Form giessen und wenn es erkaltet ist in rechteckige Stücke schneiden.

Seifenrezept

Eine andere Einnahmequelle für die Bauern war die Butter. Nur selten bekamen wir Schmalz aufs Mus, denn Butter war viel zu wertvoll. Unsere Mutter trug sie immer in einem Korb nach Brixen, um sie in der Stadt zu verkaufen. »Du darfst aber nirgendwo einkehren, um etwas zu trinken, das können wir uns nicht leisten«, ermahnte sie der Vater immer. Manchmal, wenn die Mutter ihre Ware nicht los wurde, hat sie geweint, weil sie den weiten Weg umsonst gegangen war.

Erst später gab es die *Grompen.* Zuerst kam immer eine aus Lajen herüber. Von Albeins her kam auch eine, die sogar Kälberfleisch gesammelt und in die Stadt getragen hat. Im Sommer wickelte man die Butterknollen in *Bachplötschen* oder nasse Tücher ein, damit sie den Transport überstanden. Die Riegler Barbl, eine einheimische *Grompe,* hatte immer Säcke unter ihrem langen Kittel aufgenäht um die Butter darin zu verstauen.

Wir besaßen ein Sonntagsgewand und ein Werktagsgewand. Das war ein lodener Kittel im Winter und ein Dirndl im Sommer. Unsere Mutter färbte Leintücher, um daraus Kleider für uns Kinder zu schneidern. Die Leute waren recht erfinderisch, denn Geld war einfach keines da. Wir hatten das Glück, dass unsere Tante Näherin war, die manchmal kam und uns Kleider und Schürzen, Hemden und Unterhosen anfertigte. Jeder hatte nur ein Paar Schuhe, die mit Nägeln beschlagen und öfters geflickt waren. Im Sommer hatten wir manchmal so einfache Gummischlappen, aber wir liefen auch viel barfuß herum.

Schneider, Schuster und Weber kamen ins Haus, um ihre Arbeit zu machen. Sie blieben dann ein paar Tage und zogen wieder weiter, wenn ihr Werk vollendet war. Zum Dank lud man sie danach einmal an einem Sonntag zum Mittagessen ein. Auch Tagwerker, die bei größeren Arbeiten am Hof halfen, kamen an Sonntagen zum Mittagessen, und am Heiligen Abend lud man immer einen armen Menschen ein.

Von den Lehrern diskriminiert

Die Zeit des Faschismus war sehr schwer, denn alles war Italienisch. Der Gemeindesekretär war Italiener und auch der Brigadier. Der Bevölkerung war alles verboten: die Trachten, die Feiern und vor allem die deutsche Schule.

Wir hatten eine Außenschule in *Pardell,* welche von 1933 bis 1939 existierte. Sie war beim Tischler untergebracht, und ich besuchte zwei Jahre lang dort den Unterricht. Gelernt haben wir aber leider nicht viel, weil wir überhaupt nicht Ita-

Pardeller Schulklasse zur Faschistenzeit

lienisch konnten. Auch wurde zu Hause immer nur über die Schule geschimpft, sodass wir gar keine Freude am Lernen hatten. Unser Lehrer sorgte mit vielen Schlägen für Disziplin. Es gab auch einmal eine Lehrerin in *Pardell,* die sich von den wilden Buben nicht mehr zu wehren wusste. So rief sie schließlich die Carabinieri, die für Ordnung sorgen mussten.

Die Schulzeit war für uns Kinder auch schwierig, weil wir zu der *Balilla* gehen sollten. War man bei dieser Vereinigung, hatte man bestimmte Privilegien. Aber von zu Hause aus durften wir das nicht, die Eltern waren strikt dagegen. Die Schüler, die nicht dabei waren, wurden von den Lehrern erst recht diskriminiert.

Einige Stunden im Monat hatten wir Katakombenunterricht, wo wir Deutsch schreiben und lesen lernten. Die Lehrerinnen kamen zu den Familien und hielten ein bis zwei Stunden Unterricht. Aber das war sehr unregelmäßig, denn es musste natürlich alles heimlich bleiben. Die Carabinieri haben oft in den Bauernhäusern *herumspekuliert.* Wenn sie irgendeinen Verdacht hatten, durchsuchten sie kurzerhand ein Haus. Sobald bei uns zu Hause Katakombenunterricht war, durften wir auch nicht in der Stube bleiben, sondern mussten uns in einer Kammer verstecken. Die Proder Anna hielt bei uns Katakombenunterricht. Auch die Mutter hat uns bei den Hausaufgaben und beim Lernen immer fleißig geholfen, so gut sie konnte.

Einmal in der Woche war Religionsunterricht beim Pfarrer oder Kooperator in St. Peter. Da kamen alle Schüler aus St. Magdalena, St. Peter und *Pardell* zusammen. Bei dieser Gelegenheit wurde regelmäßig gerauft und gestritten. Aber ich ging da ganz gern hin, denn mir gefiel der Katechismus mit den schönen Bildern.

Unsere Schultasche nannte man »Bulge«, es war eine lodene Tasche mit Kraxen, die man mit einem Knopf zumachte. Darin befanden sich eine hölzerne Griffelschachtel mit Feder, Bleistift und Radiergummi sowie ein Löschblatt und ein Lesebuch. Zur Pause hatten wir ein Stück Brot und einen Apfel mit. Das Brot haben wir oft untereinander ausgetauscht, denn jedes Bauernbrot schmeckte ein bisschen anders.

Heiß ersehnt war immer das jährliche Baumfest, wo alle Schulkinder im Wald Bäumchen pflanzten. Als Belohnung bekam jedes Kind ein weizenes *Striezl* mit Mortadella. Schon deswegen war das Baumfest etwas ganz Besonderes, denn weißes Brot vom Bäcker gab es zu Hause nie.

»Tot sind nur die, die man vergessen hat …«

Der Hitler hat uns an Mussolini verkauft. Deswegen mussten wir Südtiroler wählen. Bei der Option 1939 wählte mein Vater Deutsch, und er wäre auch wirklich bereit gewesen, auszuwandern. Doch meine Mutter hat so geweint und ihn angefleht, dass er nicht gehen soll, dass er schließlich seine Meinung änderte und wir hierblieben. Es ging vielen Familien so. Die Leute wurden gegeneinander aufgehetzt, alles Mögliche wurde den Menschen versprochen und angedroht. Es war ein regelrechter Kampf zwischen den Bürgern. Die Leute, die wirklich ausgewandert sind, konnten nur das Notwendigste mitnehmen. Irgendwann hieß es, sie kämen alle hinunter nach Italien. Ich kann mich auch erinnern, wie man uns erzählt hat, dass einige Italiener in Teis angesiedelt wurden, aber die haben allesamt nicht durchgehalten.

Ab März 1940 durften wir dann in die deutsche Schule gehen, weil unsere Eltern Deutsch gewählt hatten. Das bedeutete für uns Kinder aber auch einen langen Schulweg: Die Außenschule in *Pardell* wurde aufgelassen, und bis nach St. Peter brauchten wir eine Stunde. In dieser Zeit gab es auch die Hitlerjugend, zu deren Treffen man zwar nicht gehen musste, aber es hieß immer, jemand von der Familie sollte dabei sein. So wurde meine Schwester Ida Mitglied, und ich hatte wieder das Nachsehen in der Schule, weil ich nicht bei dieser Vereinigung war. Die Mädchen von der Hitlerjugend hatten immer Dirndln an und weiße Stutzen und trafen sich in der Freizeit, um Lieder zu singen.

Als der Zweite Weltkrieg anfing, mussten junge Männer der Reihe nach einrücken, alle bis zum Jahrgang 1927, ja kurz vor Kriegsende holte man sogar noch alle 17- und 18-jährigen. Bald gab es auch die ersten Gefallenen. Jedes Mal, wenn wieder einer unserer Soldaten im Tal »für Gott, Volk und Vaterland« gefallen war, wurde eine Trauerfeier mit Grabrede gehalten, an der die Bevölkerung teilnahm. Die Rede hielt immer ein Offizieller der deutschen Wehrmacht, und das war sehr ergreifend, mir sind die Worte bis heute in Erinnerung geblieben:

Mag das, was sterblich an euch war, in fremder Erde bleichen.
Ihr seid nicht tot.
Wer in Gedenken einer Nachwelt steht,
wer ewig jung im Blut des Volkes lebt wie ihr,
kann nicht gestorben sein.
Tot sind nur die, die man vergessen hat.
[…]

Eine kleine Anekdote aus dem Ersten Weltkrieg

Solche Trauerfeiern gab es auch schon im Ersten Weltkrieg. Meine Mutter hat mir erzählt, dass mein Vater, geboren 1888, schon als gefallen gegolten hatte und die Trauerfeier bereits abgehalten worden war. Meine Tante Moidl wollte eine Kerze, so eine Wachsrolle auf einem *Steckele,* wie man sie früher hatte, für ihn anzünden. Doch die Flamme erlosch immer wieder. »Das Feuer brennt nicht, der Michl lebt noch«, behauptete die Moidl und war überzeugt, ihr Schwager wäre nicht gefallen. Und tatsächlich kam nach einiger Zeit ein Brief, in dem es hieß: »Ich bin gesund und bin gefangen.« Er war in russischer Gefangenschaft! Der Kamerad, der berichtet hatte, er hätte ihn an der Front tot auf dem Boden liegen sehen, hatte sich offensichtlich getäuscht.

Ich werde diesen Tag nie vergessen

»Wer Feindsender abhört, übt Verrat am deutschen Volke« stand auf einem Zettel, der auf jedem Radiogerät angebracht werden musste. Es war auch Vorschrift, jeden Abend die Fenster zu verdunkeln, um nicht von den Fliegern angegriffen zu werden. Unser Vater bespannte einfache Holzrahmen mit blauem Papier und befestigte sie außen an den Fenstern.

Der Rieglhof wurde von den Bomben schwer getroffen. 1961 wurde er abgebrochen, und die Wiesen wurden aufgeforstet.

Und dann kam der 28. Februar 1945. Ich werde diesen Tag nie mehr vergessen. Es war schrecklich: Die ersten Bomben fielen um die Mittagszeit, und meine Schwestern Ida und Martha waren noch nicht von der Schule heimgekommen. Die Mutter ließ alles stehen und ging sie suchen. Schließlich kamen sie ganz verwirrt und verängstigt nach Hause. Es böllerte, als ginge die Welt unter. Wir hatten große Angst, versteckten uns im Keller unten und beteten. Meine Schwester Josefa lag fiebernd im Bett. Immer wieder schlugen Bomben ein, auch in der Nähe. Durch den Luftdruck gaben die Wände des Futterhauses nach und stürzten halb ein. Das Vieh im Stall schrie erbärmlich. Alle Fensterscheiben zerbarsten. Das Mittagessen, das noch unberührt auf dem Tisch stand, war voller Splitter und Scherben und musste weggeworfen werden.

Der Rieglhof auf *Flitz* wurde schwer getroffen. Allein dort fielen 28 Bomben – so erzählte man uns später. Sowohl im Futterhaus als auch im Wohnhaus schlugen Bomben ein. Die Pächtersfrau, die dort lebte, Anna Malfertheiner, kam ganz außer sich und über und über schwarz vor Ruß zu uns nach Tschinefreid.

Antonia Vikoler (rechts sitzend) mit Eltern und Geschwister

Sie war mit ihrem zweijährigen Sohn geradewegs durch den steilen Wald zu uns heruntergerannt. Es war ein Wunder, dass die beiden den Angriff unbeschadet überlebt hatten.

Der ganze Spuk dauerte bis vier Uhr Nachmittag. Besonders schwer getroffen wurden St. Valentin und Pardell, da die amerikanischen Flieger alle dort drüberflogen. Sie wollten die Eisenbahnbrücke in Albeins treffen und die FLAK-Stellungen in Milland, Lajen und Afers. Doch sie mussten die Bomben vorher abwerfen und kamen nicht ans Ziel. In den Wäldern und Wiesen war noch lange danach alles voller Bombensplitter.

Eine der Bomben, ein Blindgänger, rutschte herunter in den *Flitzer* Bach, und zwar in der Nähe vom Steig, der zum Faglhof hinaufführte. Als im Frühling der Schnee schmolz, hat sie mein Bruder Hermann gefunden. Ich glaube, der Pianer Albert war dabei, als Hermann den Inhalt der Bombe mit einem Stemmeisen herauskratzte. Als Vater das erfuhr, schimpfte er schrecklich. Die beiden Buben hätten tot sein können. Diese Bombe ist eine der beiden Bomben, die heute in St. Valentin neben der Kirche besichtigt werden können.

An freien Tagen auf die Berge

1943 war ich zum ersten Mal als Kindermadl beim Mantinger, 1945 war ich als *Gitsch* zu Pramstrohl und danach bei anderen Bauern. Als solche musste ich überall anpacken. 1949/50 besuchte ich für ein halbes Jahr die Haushaltungsschule in Mühlbach.

Unsere Eltern sorgten dafür, dass wir Mädchen alle in Mühlbach oder Dietenheim eine Ausbildung in Hauswirtschaft machen konnten. Die finanziellen Mittel dafür sparten sie sich vom Munde ab, wofür wir ihnen sehr dankbar waren. Ich lernte dort Kochen und Nähen. Diese Fertigkeiten waren Grundvoraussetzung für die meisten Posten. Flicken, Ausnähen, aber auch Spinnen, Sticken und Stricken musste damals jedes Mädchen lernen. Bevor man nähen durfte, musste man Flicken können. Wir nähten stundenlang Bettwäsche mit schönen Säumen und Monogrammen.

Antonia beim Seniorentheater

Anschließend war ich auf verschiedenen Stellen als Hausmädchen, bald auch außerhalb des Tales, und zwar in Mals, Vahrn und Olang. Später habe ich Saisonen in Gröden, Kolfuschg und Meran gemacht. Zwischendurch half ich bei meinen Geschwistern oder Bekannten aus, wenn sie kleine Kinder hatten. Das war für mich damals selbstverständlich. Schließlich trat ich bei meiner Schwester Martha in den Dienst. Sie hatte eine Stelle in der Gemeinde, und ich machte 14 Jahre lang den Haushalt und schaute auf ihre Kinder. 1967 habe ich gemeinsam mit Martha und meinem Schwager Felix in St. Valentin ein Eigenheim gebaut. Wieder hieß es eisern sparen. Doch schließlich ging es aufwärts, und wir vermieteten Zimmer an Feriengäste. Einige kamen Jahr für Jahr zu uns. Durch die Kontakte zu unseren Gästen kam ich auch ein wenig herum, vor allem nach Deutschland, Österreich und in die Schweiz.

Meine große Leidenschaft war immer das Bergsteigen. Als allein stehende Frau konnte ich mir erlauben, an freien Samstagen Berge zu erklimmen, meistens zusammen mit unseren Hausgästen. Das war damals für eine Frau schon etwas Besonderes. Ich war nicht nur auf einigen Gipfeln der Geislergruppe wie dem *Sass Rigais,* der Fermeda und der *Furchetta,* sondern z. B. auf den Drei Zinnen, der Cirspitze, dem Piz Boé und sogar auf Gletschern wie der Marmolata und dem Ortler.

Ein anderes Hobby von mir ist das Mundartdichten. Oft habe ich für Anlässe wie Hochzeiten, Geburtstage oder Taufen Mundartgedichte geschrieben. Ich war auch neun Jahre lang im Helferkreis tätig und wirkte 20 Jahre lang (von 1985 bis 2005) als Vorsitzende im KVW-Seniorenclub, wo wir nette Feiern gestalteten und viele schöne Fahrten mit dem Busunternehmen »Geislerreisen« unternahmen.

Ich habe in meinem Leben viele Veränderungen gesehen und mitgemacht. Wir hatten es nicht einfach als Kinder, aber doch war es oft schön. Ich denke mir oft, es täte den Leuten heute gut, wenn sie ein wenig bescheidener leben würden.

Hedwig Fischnaller
Wwe. Bodner »Bodnerin«

Hedwig wurde am 22. Juni 1931 in Teis geboren. Ihr Vater hieß Josef Fischnaller und war Schneider, ihre Mutter Johanna Kasseroler führte den Haushalt und nähte. Hedwig war das sechste von acht Kindern: Hanne, Zenze, Moidl, Luise, Sepp, Berta, Hedwig und Toni. Nach der Ausschulung arbeitete sie einige Jahre lang als Hausmädchen auf verschiedenen Posten. 1955 heiratete sie Sebastian Bodner aus Teis. Von 1955 bis 1972 kamen ihre neun Kinder Wilhelm, Helga, Hilde, Marianne, Franz, Elisabeth, Erna, Verena und Reinhard zur Welt. Seit 2002 ist Hedwig Witwe.

Gespielt haben wir nebenbei

Ich kam im Schulhaus von Teis zur Welt. Meine Eltern waren dort einige Zeit in Miete. Als man dann die Klassenräume vergrößerte, zogen wir in eine Wohnung im Gasthof Stern. Dort wohnten auch noch andere *Quartierleute,* eine Familie aus Lajen zum Beispiel. Früher sagte man einfach »beim *Wirt*«, denn es war lange das einzige Gasthaus. Beim »*Wirt*« zu wohnen war wunderbar, denn wir waren mitten im Dorf, neben Kirche und Schule, daheim.

Gleich neben dem Gasthaus gab es eine überdachte Kegelbahn, die ein beliebter Treffpunkt in Teis war. Sonntags wurde dort gekegelt, und wir Kinder schauten für unser Leben gern dabei zu. Doch auch während der Woche, nach der Schule, spielten wir dort alles Mögliche wie *Tempelhupfen,* Fangen oder *Speckern.* Die Terrasse vom Wirt war auch ein toller Spielplatz. Unter ihr lagerten große Weinfässer, wo wir nur zu gern herumkletterten und Verstecken spielten.

Schon im Volksschulalter durfte ich jedoch nicht mehr viel spielen. Ich musste öfters das Vieh vom Wirt hüten und war, wie viele andere Kinder, meist auf den Wiesen und Weiden draußen. Gespielt haben wir so nebenbei, wenn die Tiere friedlich grasten und wir ihnen nicht nachrennen mussten. Manchmal

Familienfoto mit Hedwig vorne in der Mitte (Ende der 1930er Jahre)

hatte ich auch noch meine jüngeren Geschwister dabei. Meine Freundin Paula Messner und ich sammelten gern gegabelte Stöckchen, die wir als Puppen verwendeten. Von meinem Vater, der Schneider war, erbettelte ich Stoffreste. Aus denen nähte ich selbst Kleidchen für diese »Astpüppchen«. Damit spielten wir oft stundenlang und hatten die größte Freude.

Mit elf Jahren durfte ich zum ersten Mal mit auf den Markt nach Klausen gehen. Da bekam ich meine erste richtige Puppe geschenkt. Das war etwas! Ich war ganz weg, so schön war sie in meinen Augen. Wir kehrten auch in einem Gasthaus ein, und die Wirtin fragte mich: »Na, hast du eine Puppe bekommen?« Ich traute mich fast nicht zu antworten und schlug die Augen nieder. Fremden gegenüber war ich sehr *gschamig.*

Wenn im Winter nicht zu viel Schnee lag, mussten wir Kinder auch immer in den Wald gehen, um Holz zu holen. Fast jeden Tag nach der Schule schickte man uns mit dem Buckelkorb, der uns bis auf die Kniekehlen reichte, los. Der Weg war weit, und heimwärts knickten einem fast die Beine ein, so schwer waren diese großen Körbe, wenn sie voll waren.

Früher gab es den Brauch, dass die Kinder eingeladen wurden, bei einer Verwandten oder Nachbarin »Nikolaus aufzurichten«. Dann durfte man dort den Teller aufstellen und hoffen, dass der Nikolaus etwas brachte. Einmal lud mich eine Nachbarin, ein älteres Weiblein, ein, bei ihr Nikolaus aufzurichten. Ich war schon ein wenig skeptisch, denn es war eine ziemlich eigenartige Frau. Sie liebte Kinder über alles, aber trotzdem war sie mir nicht ganz geheuer. Meine Mutter ermutigte mich schließlich, die Einladung anzunehmen. So richtete ich den Teller auf und war gespannt, was am nächsten Morgen wohl drauf sein würde. Als ich am Nikolausmorgen die Gaben erblickte, erschrak ich sehr: Auf dem Teller lag ein großer Haufen Apfelschalen, und dazwischen waren ein paar Nüsse und Trockenfrüchte. Das war nicht die Überraschung, die ich mir erhofft hatte!

Andere Bräuche, an die ich mich erinnern kann, waren das »Teller-*umluckn*« und das »Stockschlagen«. Das spielte man beim *Wirt* in der Gaststube oder auch in größeren Bauernhäusern, und zwar an *Dreikönig.* Da wurden auf dem Tisch mehrere Teller umgekehrt und darunter kleine Dinge versteckt, wie ein Rosenkranz oder eine kleine Puppe oder ein Stück Kohle. Dann wurden einer Person die Augen verbunden, und sie musste einen Teller *umluckn,* also umdrehen. Je nachdem, was darunter war, wurde ihr ein bestimmtes Schicksal vorausgesagt, z. B. sie gehe ins Kloster oder bekomme bald ein Kind. Beim »Stockschlagen« wurden auch einem Spieler die Augen verbunden, und die anderen gaben ihm einen Klaps an die Beine. Der »Blinde« musste dann erraten, wer es gewesen war. So vertrieb man sich die langen Winterabende. Leider durfte ich nicht sehr oft in die Wirtsstube hinunter, denn wenn unsere Mutter in der Küche half, musste ich immer auf die kleinen Geschwister schauen. Nur, wenn zum Beispiel der Krampus kam, versteckten wir Kinder uns gern auf der großen Ofenbrücke in der Gaststube und spähten neugierig hinunter.

Italienische und deutsche Schule

Ich weiß nicht mehr viel von der italienischen Schule, aber ich kann mich erinnern, dass ich bei der *Balilla* war. Eines Tages hieß es, wir sollten uns alle die Haare schneiden lassen, dann dürften wir mit zum Meer, »al mare«, fahren. Am Meer gebe es nämlich niemanden, der uns kämmen würde. Mir war nicht wohl dabei, denn ich liebte meine langen Zöpfe. Als wir so geschlossen zum Haarschneider marschierten, schlich ich mich aus der Reihe und lief nach Hause zum *Wirt.* Ich rannte die Treppen hinauf auf den Dachboden und versteckte mich dort in einer alten, staubigen Kornkiste. Ich hatte große Angst, dass sie mich suchen und doch noch zum Haarschneider bringen würden. Also blieb ich so lang drin, bis ich es vor Hunger und Durst nicht mehr aushielt. Erst am Abend traute ich mich in unsere Wohnung. Meine Mutter sagte zu meiner Erleichterung nichts, denn sie war wohl auch froh, dass ich die langen Haare noch hatte. Ich weiß nicht mehr, ob die anderen Mädchen alle ihre Haare geschoren bekommen hatten. Soweit ich mich erinnere, wurde aus dem versprochenen Meeraufenthalt am Ende nichts.

Die deutsche Schule, die es nach der Option gab, war sehr streng. Es wurde viel geschlagen: Wer nicht parierte, bekam mit der Rute Schläge auf die Handfläche. Manchmal musste man auch hinter der Tafel knien. Wenn wir schwätzten, zog uns die Lehrerin so fest an den Haaren, dass sie manchen Kindern ganze Büschel ausriss. Aus diesem Grund ging ich nicht gern zur Schule, denn ich hatte Angst vor dieser Frau. An den Direktor Fill kann ich mich auch gut erinnern. Er war Jäger und ließ oft den Hund bei meinem Vater, während er in die Schule auf Klassenbesuch ging. Er aß auch beim *Wirt* zu Mittag, wenn er in Teis war. Dann fragte er immer nach der Schule und ließ sich die Hefte zeigen. Manchmal fragte er uns Kinder sogar aus. Als meine Mutter ihn bei Gelegenheit einmal auf die Methoden der Lehrerin ansprach, hat er sie wohl einmal ins Gebet genommen. Von da an ließ sie mich jedenfalls in Ruhe.

Hedwig in jungen Jahren

Man war froh um jede Lira

Unser Vater war kränklich und hatte viel mit dem Magen zu leiden. Zeitweise konnte er nicht einmal mehr seinen Beruf ausüben. Aus diesem Grund mussten meine Eltern auch ihr Zuhause verlassen und in Miete wohnen gehen. So lag es vor allem an unserer Mutter, viel zu arbeiten: Sie half in der Küche vom *Wirt,* nähte und unterstützte den Vater beim Schneidern. Meine älteren Geschwister erzählen immer, dass sie in ihrer Kindheit, also in den frühen dreißiger Jahren, große Not litten. Da hatten sie manchmal nicht einmal genug zu essen. Nach einer Magenoperation ging es dem Vater wieder so weit gut, dass er wieder mehr arbeiten konnte. Zu meiner Zeit war es dann schon besser.

Mein Vater ging viel auf die *Stör,* meistens nach Villnöß und Gufidaun. Wenn der Heimweg weit war, blieb er auch oft über Nacht fort. Häufig wurde er mit Lebensmitteln bezahlt, denn die Leute hatten nicht viel Geld. Eine Zeit lang mussten wir Kinder jeden Tag zum Planerhof nach St. Valentin gehen, um zwei Liter Milch zu holen. Für den Hin- und Rückweg brauchten wir mehr als zwei Stunden. Später holten wir die Milch dann zum Glück bei anderen Bauern in Teis, eine Zeit lang auch zu Niglun. Der Weg dorthin war zwar nicht so weit, aber auch nicht gerade ungefährlich.

Hungern mussten wir nicht, denn meine Mutter brachte ebenfalls etwas Geld oder zumindest Lebensmittel heim. Auch wenn ich der Wirtin, unserer Vermieterin, half, bekam ich den ein oder anderen Bissen zugesteckt. Unsere Eltern bestanden jedoch darauf, dass wir Kinder immer fragten, wenn wir etwas zum Essen wollten. Einmal wagte ich es, mir selber eine Scheibe Brot abzuschneiden, weil ich so großen Hunger hatte und nicht mehr warten wollte. Bei der Marende merkte der Vater dann sofort, dass jemand anders den Brotlaib in der Hand gehabt hatte. »Wer hat hier heute schon Brot genommen?«, wollte er wissen. Ich gab zu, dass ich es gewesen war. Zur Strafe bekam ich an jenem Tag keine Marende mehr.

Ich ging auch oft mit meiner Mutter Beeren pflücken in den Wald. Das war schon wichtig, um den Speiseplan aufzubessern. Zum Teil hat die Mutter die Beeren in Brixen verkauft, man war ja froh um jede Lira. Obwohl wir Kinder nicht so viel sammelten, nahm uns die Mutter immer mit. Sie sagte immer: »Auch das bisschen, das ihr sammelt, ist etwas.« Sie kochte viel Marmelade ein, denn sie backte gern Krapfen. An besonderen Festtagen gab es Germkrapfen mit Marmelade oder süße Krapfen.

Unsere Kost war recht abwechslungsreich für die damalige Zeit. Die Mutter kochte Knödel oder *plentenen Riebler* mit Äpfeln, Polenta und ab und zu auch Nudeln. Manchmal gab es auch Schmarrn oder geröstete Kartoffeln. Abends kamen meistens Gerstensuppe, Brennsuppe oder *plentenes* Mus auf den Tisch. Es gab meistens genug, aber nie zu viel. Auch waren wir Kinder längst nicht immer alle zu Hause bei Tisch. Wer ausgeschult war, musste sofort irgendwohin auf Dienst gehen und bekam dort die Verpflegung.

Mit dem Gewand hatten wir es recht gut, denn unser Onkel war Schuster in Hall bei Innsbruck und hatte viele Angestellte. Er schickte uns regelmäßig Schuhe, was eine große Erleichterung war. Kleider hatten wir auch, denn die Mutter nähte alles selbst. Unsere Röcke waren nicht ganz lang bis auf die Knöchel, wie es damals üblich war, sondern reichten nur bis unter die Knie. Aus diesem Grund nannten sie uns in der Schule oft die »*herrischen* Kinder«. Aber die Mutter sagte immer: »Lieber spare ich den Stoff an den Röcken und kaufe dafür Stoff für warme Unterhosen.« Solche hatten damals längst nicht alle Kinder. Die wollenen Kniestrümpfe, die wir unter dem Rock trugen, kratzten immer furchtbar am Knie. So zog ich sie nicht zu weit hinauf und fror lieber. Daran erinnere ich mich noch sehr gut.

Prozession mit Fahnenträger Sebastian Bodner; im Hintergrund der Gasthof Stern

Bombenalarm

Als der Krieg ausbrach, wurde mein Vater einberufen. Aber er musste nicht an die Front, vielleicht auch deswegen, weil er gesundheitlich angeschlagen war. Er kam nach Bozen und musste dort für die SS Uniformen und andere Dinge nähen. Er erzählte uns, dass die Schneider häufig ihre Arbeit unterbrechen und unter die Tische in Deckung gehen mussten, wenn die Tiefflieger kamen.

Sebastian Bodner beim Schustern 1951

Wenn hier in Teis Bombenalarm war, suchten Frauen und Kinder den Luftschutzkeller auf. Die Männer konnten dann nur mehr nachkommen, wenn es gefährlich wurde. Wir standen meist draußen vor der Tür, bis die Flieger über der *Geisl* oder über *Flitz* auftauchten, und gingen dann in den Bunker. Dort war viel Platz, es standen auch Bänke dort zum Hinsetzen, und es gab zwei Ausgänge. Als wieder einmal Alarm war und Mutter gerade Polenta kochte, nahm sie den Topf einfach mit, und wir aßen im Bunker zu Mittag. Meist wurde gegen 13 Uhr wieder Entwarnung gegeben, manchmal auch später. Man wusste nie, wie lange es dauern würde.

Einmal war ich gerade mit meinem kleinen Bruder Toni unterwegs nach Niglun zum Milchholen, als die Sirenen aufheulten. Schon hörte man die Flieger und die FLAK-Geschosse. Ich drückte meinen Bruder unter einen Felsvorsprung und kauerte mich vor ihm nieder, damit ihm nur ja nichts passierte. Ich fürchtete mehr um sein Leben als um meins und betete inbrünstig, dass wir heil nach Hause kommen mögen.

Die italienischen Zuwanderer in Teis kamen aus Mestre und anderen norditalienischen Gegenden und wohnten auf verschiedenen Höfen, welche die einheimischen Besitzer hatten verlassen müssen. Man munkelte sogar, die Italiener hätten die Höfe umsonst bekommen. Doch die meisten dieser Leute waren recht umgänglich, auch mit den Kindern hatten wir Kontakt. Eine Familie brachte immer die Hosen zum Bügeln und Flicken zu meinem Vater. Meine Mutter verständigte sich mit der Frau, obwohl sie nicht viel Italienisch konnte. Sie sagte immer: »Ich kann ein bisschen Italienisch, und sie kann ein bisschen Deutsch. Und den Rest deuten wir mit Händen und Füßen.«

Einige Nachkommen der Einwanderer kommen heute noch manchmal hierher. Sie haben immerhin einen guten Teil ihrer Kindheit hier verbracht, obwohl sie bald nach dem Krieg wieder weggezogen sind.

Auf verschiedenen Posten

Nach der Schule ging ich auf Dienst. Zuerst schaute ich auf die Kinder meiner Schwester Hanne, die in St. Peter verheiratet war und als Näherin arbeitete. Anschließend war ich eine Zeit lang in Gröden. Doch die Arbeit dort war mir zu streng. Ich musste bei einer Kaufmannsfamilie den ganzen Haushalt führen und kochen, obwohl ich ja selbst erst 16 Jahre alt war. Abends war immer noch das Geschäftslokal zu wischen und zu putzen. Oft sank ich nur mehr todmüde ins Bett. Was mich aber am meisten ekelte, waren die Nachttöpfe, die ich jeden Tag ausleeren und reinigen musste. Da war alles Mögliche enthalten. Meine Schwester Luise holte mich schließlich dort raus. Ich war sehr froh, von diesem Posten wegzukommen.

In St. Andrä war ich danach bei einem großen Bauern als *Dirn.* Da gab es viel Arbeit, aber nicht besonders viel zu essen. Wir Dienstboten saßen stets an einem separaten Tisch, und wir bekamen auch ein anderes Essen als die Bauersleute: In unseren *plentenen* Knödeln war beispielsweise kein Speck drin, und wir kriegten immer nur die *abgetriebene Milch* zum Trinken, nicht die fette.

Als ich schließlich mit 18 Jahren zu einer Kaufmannsfamilie in Brixen kam, ging es mir besser. Dort durfte ich mit am Tisch sitzen und das essen, was auch die anderen bekamen. Ich konnte schon ein bisschen kochen, und meine Chefin zeigte mir allerhand, sodass mir die Arbeit große Freude machte. Sie war eine sehr genaue Frau, besonders, wenn es um Sauberkeit ging. Doch das war ich von zu Hause gewohnt, weil unsere Mutter auch immer viel Wert darauf gelegt hatte, dass wir aufräumten und alles sauber hielten. Sie hatte uns immer ermahnt, auch unter den Betten zu kehren und den Schmutz nicht in die Ecken zu wischen, sondern wegzuputzen. Dankbar war ich auch, dass ich zu Hause Nähen gelernt hatte. Das kam mir auf meinem Posten sehr zugute. Zu meinen Aufgaben gehörte es auch, auf die zwei Kinder zu schauen.

Dennoch war auch diese Arbeit nicht leicht. Freie Tage hatte ich selten, nur alle paar Wochen durfte ich einen Nachmittag lang nach Hause fahren. Der Zug aus Brixen kam um 13.30 Uhr bei der Villnösser Haltestelle an. Wenn ich mich beeilte, war ich nach einer guten Stunde Fußmarsch zu Hause. Aber um 18 Uhr musste ich schon wieder los, denn der Zug fuhr gegen 18.30 Uhr wieder nach Brixen. Abwärts rannte ich immer über Stock und Stein, da schaffte ich die Strecke bis zum Bahnhof in einer halben Stunde.

Meine Mutter hatte ein Herzleiden und weinte oft, wenn ich wieder ging. Sie hätte mich gern öfter zu Hause gehabt, denn die Arbeit fiel ihr immer schwerer. Sie litt auch an der Wassersucht und hatte einen ganz aufgeblähten Bauch. 1951, als ich im dritten Jahr auf Dienst in Brixen war, bekam ich plötzlich die Nachricht von Luise, ich sollte ganz schnell heimkommen, denn der Mutter gehe es gar nicht gut. Ich eilte nach Hause, und unsere Mutter lag im Bett und hatte große Schmerzen. Am Abend kamen unsere anderen Geschwister. Mutter bekam Morphium und schlief ein. Am nächsten Morgen starb sie, ohne noch einmal aufzuwachen.

Harte, aber auch schöne Zeiten

Für meinen Vater war es eine schlimme Zeit. Er vermisste seine Frau ganz schrecklich. So kündigte ich meinen Dienst und blieb eine Weile zu Hause. Ich war zu jener Zeit schon mit dem Bodner-Wastl bekannt. Er war ein Schuster und hatte seine Werkstatt in der Nähe vom *Wirt.* Wir kamen uns näher, aber da funkte eine andere dazwischen. So beschloss ich, wieder meine alte Stelle

Hedwig mit Vater und Geschwistern am Hochzeitstag

in Brixen anzunehmen. Sie hatten mich nämlich immer wieder gefragt, ob ich nicht wiederkommen würde. Da meine Schwester ab diesem Zeitpunkt zu Hause blieb, konnte ich die Stelle wieder annehmen. Als ich dann in Brixen war, kam mich der Wastl immer wieder besuchen, und so wurden wir schließlich doch noch ein Paar. Damit begann ein neuer Abschnitt in meinem Leben.

Wir heirateten am 17. August 1955 in Teis. Wir wurden beide mit Böllerschüssen geweckt – das war so Brauch. Die Trauung war in der Pfarrkirche, das Mahl danach im Gasthof Stern. Ich trug ein Kostüm, das mir mein Vater geschneidert hatte. Gern hätte ich auch ein Kränzchen mit Schleier getragen, doch mein Mann wollte das nicht, weil ich bereits schwanger war. Wir hatten auch eine Musikgruppe, und es wurde getanzt. Geladen waren die Eltern, Geschwister, Verwandten sowie der Pfarrer und Mesner. Freunde hat man damals nicht eingeladen. Einige Gäste wollten auch die »Braut stehlen«, aber ich bin ihnen nicht mitgegangen. Es gab aber einige lustige *Standlen,* weil mein Mann Imker war und er große Freude an seinen Bienen hatte.

Wastl richtete uns in seinem Heimathaus, einem alten Bauernhaus, eine Wohnung ein. Er arbeitete noch zwei Jahre lang als Schuster, doch damit war nicht viel zu verdienen. So ging er nach Gröden als Holzarbeiter. Als einige Teiser beschlossen, in Deutschland draußen zu *holzern,* schloss er sich an und ging für einige Monate ins Ausland. Unser damaliger Pfarrer, der uns auch getraut hatte, regte sich auf. Er meinte, es dürfe nicht sein, dass ein Familienvater nach Deutschland gehen musste, um den Lebensunterhalt zu verdienen. Er verhalf meinem Mann dann zu einer Stelle bei einer Straßenbaufirma. Damals wurde gerade die Villnösser Straße gebaut, und es brauchte viele Arbeiter. Das war unser Glück: Bei dieser Firma blieb Wastl dann viele Jahre lang. Bald wurde er sogar Vorarbeiter und verdiente recht gut. Trotzdem war er sich nie zu schade, viel zu *buggln* und mit schmutzigen Kleidern nach Hause zu kommen.

Mein Mann hatte auch eines der ersten Autos in Teis. Es war ein hellgrüner 600er, natürlich ein gebrauchter, doch es war eine große Erleichterung. An Sonntagen machten wir viele Ausflüge, bei denen wir immer die jüngsten Kinder mitnahmen – so vier bis fünf, die eben so auf dem Rücksitz Platz fanden. 1964 fingen wir dann an, selbst ein Haus zu bauen. Wastl hatte einen Grund etwas außerhalb des Dorfes durch einen Tausch erworben, und da er fast alles selbst machte, kam es nicht so teuer. Im Herbst 1966 konnten wir einziehen, und es war fein, endlich genug Platz zu haben.

Es waren harte, aber auch schöne Zeiten. Leider ist mir mein lieber Mann zu früh gestorben, und ich vermisse ihn sehr. Ich mache nun viele Handarbeiten, häkle und nähe auch noch manchmal etwas für meine Enkel und Urenkel. Gern treffe ich mich auch mit meiner Nachbarin Paula, um über alte Zeiten zu plaudern.

Erika Psaier

Erika wurde 1932 in St. Peter geboren. Ihr Vater war Johann Psaier, langjähriger Gemeindearzt in Villnöß. Ihre Mutter Clara Videsott stammte aus Pikolein im Gadertal. Sie betrieben eines der ersten Gästehäuser in St. Peter, das Erika bis heute führt. Zeitweise arbeitete sie auch für den Tourismusverein.

Von Hexen, Geistern und Wunderwassern

Ich erinnere mich noch gut an die Riegler Barbl. Als ich ein Kind war, zog sie von Haus zu Haus, um Butter sammeln, die sie dann in die Stadt brachte zum Verkaufen. »*Grompen*« nannte man diese Butterweibelen. Die Barbl war ein Unikum, denn sie war auch eine Art Wahrsagerin und Geschichtenerzählerin. Ich habe mich immer gefreut, wenn sie gekommen ist. Oft saß ich nur da und schaute sie an. Sie war eine urkomische Person, denn sie trug immer so altertümliche Kleider. Sie hat geredet und geredet und viel von früher erzählt, aber auch von der Zukunft gesprochen: »Jetzt werden wir dann bald alle bestraft, der Untergang ist nahe, ihr werdet schon sehen!« Sie erzählte immer von den »schwarzen Stunden« und vom »Weltuntergang«. Sie hat das alles auch geglaubt und entsprechend lebendig erzählt. Ich lauschte fasziniert ihren Schilderungen. Als Kind liebte ich diese Geschichten, besonders auch die vom »Riegler Lichtl«. Die Leute erzählten sich von einem geheimnisvollen Licht, das nachts im Wald bei Riegl oben herumspukte. Es waren in Wirklichkeit verkleidete Burschen, die sich zum Spaß einen Sack über den Kopf stülpten und mit einem Licht herumrannten, um die Leute zu erschrecken. Der Aberglaube war sehr stark verbreitet, nicht wenige Menschen glaubten fest an Geister und Hexen.

Mein Vater nahm mich auch manchmal mit nach *Flitz*. Oben beim Tonnighof gab es die »*Flitzer* Bäder«. Die Tonnigin stammte aus Kastelruth und war ebenfalls ein richtiges Unikum. Sie war groß und immer angezogen wie ein Mann, mit langer, schwarzer Jacke und einem Männerhut auf dem Kopf. Sie rauchte auch einen *Reggl,* trank Alkohol und fuhr immer mit ihrem Fuhrwerk ins Dorf zum Einkaufen. Ihr Mann wirkte sehr schmächtig und unscheinbar gegen dieses Weibsbild. Sie betrieben die Heilbäder auf ihrem Hof. In Holzwannen ließen sie die Leute in *Flitzer Wasser* baden. Diesem *Flitzer Wasser* schrieb man alle möglichen Wirkungen zu. So sind die Leute, wenn sie keine Kinder bekommen haben, hinauf nach *Flitz,* um zu baden. Man glaubte, das würde helfen. Wer ein lediges Kind bekam, wurde oft verspottet mit den Worten: »Du warst wohl zu oft in *Flitz!*« Aber es kamen sogar ganz prominente Leute von auswärts zu diesen Bädern. Viele tranken das *Flitzer Wasser* auch gegen Hämorrhoiden und Magenleiden. Aber weil es so stark eisenhaltig ist, hat es oft mehr Schaden angerichtet als geholfen. Mein Vater riet den Leuten immer ab, aber der Glaube an dieses Wunderwasser war oft stärker als das Vertrauen in die Medizin.

Die Menschen mussten sich selbst versorgen

Ich habe die Zeit meiner Kindheit und Jugend allgemein in schlechter Erinnerung. Das Leben der Menschen war geprägt von Armut. Dazu kamen die Unterdrückung durch die Faschisten, die Wirren der Option und die schwierigen Kriegsjahre.

Krankenversicherung und Rentenversicherung gab es früher keine. Die Menschen mussten sich selbst versorgen. Wer nur ein kleines Höfl hatte, war gezwungen, sich ein Zubrot zu verdienen. Der alte Obertaggl-Sepp trug beispielsweise das Brot jeden Tag hier vom *Zellen* bis nach Afers, und zwar in einem geflochtenen Rückenkorb. Auch uns brachte er das Brot immer vorbei auf seinem Weg. Andere Männer arbeiteten als Tagwerker auf den Höfen oder im Wald.

Die Kost war sehr einseitig. Wenn geschlachtet wurde, gab es tagelang nur Fleisch. Auch die ganz fetten, haarigen Stücke wurden verwertet. Der Rest wurde gesurt oder gepökelt und geselcht, um es haltbar zu machen. Das gepökelte Fleisch war jedoch schrecklich ungesund wegen dem Pökelsalz. Viele

Erika mit ihren Eltern

Kinder litten auch an Mangelernährung oder den Folgen falscher Ernährung. Sie tranken viel, viel Milch, weil häufig nichts anderes im Haus war. Das ist auf die Dauer aber auch nicht gesund. Außer Salz und Zucker hat man nicht viel gekauft. Gemüse kannte man auch nicht besonders viel. Es gab Kraut, Porree, Schnittlauch, Rohnen und Malven im Garten, aber anderes Grünzeug wie Spinat oder Mangold war vielen nicht als Beilage bekannt, nur als Füllung in den Krapfen. Der Gemüsegarten war bei den meisten eher klein und mit Brettern eingezäunt. Viele Bäuerinnen hatten auch keine Zeit, um sich recht viel um den Garten zu kümmern.

Ich bekam zur Pause immer ein Weißbrot mit Wurst und einen Apfel mit. Das war natürlich etwas Besonderes. Aber ich habe es regelmäßig getauscht für hartes Brot. Ich mochte hartes Brot lieber, doch die Bauernkinder kannten kein Weißbrot und standen um mich herum, um zu tauschen. Obwohl ich ein Einzelkind war und es uns materiell nicht so schlechtging, wurde ich sehr streng erzogen. Meine Eltern legten großen Wert darauf, dass ich nicht verwöhnt wurde.

Hausbesuche

So manches Mal durfte ich meinen Vater bei seinen Hausbesuchen begleiten. Dabei sah ich so einige Dinge, die ich lieber nicht gesehen hätte: Viele Frauen waren ausgezehrt von den vielen Schwangerschaften; nicht wenige litten an Blutarmut. Sie haben viel mitgemacht: Um vier Uhr morgens hieß es aufstehen, um die Arbeit im Stall zu verrichten, und dann um sechs Uhr zur Kirche gehen. Anschließend mussten sie wieder den ganzen Tag schuften bis spät in die Nacht.

Viele Kinder starben schon als Baby. Kinderkrankheiten wie Diphtherie und Scharlach waren sehr verbreitet und forderten zahlreiche Todesopfer. Auch Tuberkulosefälle waren sehr häufig, vor allem Jugendliche starben daran. Die hygienischen Zustände waren einfach schlecht, und so konnten sich diese Krankheiten leicht durchsetzen. Schmutzige Windeln wurden häufig nur schnell ausgewaschen und in den Stuben auf dem Ofen zum Trocknen aufgehängt. So bekamen viele Kinder einen »Darmkatarrh« und starben daran. Fast jede

Woche wurde ein Kleinkind begraben. Heute hört man nicht mehr von dieser Krankheit, heute haben die Frauen eine Waschmaschine und Wegwerfwindeln. Viele Kinder hatten auch Kopfläuse, ich natürlich auch, denn wenn einer sie hatte, verbreiteten sie sich in Windeseile in der ganzen Schule.

Früher waren die Leute allgemein schöner und stärker, schwache Kinder haben nicht überlebt. Das war natürliche Selektion. Wer 70 wurde, war schon sehr alt. Viele Menschen hatten auch Rachitis aufgrund von Vitamin-D-Mangel und dadurch früh einen Buckel oder krumme Beine. Es gab noch keine entsprechenden Tropfen für Kleinkinder. Die Haltungsschäden kamen natürlich auch von der schweren Arbeit, die viele von Kindesbeinen an leisten mussten.

Antibiotika oder Penicillin, wie man früher sagte, gab es damals noch nicht. Als es nach dem Krieg, so Ende der vierziger Jahre, Anfang der fünfziger Jahre, auf den Markt kam, konnte sich kaum jemand dieses teure Medikament leisten. Ein kleines Fläschchen davon kostete 20.000 Lire, und das war zu jener Zeit eine sehr hohe Summe.

Mein Vater hatte nie selber einen Wagen oder ein Ross. Er ging meist zu Fuß zu seinen Patienten. Wenn er zu entlegenen Höfen wie z. B. nach *Coll* gerufen wurde und es dringend war, brachten die Bauern ihm ein Pferd bis vor die Haustür. Ich sehe noch vor mir, wie er stets auf einen kleinen Schemel stieg, sich aufs Pferd schwang und losritt. Heimwärts kam er dann wieder auf Schusters Rappen.

Einmal durfte ich meinen Vater begleiten, als er zu einer Kranken nach Afers gerufen wurde. Wir fuhren mit dem Taxi, dem Poster Luis, bis zur Kirche. Dort wartete der Bauer mit dem Schlitten. Dann ging es in rasanter Fahrt bergab bis zum Bach. Die Armut auf den Höfen dort unten am Bach war besonders groß. Ich trug einen Rucksack voller Äpfel und Kuchen von meiner Mutter mit, denn sie wusste, dass dort arge Not herrschte, und hatte uns etwas für die Leute mitgegeben. Während mein Vater ins Haus ging, um den Krankenbesuch zu machen, wartete ich draußen. Da kamen all die Kinder heraus und scharten sich um mich. Ich öffnete meinen Rucksack und kam mir vor wie der Nikolaus, der die Äpfel und Süßigkeiten austeilen durfte. Ich habe öfters erlebt, wie die armen Menschen die verschrumpelten Äpfel, die wir mitbrachten, nicht einmal gleich verzehrten, sondern noch »auf Weihnachten sparen« wollten. Sie hatten ja sonst nichts.

Wenn es Komplikationen gab, wurde mein Vater auch zu Geburten gerufen. Diese Hausbesuche machte er immer am liebsten, denn eine Geburt war immer ein freudiges Ereignis. »Frauen, die ein Kind bekommen, sind meine tapfersten und dankbarsten Patienten«, meinte er stets, »die sind am wenigsten wehleidig.«

Viele hatten selbstverständlich kaum Geld, um den Doktor zu bezahlen. Lebensmittel wie Eier hatten wir selber. So ließ sich der Vater seine Rechungen teilweise auch mit Brennholz, vor allem *Knittel,* begleichen, das wir daheim gut brauchen konnten.

Das Gästehaus Dr. Psaier war eines der ersten Häuser mit fließendem Warmwasser.

Musik und Feiern

Was früher hingegen schön war, war das öffentliche Singen und Musizieren. Wenn man ein Gasthaus betrat, kamen stets ein paar Leute zusammen, die ein Lied anstimmten. Auch Ziehharmonika wurde oft gespielt. Zu Hause wurde auch viel gesungen und musiziert. Bei uns daheim sangen im Sommer auch oft die Hausgäste auf einer Bank unterm Haus. Da hörte ich so gerne zu!

Wenn Brautleute Einladungen verteilten, gingen sie zu Fuß von Gast zu Gast und brachten den Geladenen ein nettes Geschenk mit. Diesen Brauch fand ich sehr schön. Am Hochzeitstag wurden dann natürlich die Brautleute beschenkt. Bauernhochzeiten wurden oft groß gefeiert, meistens beim Gasthof *Kabis*. Dort gab es einen schönen, großen Speisesaal. Doch schon am Tag danach begann wieder der harte Alltag.

Es war immer alles Sünde

Wir Schulkinder mussten regelmäßig zum Katechismusunterricht und fleißig die Glaubenssätze aus dem Katechismus auswendig lernen. Wehe, wenn man beim Ausfragen nicht die richtige Antwort wusste! Dann wurde man streng getadelt. Ich konnte zwar das ganze dicke Buch von vorn bis hinten aufsagen, richtig verstanden haben wir Kinder den Inhalt aber nicht.

Der Pfarrer schimpfte oft inbrünstig bei seiner Predigt. Insbesondere Frauen wurden von ihm gern gemaßregelt. »Ihr kommt in die Hölle, wenn ihr nicht umkehrt«, wetterte er von der Kanzel herunter. Einige Leute hatten große Angst vor ihm und natürlich auch vor den verheißenen Qualen im Höllenfeuer. Ich fand diese Predigten immer furchtbar.

So viel der Pfarrer auch übrig hatte für Chorgesang und die Musikkapelle, so wenig hielt er vom Tanzen. Als die Leute anfingen, Wiesenfeste zu halten, schimpfte er ganz fürchterlich gegen die Tanzerei. Das war die allergrößte Schamlosigkeit und Sünde für ihn. Sogar im Beichtstuhl wurden die jungen Mädchen gefragt: »Hast du wohl nicht getanzt?« Manchmal wurden die Leute lange Zeit im Beichtstuhl ausgefragt, besonders die Frauen.

Wenn auf einem Hof nicht jedes Jahr ein Kind geboren wurde, kam der Pfarrer zu Besuch, um zu fragen, was los war. Wenn eine Frau dann ein Kind geboren hatte, musste sie nachher in die Kirche zur »Aussegnung«. Das war auch eine Demütigung. Bei der Frau war immer alles Sünde. Das empfand ich als sehr ungerecht.

Regelmäßig kamen auch Bußprediger von den Jesuiten, um die Menschen auf den rechten Weg zu bringen. Diese habe ich in schlimmer Erinnerung. Meistens kamen sie um die Fastnachtszeit, damit da ja nicht etwa ausgelassen gefeiert wurde. Sie predigten und schimpften noch viel ärger von der Kanzel als der Pfarrer. Es ging immer vorwiegend um die Sündhaftigkeit der Menschen.

Die Geistlichen übten großen Druck auf die Bevölkerung aus und hatten viel Macht im Dorf.

Die Option: Manche sind sogar krank geworden

Die Monate der Option waren eine schreckliche Zeit. Sowohl fürs Dableiben als auch fürs Auswandern wurde Propaganda gemacht. Es hieß, diejenigen, die fürs Hierbleiben wählen, kämen alle nach Sizilien. Alle waren verunsichert, niemand wusste, was zu tun war, es war furchtbar. Manche sind sogar krank geworden aus Verdruss, weil es hieß, sie müssten die Heimat verlassen.

Mein Vater wählte »*Walsch*«, war also fürs Dableiben. Das waren nur sehr wenige. Er ging am letzten Tag zu wählen, um fünf Minuten vor zwölf Uhr, um ja niemanden zu beeinflussen. Das Wahlamt war beim Ludwig in Pitzack eingerichtet. Als bekannt wurde, das mein Vater fürs Dableiben gestimmt hatte, waren viele entsetzt. Als Doktor hatte er doch einen gewissen Einfluss auf die Dorfbevölkerung.

Ich konnte von da an nicht mehr allein zur Schule gehen. Die Mutter musste mich begleiten. Die Zöpfe haben sie mir in Tinte getaucht und mich als »*Walsche*« beschimpft, gehauen und herumgeschubst.

Eine Zeit lang gab es dann eine deutsche und eine italienische Schule zugleich. Ich musste in die italienische Schule gehen, und ich war auch weiterhin bei der *Balilla.* Dort bekamen die Mitglieder Uniformen, wir Mädchen eine weiße Bluse, einen Faltenrock und eine schwarze Mütze. Uns Dableiberkindern – wir waren nur sehr wenige – wurde »*walsche Fockn*« nachgeschrien. Deutsch gelernt habe ich dann im Privatunterricht bei Schwester Dora, einer Ordensfrau. Der Klerus war auch fürs Dableiben, mit Ausnahme vom Bischof Geisler in Brixen, der selber fürs Auswandern war. Mein Vater sagte oft: »Ich verstehe nicht, warum die Leute, die sonst so religiös sind, nicht auf den Rat des Pfarrers hören wollen.«

Ein Doktor von auswärts wurde von den Nazis bezahlt, um im Dorf zu praktizieren. Zu meinem Vater gingen nur mehr ganz wenige, weil er »*Walsch*« gewählt hatte. Es war eine harte Zeit für unsere Familie. Unser Haus wurde bewacht, und Spitzel passten auf, wer bei uns ein und aus ging. Auch ein Gastwirt, der fürs Dableiben gewählt hatte, wurde von einigen fanatischen Leuten terrorisiert. Es gab unschöne Szenen: Fanatische Nazi-Anhänger machten z. B. die Gasthaustür auf und spuckten hinein.

Ein paar Villnösser sind damals sogar nach Deutschland gefahren, um sich die Gegend anzuschauen, wo man die Südtiroler ansiedeln wollte. Es hat ja immer geheißen, die Leute bekämen draußen den gleichen Hof. Diese Kundschafter haben gesehen, wie die Lage draußen war. Von denen ist keiner mehr ausgewandert.

Als einer der Ersten ausgewandert ist der Bauer, der auf Maschis wohnte. Auch die Riegler Familie wanderte von ihrem Bergbauernhof aus nach Graz. Ansonsten sind nur Einzelpersonen wirklich weggegangen, obwohl die meisten Familien Deutsch gewählt hatten. Ausgewandert sind viele aus Afers, weil dort die Not sehr groß war. Die verlassenen Höfe wurden von der »Ente Nazionale« übernommen. Das war eine faschistische Vereinigung, die diese Höfe zum Verwalten und Weiterverpachten übernahm.

Prospekt des Gasthofs *Kabis:* Schon damals warb man mit Wanderungen, Rodelbahnen und Skitouren.

Als der ganze Spuk vorbei war, als alles zusammenbrach in Deutschland, kehrte sich alles um. Die Nazi-Sympathisanten mussten sich verstecken. Der Schlimmste von ihnen musste am Ende wegziehen, weil ihm hier in Villnöß jede Nacht die Scheiben am Haus eingeschlagen wurden. Zu groß war der Zorn der Menschen, die er vorher *getickt* und verraten hatte.

Einen anderen Zwist, der die gesamte Villnösser Bevölkerung in Aufruhr versetzte, gab es in den siebziger Jahren, als es darum ging, ob der Skilift auf die Gampenalm gebaut werden sollte oder nicht. Viele waren dagegen, viele dafür, und es wurden Artikel geschrieben, Pläne gemacht und zahlreiche Versammlungen abgehalten, wo sich die Leute gegenseitig anschrien. In den Gasthäusern stritten Befürworter und Gegner des Projekts. Einige grüßten sich nicht einmal mehr. Als Vorsitzende des Tourismusvereins bekam ich die Streitereien hautnah mit, sogar mit meinem Vater hatte ich zu diskutieren – das einzige Mal im Leben, dass ich nicht seiner Meinung war. Ich war gegen dieses Skigebiet, mein Vater hingegen meinte, es brauche so eine Einrichtung im Tal. Erst Silvius Magnago bereitete dem Streit ein Ende, als er bei einer Versammlung verkündete, die Alm würde nicht angerührt. Als es dann zur Ölkrise kam, wurden die Pläne endgültig alle wieder verworfen.

Der Tourismus in Villnöß

Schon als ich noch klein war, hatten wir Hausgäste. Wir hatten Platz für 25 Leute, fast immer kamen italienische Familien. Durch den Kontakt zu den Gästekindern lernte ich auch schon früh Italienisch.

In unserem Garni gab es Zimmer mit Frühstück und Ferienwohnungen mit Kochgelegenheit, sodass sich die Gäste auch selber versorgen konnten. Meine Mutter stammte aus einer Wirtsfamilie, und auch mein Vater interessierte sich sehr für das Gastgewerbe. 1934 war er treibende Kraft bei der Gründung des Tourismusvereins, des »Pro Loco Funes«. Dieser Verein ließ erste, einfache Faltblätter drucken mit dem Verzeichnis der Privatvermieter und Gasthäuser. Es war die Zeit des Faschismus, daher wurden alle Namen auf Italienisch übersetzt. Ich habe noch ein paar Exemplare aus jener Zeit aufgehoben. Die Gasthöfe *Zellen* und *Lamm* und insbesondere das Hotel *Kabis* waren renommierte Häuser, die weitum fürs gute Essen und hervorragenden Service bekannt waren. Sie hatten Gäste von überall her, auch aus Österreich, Deutschland und der Schweiz, vor allem aber aus Italien. Auch fürs Dorfleben waren sie wichtige Mittelpunkte, dort spielte sich alles ab.

Während des Krieges blieb dann alles stehen, und eine Zeit lang kamen gar keine Touristen mehr. Erst in den fünfziger und sechziger Jahren ging es dann wieder ein wenig aufwärts mit dem Tourismus – in Villnöß leider langsamer als in vielen anderen Orten. Aber über dieses Thema könnte man auch wieder ein ganzes Buch schreiben.

ASSOCIAZIONE

Pro Funès

1150 m. s. l. m.

FUNÈS - DOLOMITI - PROVINCIA DI BOLZANO - ITALIA

Elenco degli appartamenti privati:

LOCATORE	No. delle stanze	No. dei letti	V = Veranda B = Balcone WC = Water Closet
S. Pietro - parte alta:			
Psaier Dott. Giovanni	15	25	2 appart. - WC, bagno, V, molti balconi, prati
Grutsch Alfonso	5	9	WC, V
Obexer Giuseppe	7	10	B, 2 appartamenti
Munter Giuseppe	4	6	WC, V
Leitner Giorgio	6	12	WC, V, prati, 2 appart.
Pitscheider Paolo	3	7	WC, V
Messner Anna	3	5	WC, B, prati
Messner Filomena	8	13	B, 2 appartamenti
Mantinger Giuseppe	5	8	B } distano 15 min. dal paese
Messner Giuseppe	4	6	WC, B } distano 15 min. dal paese
S. Pietro - parte bassa:			
Pernthaler Luigi	3	6	WC, B
Troi Anna	4	6	WC, B
Augschöll Antonio	6	10	
Mantinger Lodovico	3	5	WC
Augschöll Giuseppe	2	4	WC, V
Vanzo Noburga	3	5	WC, B
Messner Crescenzia	5	9	WC, 2 appartam.
Mantinger Giovanni	2	4	dista 30 min. dal paese
Troi Francesco	4	8	B, uso cucina
Steiner Francesco	4	6	B, uso cucina
S. Maddalena:			
Leitner Pietro	4	6	B
Leitner Maria	3	6	
Messner Pietro, Proi	3	5	
Leitner Cecilia	4	7	V, 2 piccoli appart.
Ties Ottilia	3	4	
Michaeler Pietro	3	5	B
Deporta Pietro	3	5	
Patreider Giuseppe	3	5	
Deporta Teresa	3	5	
Hinteregger Stefano	3	3	
Erardi Filippo	3	5	uso cucina

ANNOTAZIONI:
La luce elettrica in tutte le case. Tutti gli appartamenti sono provvisti di cucina e acqua potabile e sono ben arredati e muniti di biancheria da letto.
Riguardo all'affitto rivolgersi direttamente ai locatori.

TIPOGRAFIA ATHESIA, BOLZANO 1125 39

Verzeichnis der Privatvermieter in den 1930er Jahren

Rosalia Obexer
»Pineider Rosl«

Heinrich Fischnaller
»Flecker Heindl«

Rosalia wurde am 20. Jänner 1934 auf dem Pineiderhof in der Fraktion *Coll* geboren, wo sie auch bis zum 30. Lebensjahr lebte und arbeitete. Ihr Vater war Peter Obexer, Pineiderbauer, ihre Mutter hieß Rosalia Dejaco und stammte aus Campill. Rosalia war das dritte von 13 Geschwistern: Peter, Alois, Rosl, Hans, Maria, Frieda, Martha, Konrad, Paul, Burgl, Ida, Helene. Ein weiteres Kind namens Paul starb im Alter von wenigen Monaten.

Heinrich wurde am 6. Jänner 1932 auf dem Fleckerhöfl in St. Peter geboren. Er war das achte von zehn Geschwistern (siehe Konrad Fischnaller). 1947 machte er eine Schusterlehre und ging anschließend als Geselle auf die *Stör.* 1964 heiratete er Rosalia Obexer und arbeitete noch eine Zeit lang als Schuster, bevor er das Maurerhandwerk erlernte. Ihre Kinder Paul, Elisabeth, Josef (†), Peter und Michael kamen von 1965 bis 1974 zur Welt.

Alles wurde verwertet

Rosalia Bei uns auf dem Hof wohnten auch noch zwei ledige Onkel, eine Tante und der *Nene* sowie eine *Dirn*, solange wir Kinder noch kleiner waren. Der *Nene* schlief immer im *Stübele,* denn dort war es etwas wärmer als oben in unseren Kammern. Auch wenn er fast nichts mehr sehen konnte, hat er praktisch immer auf die Kinder geschaut. Wir hatten ihn sehr gern.

Zum Anziehen hatten wir nicht viel, einfach lodene Kittel, selber gemachte Unterhosen, Kniestrümpfe und eine Schürze darüber. Das Problem waren die Schürzen, denn es gab kaum Stoff. Die Mutter hat in der Not welche aus dem abgewetzten Überzug von alten Strohsäcken geschneidert. In der Schule habe ich mich schon manchmal geschämt mit meinem Gewand, aber die anderen waren auch nicht besser beieinander.

Die Wolle hatten wir von den eigenen Schafen. Die hat man gewaschen, richten lassen und gesponnen. Dann kam der Weber ins Haus. Bei uns kam immer einer aus Afers, der seinen Webstuhl auf dem Rücken trug. Sobald er ihn aufgebaut hatte, war die halbe Stube besetzt. Nach einigen Tagen zog er dann wieder weiter.

Wir hatten auch ein Feld mit Flachs, aus dem *rupfenes* Tuch hergestellt wurde. Das war eine große Arbeit. Zuerst musste man den Flachs dreschen, dann das Stroh wieder und wieder durch einen Kamm ziehen, bis es ganz weich war, und schließlich spinnen, sodass es der Weber dann zu einem Tuch verarbeiten konnte. Mit diesen Arbeiten war man so den Winter über beschäftigt. Im Frühjahr wurden die Tücher dann auf der Wiese draußen ausgelegt und immer wieder nass gemacht, damit die Sonne sie richtig bleichte. Dieser Stoff wurde vor allem für Bettwäsche und Heutücher, aber schon auch für Hemden verwendet.

In der Kriegszeit waren wir froh um diesen Stoff, denn es gab sonst keinen. Man kriegte überhaupt kaum etwas zu kaufen. Wir hatten zu Hause aber wenigstens immer genug zu essen. Pineid liegt auf 1400 Meter, doch es wuchsen Roggen, Weizen, Hafer, Gerste, Mohn, *Plenten,* Gemüse wie Bohnen und Erbsen, Rüben und natürlich Erdäpfel. Wir hatten nicht viel Wiese, ein Großteil des Heus kam von der Alm, der Rodelalm. Drei Viertel des Grundes waren mit Äckern besetzt. So waren wir in der Lage, einen Teil des Getreides verkaufen zu können. Besonders Grödner kamen häufig zu uns, um Mehl zu kaufen.

Zucker bekamen wir durch die Lebensmittelmarken, denn für jedes Kind wurde einer Familie eine bestimmte Menge an Zucker zugeteilt. Nur das Salz war oft sehr knapp. Ein Kilo Salz war gleich viel wert wie ein Kilo Butter. Da kam es schon vor, dass die Mutter einige Brocken Viehsalz gewaschen hat, um es zum Kochen zu verwenden.

Das Vieh war sehr wichtig: Wir hatten Hühner und Schweine, 30 bis 40 Schafe, zwei Pferde und einige Kühe und Kälber. Eier und Butter waren eine wichtige Einnahmequelle, aber bei uns wurde zum Glück nur die Butter verkauft, die übrig war. Auf manchen Höfen wurde die ganze Butter verkauft, nicht einmal für die Kinder behielt man ein wenig zurück. Dafür kaufte man für den Eigengebrauch billiges Fett, das sehr schädlich für den Magen war.

Zum Frühstück gab es immer Mus mit *Birmehl* oder *Buckselemehl.* Davon habe ich mich ziemlich abgegessen. Wenn ich später zu Hause selbst Mus gekocht habe, mochte ich auf meinem *Platzl* nichts Süßes mehr draufgeben.

Die schlimmste Erinnerung, die ich an das Essen damals habe, waren die Maden im Fleisch, die sich nach gewisser Zeit immer dort einnisteten. Wenn ich Fleisch aus der Speisekammer ober dem Haus holen sollte, habe ich es immer hinunter auf die Steine vor der Haustür geworfen, damit möglichst viele Viecher herausfielen. Danach hat es die Mutter gewaschen und gekocht, bevor es in die Gerste kam. Man durfte halt nicht daran denken.

Heinrich Bei uns daheim wurde das Fleisch leider nicht gewaschen, bevor es auf den Tisch kam. Dann wäre es womöglich weniger ergiebig gewesen. Wir hatten ja meist nur ein kleines Schwein, welches das ganze Jahr über reichen sollte, um die Mäuler zu stopfen. Manchmal schwammen die Würmer in der Suppe nur so daher. Da musste man schon fast die Augen zumachen, um das zu verzehren. Doch wir hatten halt Hunger. Vielfach gab es auch nur Speckschwarten in der Gerstensuppe. Die konnte man kaum beißen. Häufig gab es auch Mus und Brennsuppe und sonst nicht viel.

Als ich beim Putzerhof Hütbub war, bekamen wir einmal weizene Knödel. Da entdeckte eine Tochter ein Haar darin und wollte ihre Knödel nicht mehr essen. So hat man sie mir gegeben, und ich habe sie natürlich mit Genuss verspeist. Ich hatte schon Schlimmeres im Essen gesehen als so ein kleines Haar!

Unsere wollenen Socken wurden immer wieder und wieder geflickt, auch wenn sie schon ganz durchgetreten waren. Wir hatten nicht einmal Unterhosen. Noch als ich zur Musterung musste, besaß ich keine und habe mich furchtbar geschämt. Die Musterung war seinerzeit übrigens ein besonderes Ereignis. Alle Einberufenen eines Jahrgangs begaben sich nach Klausen zur Musterung. Anschließend ging man gemeinsam zu Fuß heim und sang und feierte bis spät am Abend. Ja, das waren noch Zeiten.

Rosalia mit Mutter, Geschwistern und zwei Onkeln vor dem Pineiderhof, der zur Faschistenzeit in »Pinedo« übersetzt wurde

Früher wurde alles verwertet, was nur möglich war. Es gab *Huttlhändler,* die von Haus zu Haus zogen und jede Art von *Huttln* und auch Schweineborsten kauften, um daraus Bürsten zu machen. Wenn man schlachtete, wurden die Tierhäute zum Garber in *Pitzack* gebracht, der sie gerbte. Dann schnitt man sie in Streifen und zopfte sie zu Seilen. Die brauchte man z. B. bei der Holzarbeit oder um die Heutücher zu binden. Der Gerber in Klausen verarbeitete die Rindshäute auch weiter zu Leder, aus denen dann Schuhe gemacht werden konnten. Ich weiß auch noch, wie der Sattler und der Stricker zum Putzer auf die *Stör* kamen, um Riemen und Seile herzustellen.

Rosalia mit ihren Schwestern; im Hintergrund die Pineider Mühle

Schule und Kinderspiele

Rosalia Unser Vater hatte Deutsch gewählt, deshalb musste ich nicht italienische Schule gehen. Am Anfang hatten wir nur so heimlichen Deutschunterricht im Haus des Lehrers – einen Winter lang. Danach gab es eine deutsche Schule, wo die erste und zweite Klasse zusammengelegt waren. Zuerst hatte ich eine Lehrerin. Nach anderthalb Jahren meinte sie, ich solle zu den »Großen« gehen. Dort waren drei Jahrgänge in einer Klasse. Ich fürchtete mich am Anfang schrecklich vor den großen Burschen, die schon zwölf, dreizehn Jahre alt waren. Insgesamt waren wir 45 Kinder im Klassenzimmer. Da hat der Lehrer den Stock schon gebraucht. Unser Lehrer war auch ein wenig fanatisch. Er hat das Kreuz abgehängt und dafür den Hitler an die Wand gehängt. Italienischunterricht hatten wir dann schon auch, aber die Lehrerin wusste sich nicht zu helfen und gab den Dienst bald einmal wieder auf. Da hat dann einfach der Lehrer die Italienischstunde gehalten und uns ein bisschen Italienisch beigebracht.

Spielzeit hatten wir nicht sehr viel. Wir Kinder mussten alle helfen, und besonders ich als älteste Tochter musste immer herhalten. Wenn einmal Zeit war, haben wir dann meistens »Bauernhof« gespielt: Die großen *Tschurtschen* waren die Kühe, die kleinen die Schafe, und die Ställe haben wir aus Zweigen und Rinden gebaut. Auch Fangen, Verstecken und *»Hunzetreiben«* waren sehr beliebte Spiele. Karten gespielt haben bei uns eigentlich nur die Männer, und ich habe manchmal zugeschaut. Das war meist im Frühling, wenn das Holz gemacht war und noch Schnee lag. So hatten die Männer am Vormittag draußen nichts zu tun.

Manchmal kehrten Wanderer bei uns ein, und die Mutter gab ihnen etwas zu trinken oder eine Marende. Einmal haben uns Fremde zwei Puppen geschenkt, so kleine Kautschukpuppen, mit denen wir eine Riesenfreude hatten. Da ist eine Nachbarin gekommen, und als sie diese Puppen gesehen hat, meinte sie: »Was habt ihr denn da für nackete *Fockn*«? Das habe ich nie mehr vergessen, und seitdem mochte ich diese Frau nicht mehr. Wir haben den Puppen dann natürlich Kleidchen genäht.

Heinrich Wir spielten immer »Rossfuhre« und *»Speckern«*, manchmal auch »Prozession« und *»Kirchn«*. Wir waren viel draußen und auch im Wald, wo wir uns mit Tschurtschen und Steinen beschäftigten. Als ich ein Hütbub war, das war von 1943 bis 1947, haben wir immer auf den Bäumen *Derwischerlus* gespielt. Da stieg man innen am Baum hinauf und rutschte außen an den Ästen herunter. Einmal habe ich mich nicht mehr richtig festgehalten und bin ein paar Meter hinuntergefallen. Ich war ein wenig benommen, aber sonst habe ich mir nichts getan.

Ich durfte oft nicht zur Schule gehen, denn häufig hieß es: Heute wird Futter geschnitten oder sonst etwas. Um halb zehn Uhr war Religionsunterricht, da hätte ich dann in die Schule gehen sollen. Aber da habe ich mich lieber auf der Weide versteckt, denn wie schaut es denn aus, wenn man am Morgen nicht in der Schule ist und erst um halb zehn kommt. Das war mir zu dumm.

Heinrich fuhr regelmäßig mit dem Fahrrad nach Klausen zur Arbeit.

Nach der Schule haben *Coller* und *Berger* oft gestritten und gerauft. Und am schlimmsten war es, wenn bei der Kinderbeichte in St. Peter auch noch die Kinder aus den anderen Fraktionen zusammenkamen. Da ging es immer rund auf der *Kabisgasse.*

Bomben auf Villnöß

HEINRICH Die FLAKs in Afers und Lajen schossen die Flieger an, und diese verloren dann die Orientierung oder mussten einen Notabwurf machen. Einmal war ich beim Putzer oben gerade auf dem Häuschen, als plötzlich das ganze Holzhäuschen zitterte und die Scheibe zerbrach. Ich stürzte hinaus und sah einen Flieger, der hinten rauchte und immer tiefer wurde. Über Ranui drin warf er Bomben ab und schaffte es gerade noch hinüber nach Gröden.

Zwei Flieger sind auch auf *Tschan* oben abgestürzt. Einen amerikanischen Piloten hat man in St. Peter begraben. Ein fanatischer Dorf-Nazi meinte damals: »Den brauchen wir nur auf dem Misthaufen verscharren.« Zum Glück hörte der Pfarrer nicht auf ihn. Später wurde der Sarg wieder ausgegraben und abgeholt, wahrscheinlich von den Angehörigen.

Ich weiß auch noch, wie ich von den Alufolienstreifen Angst hatte, die abgeworfen wurden. Ich dachte, weiß Gott, was das sei. Aber damit wollten sie nur den Radar der Flugabwehr verwirren.

ROSALIA Auf *Coll* oben merkte man von den Bombenabwürfen nicht sehr viel. Nur einmal weiß ich noch, wie wir auf dem Heimweg von der Schule immer wieder in Deckung gehen mussten, weil Flieger kamen. Wir mussten uns hinhocken, sonst hätte uns der Luftdruck umgeworfen. Einmal duckten wir uns hinter einem großen Stein. Dort haben wir von der Druckwelle fast nichts gespürt. Das Gefährliche waren die Bombensplitter, die überall herumflogen, wenn es irgendwo einschlug. Diese Splitter stecken bis heute in manchen Bäumen. Es ist fast ein Wunder, dass damals nie ein Mensch zu Schaden gekommen ist.

An die Silberstreifen erinnere ich mich auch noch. Es sah fast aus, als würde es regnen. Wir Kinder mussten sie dann einsammeln, damit sie nicht auf der Wiese blieben und unters Futter kamen.

Mein Vater war damals nicht zu Hause. Obwohl er schon 60 Jahre alt war, hat man ihn gegen Kriegsende einberufen. Er hatte sich nämlich irgendwann einmal im Gasthaus getraut zu sagen: »Den Krieg verliert ihr ja sowieso.« Das hatte der Richtige gehört, und mein Vater bekam trotz seines Alters den Befehl einzurücken. Er kam dann sogar in Gefangenschaft, irgendwo in Süditalien. Ihm gelang aber die Flucht, und Partisanen haben ihm weitergeholfen. Sie haben ihm andere Kleider gegeben und einen Fluchtweg angesagt. So kam er irgendwie über Jugoslawien zurück in die Heimat. Wir hatten schon Angst, weil wir lange keine Nachricht mehr von ihm bekommen hatten, doch dann sagte die Mutter eines Morgens: »Heute ist der Vater heimgekommen.« Wir Kinder wollten natürlich gleich zu ihm, doch sie mahnte uns: »Lasst ihn schlafen, er ist sehr müde.«

Wäsche waschen war Frauenarbeit

Rosalia Wir mussten meist schon um vier Uhr aufstehen, danach in den Stall gehen und anschließend oft zur Frühmesse, die um sechs Uhr in St. Peter war. Das hieß eine gute halbe Stunde Fußmarsch. Besonders im Advent gingen wir jeden Tag zur Messe, zur *Rorate* – aber da konnten wir meist mit der Rodel ins Dorf hinunterfahren –, und anschließend stapften wir zum Unterricht nach St. Magdalena, der um acht Uhr anfing. Das schafften wir gerade, aber wir mussten uns schon ein wenig beeilen. Für den Weg von zu Hause zur Schule brauchten wir 20 bis 30 Minuten, wir rannten einfach querfeldein hinunter ins Tal. Der Rückweg war natürlich mühsamer, da musste man schon eine Stunde und mehr rechnen.

Zu Mittag ging man früher immer in den Stall zum Füttern, die Kühe wurden auch dreimal am Tag gemolken, das heißt, meistens nur nachgemolken, denn zuerst ließ man das Kalb trinken. Bei uns verrichtete die Mutter viel Stallarbeit. Sie sagte immer: »Im Stall ist nur eine Arbeit, im Haus sind es zehn verschiedene.« Die Hausarbeit überließ sie lieber der *Dirn* und der Tante und später dann mir.

Eine große Arbeit war immer das Wäschewaschen, insbesondere das *Särchten.* Einmal im Monat wurde bei uns die weiße Wäsche, vor allem Leintücher und Hemden, eine Nacht lang in Sodawasser eingeweicht und am nächsten Tag ausgewaschen und dann in einem großen Kessel mehrmals mit Aschen- und Seifenlauge übergossen. Danach wurde die Wäsche ausgekocht. Immer wieder musste man umrühren und mit einem Holzrührer die Wäsche hinunterdrücken. Dann wurden die Sachen wiederum auf dem Waschbrett geschrubbt, ausgewrungen und dann im Trog draußen *geschwenzt* – fließendes Wasser im Haus hatten wir damals noch nicht. Besonders im Winter war das eine eiskalte Angelegenheit. Zum Auswringen brauchte es immer zwei Leute, denn die nassen Tücher waren natürlich schwer. Die Männer haben bei dieser Arbeit nicht geholfen, Wäsche zu waschen war Frauenarbeit. Wir brauchten immer einen ganzen Tag dafür.

Erst in den 1950er Jahren haben wir eine Waschküche gebaut. Von da an wurde immer dort gewaschen, nicht mehr in der Küche. Auch eine Badewanne hat der Vater gekauft. Das war sehr fein, denn vorher hatten wir immer nur in einem Holzzuber gebadet.

Ich habe viel auf meine kleinen Geschwister schauen müssen. Ich durfte die jüngeren alle zur Taufe tragen. Außer mir und dem Täufling waren nur der Vater, die Hebamme und der Kooperator dabei. Eine Wöchnerin musste eine Woche im Bett bleiben und durfte nicht aufstehen. Statt kräftiger Kost gab man ihr oft nur eine Suppe und höchstens ein wenig Milch. Viele Frauen waren sehr geschwächt von der Geburt und erholten sich nur langsam. Nach Helenes Geburt hörte die Mutter nicht auf die Anweisungen der Hebamme und stand schon am dritten Tag auf. Sie erholte sich viel schneller, obwohl sie schon 44 Jahre alt war. Sie meinte: »Wenn es immer so wäre, möchte ich wohl noch ein paar Kinder!«

Mit ungefähr 18 Jahren habe ich das Nähen bei der Neuhäuslerin gelernt, wenigstens das, was man so im Haus brauchte. Zum Kochenlernen war ich einen Winter lang im Sanatorium in Brixen. Bis auf eine Saison, die ich in Corvara als Zimmermädchen gemacht habe, arbeitete ich bis zur Hochzeit immer zu Hause auf dem Hof.

Auf der *Stör*

Heinrich Zu Hause hatten wir fünf Buben nur drei Betten. So musste ich mir mit meinem Bruder eines teilen, und das Schlimme daran war, dass er immer ins Bett machte. Die Mutter kam mit dem Waschen nicht mehr nach. Es ging

Musterung Jahrgang 1932

Bei einem Ausflug auf die Schlüterhütte

mehr als knapp her bei uns daheim. Kaum war ich also elf Jahre alt, schickte man mich von zu Hause weg, und ich wurde Hütbub auf dem Putzerhof auf *Coll.* Dafür bekam ich die Verpflegung, Gewand und ein Paar Schuhe. Ich erhielt im ersten Jahr zehn Lire als Lohn, im zweiten Jahr 100 Lire und im dritten Jahr ein kleineres Schaf. Als ich es nach Hause brachte, hat es mein Vater verkauft, doch das Geld habe ich nie gesehen. Darüber war ich natürlich sehr enttäuscht.

1947 habe ich schließlich eine Lehre als Schuster begonnen. Mein *Tete* war nämlich Schuster, so sollte auch ich diesen Beruf erlernen. Um meine Meinung wurde ich nicht gefragt – es war nicht gerade mein Traumberuf, denn ich hätte lieber Mechaniker oder sonst etwas Technisches gelernt. Aber ich hätte mich nie getraut, mich zu widersetzen.

Früher musste man dem Meister eine Kaution zahlen, und wenn man die Lehre frühzeitig abbrach, bekam man dieses Geld nicht mehr zurück. So hielt ich durch. Die dreijährige Lehrzeit verbrachte ich zunächst bei einem Schuster in Villnöß, doch als der kaum mehr Arbeit hatte, musste ich nach Klausen. In dieser Zeit fuhren mein Bruder Konrad und ich immer mit dem Fahrrad hinaus, Sommer wie Winter. Das war oft eine gefährliche Fahrt. Die Straße war ziemlich schmal und noch nicht asphaltiert – ganz langsam waren wir natürlich auch nicht unterwegs. Häufig gab es Stürze, denn die Bremsen am Rad waren nicht die besten. Dann stand man halt auf und fuhr wieder weiter. Passiert ist uns eigentlich nie etwas Gröberes.

Während meiner Lehrzeit und auch noch einige Zeit danach ging ich viel auf die *Stör.* Um fünf Uhr morgens hieß es starten, und um sechs Uhr fing man meist schon mit der Arbeit an. Das hat mir eigentlich schon gefallen, denn ich kam viel herum, und es war ganz interessant, etwas Neues zu sehen. Meist war man eine ganze Woche lang damit beschäftigt, neue Schuhe anzufertigen. Der Lehrbub musste immer die alten flicken. An manchen Orten war das Arbeiten sehr angenehm, und die Kost war gut, an anderen weniger. Mancherorts haben wir nach Feierabend Karten gespielt bis tief in die Nacht. Wie haben wir oft gelacht!

Doch nicht immer war diese Arbeit so lustig. Einmal gingen wir zu dritt auf die *Stör* zum Zinner ganz weit oben auf St. Jakob. Am letzten Tag musste ich allein fertig machen und daraufhin das ganze Schusterzeug heimtragen. Der Korb war übervoll mit Leisten, Nägeln, Hämmern und Schemel und war ungeheuer schwer. Außerdem hatte er nur ganz dünne *Widen,* die sich schmerzhaft in meine Schultern gruben. Noch lange danach sah man die roten Abdrücke.

Auf einem anderen Hof musste man immer gut aufpassen, denn wenn man sich kurz vom Stuhl erhob, um auszutreten oder etwas zu holen, legten einem die Lausbuben gern Reißzwecken oder *Glufen* und Nägel auf den Schusterschemel. Ich war aber gewarnt, weil mir andere vorher erzählt hatten, wie es ihnen ergangen war.

Die Schemel haben wir immer mitgebracht. Das war für die stundenlange Tätigkeit im Sitzen unbedingt notwendig. Diese Hocker ließen auch mehr Bewegungsfreiheit zu, die beim Nähen und Nageln wichtig war. Noch heute träume ich manchmal, dass ich auf die *Stör* gehe und dann beim Auspacken merke, dass ich meinen Stuhl vergessen habe. In Wirklichkeit ist mir das zum Glück nie passiert.

Rosalia Ich habe schon immer gesagt: »Du hast nicht den richtigen Beruf erwischt.« Das habe ich gleich gemerkt, denn mir kam immer vor, er tat alles andere lieber als zu schustern. Er war aber trotzdem nicht ein schlechter Schuster, er hatte halt keine Freude dabei. Heinrich war auch bei uns auf der *Stör.* Da habe ich ihn kennengelernt.

Heinrich Ja, ich kann mich an die harte Matratze in dem Kammerle bei euch oben erinnern. Auf der *Stör* bekam man ja so einiges zu sehen, und vor allem durfte man nicht wählerisch sein. Mancherorts übernachteten wir auch in der Stube auf der Ofenbank. Aber auf die Dauer war die Schusterei nichts für mich.

Es war nicht nur so, dass ich meinen Beruf nicht besonders mochte, sondern ich hatte auch Probleme mit der Gesundheit. Die Augen brannten ständig, und oft fühlte ich mich schlecht. Besonders schlimm wurde es, als man vermehrt Gummisohlen verwendete, die man kleben musste. Der Klebstoff stank fürchterlich. Davon habe ich immer Kopfweh bekommen.

1969 machte ich die Meisterprüfung. Ich habe mir gedacht, wenn ich irgendwann später wieder anfange im Schusterberuf, so würde mir das eine Hilfe sein. Ich hätte nämlich vor, zu den Maurern zu gehen. Das tat ich schließlich auch. Ich blieb bei dieser Tätigkeit bis zur Pensionierung. Ab dem Zeitpunkt, wo ich immer draußen arbeitete, hatte ich keine gesundheitlichen Beschwerden mehr. Die Bezahlung war natürlich auch besser. Lange Zeit war ich bei einer Maurerfirma in Gröden, danach in Villanders.

Samstags geht der Teufel mit

ROSALIA Als meine Mutter mit meiner jüngsten Schwester schwanger war, war ich 20 Jahre alt. Damit ich bei der Geburt dabei sein durfte, schickte sie mich zum Brautkurs nach Lichtenstern. Dort wurde man nämlich aufgeklärt. Zu Hause traute man sich nicht zu fragen und wenn, dann hieß es: »Das musst du noch nicht wissen.« Woher die Kinder kamen, dachte ich mir halt, weil ich es beim Vieh gesehen hatte. Wir merkten auch als Kinder nie, wenn die Mutter schwanger war.

So kam es, dass ich nicht mehr zum Brautkurs musste, als ich zehn Jahre später heiratete. Das Hochzeitskleid habe ich mir selber geschneidert. Ansonsten ging es recht bescheiden her. Eingeladen waren außer den Eltern und Geschwistern nur die Paten. Wir heirateten an einem Mittwoch, also unter der Woche. Das war früher so Brauch. »Samstags geht der Teufel mit«, hat es immer geheißen.

HEINRICH Wir gingen vorher schon eine ganze Zeit lang miteinander – ich weiß es nicht mehr genau, aber es waren einige Jahre. Ich hatte eigentlich einmal

Beim Kasten-Führen: Vor der Hochzeit wurde der Kasten mit der Mitgift der Braut ins neue Heim gebracht.

Maria eingeladen, mit mir auf die Alm zu gehen. Sie konnte oder wollte nicht, dafür hat sie mir ihre Schwester geschickt. Die hat mir dann auch gefallen. Geheiratet haben wir 1964.

Eine Woche vor der Hochzeit besuchte ich einen Ehevorbereitungskurs in der Lichtenburg in Nals. Es war damals üblich, dass man getrennt zu diesen Kursen ging. Ein weiterer Brauch war das *Kasten*-Führen: Einige Tage vor der Hochzeit wurden die *Kasten* der Braut mit der Aussteuer in ihr neues Heim gefahren.

Das Hochzeitsmahl wurde beim *Kabis* gehalten. Am Nachmittag fuhren wir nach Brixen, um beim Fotografen ein Foto machen zu lassen. Eine Wallfahrt haben wir erst später unternommen.

Wie die Jahre vergehen!

HEINRICH Ich war 19 Jahre lang bei der Freiwilligen Feuerwehr St. Peter. Als ich anfing, auswärts zu arbeiten, und die Familie größer wurde, trat ich aus, denn ich wollte nicht nur so halb dabei sein. Ansonsten war ich viele Jahre lang beim KVW, und jetzt sind wir gemeinsam im Seniorenclub. Jetzt bin ich schon bald 80. Wie schnell die Zeit doch verfliegt! Je älter man wird, desto schneller vergehen die Jahre.

Rosalia Wenn ich noch einmal jung wäre, würde ich früher von zu Hause weggehen. Doch sonst habe ich es im Leben nicht schlecht getroffen. Hobbys waren mir nie so wichtig, nur der Glaube und das Gebet haben mich mein Leben lang begleitet. Das habe ich wohl von meiner Mutter geerbt, die auch tiefgläubig war.

Paula Messner
Wwe. Fäckl »Fäckl Paula«

Paula wurde am 11. Mai 1933 in Teis geboren und wuchs auf dem Putzerhof auf: Ihr Vater hieß Leo Messner und war Bauer und Schmied, ihre Mutter hieß Katharina Roalter und war Bäuerin. Paula war das älteste von neun Geschwistern: Paula, Katharina, Josef, Maria, Hermann, Rosmarie, Siegfried, Helmuth und Luise. Nach der Schule lernte sie für einige Monate das Nähen und arbeitete bis zu ihrem 20. Lebensjahr zu Hause auf dem Hof. Anschließend war sie als *Dirn* auf dem Gnellerhof beschäftigt. 1958 heiratete sie Robert Fäckl aus Teis und zog mit ihm ein Jahr später auf einen Pachthof nach Wolkenstein in Gröden. Von 1959 bis 1973 wurden ihre zehn Kinder Irma, Maria, Paula, Helene, Josef, Gertrud, Leo, Rosmarie, Peter und Irene geboren. 1978 kehrte die Familie zurück nach Teis. Seit 2005 ist Paula Witwe.

Uns war nie langweilig

In meiner Kindheit herrschte große Not, und doch kann ich heute ohne Zweifel sagen: Wir hatten es trotz allem schön. Es gab immer etwas zu tun, und es war uns nie langweilig. Spielzeug hatten wir nur sehr wenig. Spielsachen bekamen wir höchstens von den Großeltern geschenkt. Ich hatte nämlich das Glück, dass mein Großvater bei der Bahn gewesen war und deshalb schon damals eine Pension bekam – allerdings nur, weil er auch sechs Monate lang in einer anderen Region Dienst geleistet hatte. Ich begleitete den Kofler Opa immer nach St. Peter, wenn er dort seine Pension abholte: Wir gingen über Miglanz hinein ins Dorf, kehrten dann vielerorts ein wenig ein und übernachteten bei einer Tante. Am Tag danach wanderten wir die Straße entlang hinaus und kehrten wieder bei Verwandten und Bekannten ein. So brauchte er jeden Monat zwei Tage, um seine Rente zu holen. Ich begleitete ihn gern, denn er kaufte mir immer eine Kleinigkeit.

Paula als Baby mit ihrer Mutter

Mein Kusin wollte Pfarrer werden und hat schon als Kind immer *Kirchn* gespielt. So haben wir mit Stangen und bunten Kopftüchern Fahnen gemacht und Prozession gehalten, wenn er zu Besuch kam. Am liebsten spielten wir aber Fangen und Verstecken im Dorf mit anderen Kindern. Daher gingen wir auch immer gern zur Messe, auch am Sonntagnachmittag. Das war eine Gelegenheit, andere zu treffen und im Dorf herumzurennen. Nicht selten mussten uns die Eltern holen. Schläge angedroht haben sie uns schon oft. Wirklich geschlagen wurden wir allerdings nie.

Zu Hause mussten wir immer arbeiten, da blieb nicht viel Zeit zum Spielen. Als ältestes Kind musste ich auch immer auf meine Geschwister aufpassen. Das war meine Aufgabe, wenn die Mutter aufs Feld ging. Wenn ich nicht Kinder hüten musste, hütete ich das Vieh auf der Weide. Das machte ich aber nicht gern, denn die Viecher gehorchten nie. Besonders im Sommer, wenn es heiß war und die *Bremen* zustachen, wollten sie immer heimlaufen. Mit den Stöcken musste man sie aufhalten und wieder zurück auf die Weide treiben. Am schlimmsten aber war es im Spätherbst. Solange es nicht schneite, mussten wir Kinder immer hüten und draußen sein, bis es dunkel wurde. Da kauerten wir uns oft in kleine Gräben und Mulden, um ein wenig vor dem kalten Wind geschützt zu sein. Dennoch froren wir uns manchmal ganz schön die Finger blau.

Weihnachten war für uns Kinder nicht besonders spannend. Meist wurde am Heiligen Abend noch den ganzen Tag lang Futter geschnitten, und erst am Abend machte die Mutter mit uns ein paar Kekse. Um Mitternacht gingen wir zur Christmette. Ein Geschenk bekamen wir auch, meistens ein paar Socken oder ein paar Handschuhe oder etwas Gestricktes, was man halt so brauchte. Viel wichtiger war für uns der Nikolaustag, denn da richteten wir einen Teller auf, und am nächsten Morgen lagen darauf Süßigkeiten wie Kekse, Nüsse und Trockenfrüchte. Das war etwas Besonderes, denn Süßes gab es sonst kaum.

Als unser Vater einmal seine Schwester in Bozen besuchte, brachte er uns von ihr ein Stückchen Schokolade mit. Wir waren hell begeistert. Noch mehr aber als die Schokolade faszinierte uns das Goldpapier, in das sie eingepackt war. Wir wickelten es um einen Kamm und spielten »Musikmachen« damit.

Schäm dich, und setz dich!

Ich ging noch ein Jahr in die italienische Schule. Unsere Lehrerin rief immer: »Come si chiama la signorina?« Und wir mussten antworten: »La signorina si chiama Giuseppina Renzi.« Es war alles ein wenig chaotisch, denn im zweiten Jahr hatten wir dann Deutschkurse, wo wir wieder die deutsche Schrift lernen mussten, und später schrieben wir dann doch wieder die anderen, die lateinischen Buchstaben.

Ich war auch bei der *Balilla,* und das gefiel mir sehr gut. Da bekamen wir diese Uniform mit Faltenrock, Bluse und Mütze. Besonders diese lange Mütze mit dem *Tschoggl* liebte ich. Schön sind wir gewesen! Wir trafen uns dort, wo heute der Festplatz ist, und machten Spiele und sangen Lieder mit unseren Lehrerinnen. Das Beste aber war: Danach gab es immer in der Schule eine gute Suppe für alle und ein weißes *Striezl* mit Marmelade. Das war eine besondere Köstlichkeit. Zu Hause bekamen wir immer nur *plentene* Knödel und abends meist eine richtig fettige Gerstensuppe mit zähen Speckschwarten drin.

Es gab nur zwei Lehrpersonen, die alle fünf Klassen unterrichten mussten. Oft kam auch der Direktor, der Lehrer Fill zu Besuch. Er unterhielt sich mit uns und spitzte uns immer die Bleistifte, wenn er durchs Klassenzimmer ging.

Italienisch und Religion waren eigene Fächer. Unser Pfarrer hatte auch die Gewohnheit, die Schulkinder am Sonntag bei der Predigt von der Kanzel herunter auszufragen. Das war sehr unangenehm. Einmal rief er mich auf und fragte, welches Bild bei der letzten Religionsstunde an der Tafel gehangen hatte. Ich hatte nicht richtig aufgepasst und war mir nicht ganz sicher, und so stand ich da und sagte sicherheitshalber nichts. So wetterte er: »Schäm dich und setz dich, schäm dich zweimal, schäm dich dreimal. Schäm dich, und setz dich.« Und ich schämte mich wirklich fürchterlich – schließlich hatte mein Vater vom Chor oben alles beobachtet.

»Ich werde die Letzte sein, die auswandert!«

Obwohl ich noch klein war, erinnere ich mich gut an die Zeit der Option. Meine Eltern waren nämlich ständig grantig und schlecht aufgelegt wegen dieser Entscheidung. Die ganze Zeit hakelten sie hin und her. Der Vater wollte unbedingt gehen. Drei seiner Brüder wanderten aus. So fuhr auch er einige Male über den Brenner hinaus, um mögliche Bauernhöfe anzuschauen. Unsere Mutter war hingegen strikt dagegen. Sie wollte nicht auswandern und meinte: »Wenn ganz Teis auswandert, werde ich die Letzte sein und das Gatterle schließen.« Auf dem alten Teiser Weg befand sich nämlich ein kleines Gatter, das man immer auf- und zumachen musste. Diese Uneinigkeit zwischen den Eltern bekamen wir sehr zu spüren. Tagelang herrschten Missstimmung und Zweifel. Meine Geschwister waren vielleicht noch zu klein, doch ich verstand schon, worum es ging, und war selber hin- und hergerissen. Meine Kusine und beste Freundin war ausgewandert, und ich wäre ihr gern gefolgt. Andererseits wollte ich nicht weg von daheim. Als dann der Krieg fortschritt, wurde zum Glück alles gestoppt, und diese schwere Entscheidung war uns abgenommen. Einer meiner Onkel kam mit seiner Familie nach dem Krieg wieder zurück, die beiden anderen blieben draußen – einer in Österreich, der andere in Deutschland.

Nöte des Alltags

Wir hatten zu Hause zumindest immer eine warme Stube und genug zu essen. Das hatten nicht alle. Geld besaßen wir allerdings kaum, und somit wurde auch nur ganz wenig eingekauft. Meine Mutter kaufte Kaffeezeug, besser gesagt *Olandese,* um den selbst gemachten Kaffee aus *Birmehl* dunkler zu machen. Außerdem ging sie manchmal ins Geschäft, um Schuhcreme für die Sonntagsschuhe zu kaufen. Meine Mutter, meine Schwester Kathl und ich teilten uns ein paar Schuhe. So gingen wir immer nacheinander zur Kirche, denn gemeinsam war es ja nicht möglich. Meine Mutter liebte es, diese Schuhe zum Glänzen zu bringen. Sie putzte sie immer selbst, denn wir Kinder waren nicht sparsam genug mit der wertvollen Creme. Aus diesem Grund wurde sie auch immer versteckt.

In die Schule ging ich oft mit meinen lodenen Patschen. Unser Schulweg war ja nicht weit. Aber unsere Oma sah von ihrem Fenster aus auf den Schulhof herunter. So schimpfte sie immer, wenn sie uns mit Hausschuhen draußen herumtoben und auf der *Eisgolle* vor der Schule umherrutschen sah. Schließlich hatte sie uns ja die *Patschen* in mühevoller Handarbeit gemacht, und wir hätten gut drauf schauen sollen. Doch wir waren eben Kinder. Später bekamen wir geschnitzte Holzschuhe zum Schulegehen. Die hatte ich gern an, denn die waren fein warm. Unsere Röcke waren allesamt aus gefärbten Erdäpfelsäcken gefertigt. Richtiger Stoff war zu teuer.

Paula mit ihrem jüngsten Bruder Siegfried auf dem Arm und der Gnellerin

Wir hatten viele Äcker, wo hauptsächlich Getreide und Kartoffeln angebaut wurden. Wir besaßen auch drei Milchkühe sowie einige Kälber und Schafe. Von unseren zwei Schweinen mussten wir in der Kriegszeit eines »stellen«, also abgeben. Selbst eingekochte Marmelade bekamen wir von unseren Großeltern, denn sie brauchten selbst nicht den ganzen Zucker, der ihnen zustand. Ältere Leute bekamen nämlich etwas mehr Zucker zugeteilt als die anderen.

Das Weißbrot wurde immer gehütet wie ein Schatz. Einmal in der Woche kam der Bäcker aus Villnöß mit einem großen Tragekorb und verkaufte die

Strutzen, so richtig große Wecken. Die wurden dann am Sonntag für die weizenen Knödel verwendet. Nur, wenn jemand Geburtstag hatte, durfte er eine Schnitte weiches Weißbrot essen. Das war die einzige Ausnahme. Ganz selten gab es an Freitagen *Strauben.* Das war auch etwas ganz Besonderes. Krapfen bekamen wir nur, wenn geschlachtet wurde und es genug Schweinsfett gab. War das Fett aufgebraucht, wurde auch nicht mehr gebacken.

Einmal kam ein altes Grödner Weibele und fragte meine Mutter um Mehl. Sie war über Raschötz herübergewandert und hatte in ihrem Rucksack Holzschnitzereien zum Tauschen. Die Mutter gab ihr ein paar Hände voll. Das Kreuz mit dem Herrgott, das sie uns dafür hierließ, habe ich bis heute in der Küche hängen.

Wir schliefen immer zu zweit oder zu dritt in einem Bett. Das war uns nicht unangenehm. Im Gegenteil, das war fein warm! Als Unterlage hatten wir Strohsäcke, die zweimal im Jahr neu gefüllt wurden: im Frühjahr mit *Tschilln* und im Herbst mit Stroh. Den *Türk* oder Mais, wie man heute sagt, verfütterten wir nur an die Tiere. Ich könnte mich nicht erinnern, dass wir jemals etwas damit gekocht hätten. Gekochte Erdäpfel gab es zur Marende, doch vor allem waren sie Schweinefutter.

Ich musste meinen Vater regelmäßig auf den Markt nach Klausen begleiten und helfen, das Kalb oder die Kuh hinaustreiben. Wir hofften immer inständig, dass er das Vieh verkaufen würde, sonst mussten wir sie wieder den weiten Weg heimtreiben. Die heutige Straße gab es damals noch nicht, sondern nur einen Weg übern Putzen bei der Villnösser Haltestelle über Nafen nach Teis herauf. Manchmal hatten wir Glück, aber nicht selten kamen wir mitsamt dem Tier wieder heim.

Ein Brauch war früher das *»Rachen«* am Dreikönigstag. Das war so etwas wie ein privater Kirchtag bei uns zu Hause, denn der Pfarrer, der Mesner und die Ministranten kamen mit dem Weihrauch, um das Haus und den Stall zu segnen. Sie gingen in alle Zimmer und segneten sie mit Weihrauch und Weihwasser. Da musste alles blitzblank sein. Zu diesem Anlass hat die Mutter immer groß aufgekocht. Sonst kochte sie nie groß, aber an jenem Tag gab es immer

Braten, Krapfen und Kekse und vieles mehr. Das *»Rachen«* wurde nur auf vier Höfen vom Pfarrer persönlich ausgeführt: bei uns, beim Huber, beim Proxauf und beim Mesner. Anschließend kamen auch die Nachbarn ins Haus zum Feiern. Wir hatten eine recht große Stube, da auf unserem Hof früher einmal ein Buschenschank gewesen war. Das Fest ging dann oft die halbe Nacht lang.

Wir weinten und beteten

Ich erinnere mich, dass ich einmal beim Hüten einen Flugzettel fand, den ein Flugzeug abgeworfen hatte. Darauf stand: »Bomben fallen – Bauer, was tust du?« Ich erschrak sehr über diese Ankündigung, aber wir wussten daheim alle nicht recht, was es bedeuten sollte. Doch tatsächlich dauerte es danach nicht mehr lang, und es fielen wirklich Bomben vom Himmel.

Wenn die Sirene ertönte, hieß es in Deckung gehen. Meist suchten wir den Luftschutzkeller am Heiliggrabhügel auf. Manche gingen auch in einen Fluchtraum im Kirchturm, das *»Turnloch«*. Fast jeden Tag gab es Alarm, und oft saßen wir stundenlang dort. Eine italienische Frau, die nach Teis zugewandert war, hatte solche Angst vor den Bomben, dass sie sich im Luftschutzkeller ein notdürftiges Zimmer einrichtete und einfach dort blieb. Sie gebar schließlich sogar ein Kind dort – so erzählten sich die Leute.

Einmal war es besonders schlimm: Meine Schwestern und ich waren auf der Putzer Weide zum Hüten, als der Alarm losging. Schon hörten wir die FLAKs schießen, und die Splitter zischten durch die Luft. Wir duckten uns hinter einen Unterstand vor dem Wasserloch, weil wir es nicht mehr in den Schutzraum schafften. Und schon ließen die angeschossenen Flugzeuge ihre Bomben fallen. Wir kauerten am Boden, wagten kaum aufzuschauen, hielten uns fest an den Händen und beteten. Und plötzlich fiel eine Bombe in unserer unmittelbaren Nähe in die Wiese, nur etwa 50 Meter von uns weg. Aber wir hatten Riesenglück: Die Bombe explodierte nicht – es war ein Blindgänger! So schnell wir konnten, rannten wir in den Kirchturm und weinten und beteten, bis es aufhörte zu krachen. Unser Vater entschärfte später jene Bombe, indem der das

Paula und Robert als Hochzeitspaar

gelbe Pulver herauskratzte. Die Mutter war entsetzt und schimpfte, doch zum Glück war nichts passiert. Diese Bombenhülle steht heute noch beim Putzer.

Ein anderes Mal war ich gerade mit meiner Mutter auf dem Weg nach Hause von Albeins, als Flugzeuge kamen und die Albeinser Brücke bombardierten. Es krachte und donnerte ganz fürchterlich. Wir hatten große Angst und duckten uns unter einen Felsvorsprung. Immer, wenn die Bombardierungen kurz aufhörten, rannten wir wieder ein Stück. Wenn es von Neuem losging, suchten wir wieder Deckung. Auf diese Weise legten wir die ganze Strecke bis nach Teis zurück. Als wir endlich heimkamen, schlotterte ich vor Angst und war ganz durcheinander. Die Mutter sagte, wir sollten etwas mitnehmen und dann alle in den Luftschutzkeller gehen. Da packte ich eine Bürste und eine alte *Spülhuttl* ein, als ob das weiß Gott was wäre! Ich konnte an jenem Tag einfach nicht mehr klar denken vor Aufregung.

Mein Vater allerdings ging nie in den Luftschutzkeller. Er war Schmied und haute einfach so laut mit dem Hammer auf den Amboss, dass er von dem ganzen Krach nichts hörte. Er sagte immer: »Einer muss auf dem Hof bleiben, wenn etwas ist.«

Auf der *Haube* oben fielen ziemlich einige Bomben, die auch losgingen, aber zum Glück nur im Wald. Menschen kamen nicht zu Schaden. Einer meiner Onkel und sein Kollege kamen kurz vor Kriegsende auf Heimaturlaub nach Hause. Da abzusehen war, dass bald alles zu Ende sein würde, versteckten sie sich im Wald oben. Sie bauten eine notdürftige Behausung in den Schützengräben vom Ersten Weltkrieg und warteten ab. Meine Großmutter brachte ihnen in der Nacht immer das Essen ein Stück hinauf. Alles musste natürlich streng geheim bleiben. Nicht einmal meine Mutter wusste, dass ihr Bruder dort oben versteckt war.

Mit der Kutsche zum Fotografen

Nach meiner Ausschulung war ich eine Zeit lang zu Hause, danach ging ich zum Gneller auf Dienst. Mein erster Jahreslohn betrug 10.000 Lire, das weiß ich noch genau. Mein späterer Mann Robert war auch Knecht, und zwar beim Nachbarn. So haben wir uns bei der Arbeit kennengelernt. Manchmal gingen wir miteinander auf den Markt nach Klausen. Früher hatte man ja sonst kaum Gelegenheit auszugehen.

Wir heirateten am 13. Februar 1958, einem Donnerstag. Es war eine Doppelhochzeit: Mein Arbeitgeber, der Gneller, heiratete am selben Tag, und so wurde es eine große Feier. Weil es so viele Geladene gab, war das Mahl beim Proxauf, denn da war mehr Platz als beim *Wirt.* Wir stellten eine Köchin an, die uns sehr gut verköstigte. Es gab Gulasch mit Leberknödeln und Weizenknödeln und zum Nachtisch Krapfen. Nach dem Mahl fuhren wir alle vier mit der Kutsche nach Klausen, um ein Foto machen zu lassen. Das war eine unvergesslich schöne Fahrt, obwohl es kalt war und Schneematsch auf dem Weg lag. Wir Frauen hatten die Tracht an, die war schön warm.

In Wolkenstein

Da mein Mann schon in jungen Jahren sehr unter Ischias litt, wurde ihm empfohlen, im Bergheu zu schlafen. Zufällig erfuhren wir von einem Berghof in Wolkenstein, der zu pachten war, und beschlossen, dort unser Glück zu versuchen. Der Hof lag auf 1800 Meter, unter der Regensburger Hütte, und hieß »Ciablon«. Bis zur Schule und zur Kirche ging man eine gute Stunde. Mein Mann lernte schnell Grödnerisch, weil er öfter unter die Leute kam. Er ging viel zu *holzern,* um etwas dazuzuverdienen. Die Leute nannten ihn immer »Robert de Ciablon«. Ich hingegen war meist zu Hause und lernte die Sprache ein wenig zu verstehen, aber zum Sprechen hatte ich nicht so viel Gelegenheit. Bis auf wenige Nachbarn lag der Hof recht einsam. Im Winter musste mein Mann immer mit dem Schlitten herunterfahren und den Weg von Schnee frei machen, damit die Kinder zur Schule kamen.

Wenn ein Kind geboren wurde, kam immer eine ältere Hebamme zu der Wöchnerin ins Haus und half ihr die ersten Wochen lang. Sie war in Pension oder stand kurz vor der Pensionierung und konnte überhaupt kein Deutsch. Ich konnte nicht Grödnerisch und nur ein paar Brocken Italienisch, aber wir haben uns schon trotzdem verstanden. Sie kam jeden zweiten Tag und half beim Baden und bei der Nabelpflege und schaute auch, ob sonst alles in Ordnung war. Über die Hilfe war ich sehr froh. Eine Wasserleitung gab es auf dem Hof noch nicht. Wir mussten all das Wasser vom Brunnen ins Haus tragen. An Donnerstagen, wenn schulfrei war, hielten wir immer Waschtag. Da mussten die Kinder den ganzen Tag Wasser tragen. Es musste schließlich nicht nur ins Haus, sondern auch wieder hinausgetragen werden.

Für die Geburt meiner Kinder ging ich immer ins Krankenhaus nach Brixen. Als ich mit meiner Tochter Gertrud nach Hause kam, begrüßten mich die anderen Kinder schon an der Tür. Eines der Mädchen stolperte über die Türschwelle und hustete plötzlich so stark, dass es kaum mehr Luft bekam. Ich erschrak und meinte, das höre sich fast an wie Keuchhusten. Auch die anderen Kinder husteten. Mein Mann wollte nichts bemerkt haben. Sofort schickte ich ihn los, um den Doktor zu holen, denn ich hatte Angst um das *Poppele*. Keuchhusten war eine wilde Sache. Der Doktor kam ins Haus und bestätigte meinen Verdacht. Er fragte: »Welches Kind hustet am stärksten?« Wir holten das Mädchen, und er erklärte: »Ich nehme ihr ein wenig Blut ab und spritze es dem Baby. Es ist gerade erst gekommen und hat sich höchstwahrscheinlich noch nicht angesteckt.« Ich musste dem Mädchen ein Joghurt als Belohnung versprechen, damit sie sich Blut abnehmen ließ und der Doktor injizierte es dem Baby. Und es half tatsächlich! Die anderen Kinder husteten um die Wiege herum, aber die kleine Gertrud wurde nicht krank.

Zurück in Teis

Nach 19 Jahren mussten wir vom Pachthof gehen, weil der Besitzer ihn selber wieder wollte. Außerdem hatten wir kaum Platz mit all den Kindern. Zum Glück bekam ich von daheim in Teis ein Stück Grund, wo wir Haus bauen konnten. Ende der 1970er Jahre zogen wir ins »Haus Enzian«. Meine Kinder, besonders die älteren, erinnern sich aber noch gern an die Zeit in Gröden. Der

Der Pachthof in Wolkenstein, wo die Familie Fäckl 19 Jahre lang lebte

lange Schulweg, die Natur, die Abgeschiedenheit: Sie sagen immer, das sei eine schöne Kindheit gewesen. Auch mein Mann hatte noch oft Heimweh nach Wolkenstein. Ich hingegen war ganz froh, wieder hier in Teis zu sein.

Wenn ich gedurft hätte, wäre ich gerne Näherin geworden. Ich kann zwar flicken und nähen, aber ich hätte gern mehr gelernt. Doch damals war das einfach nicht drin. Meine Eltern legten Wert darauf, dass wir uns selbst versorgen konnten und etwas verdienten. Mein älterer Bruder Sepp hätte sehr leicht gelernt, doch der Vater ließ ihn nicht weiter zur Schule gehen. Das war sehr schade. Erst mein Bruder Siegfried durfte eine höhere Schule besuchen und studieren, aber auch nur, weil sich der Pfarrer sehr dafür eingesetzt hat.

Was ich heute noch anders machen würde? Ich würde mir mehr Zeit für die Kinder nehmen und weniger arbeiten. Besonders unsere mittleren Kinder haben zu wenig Zuwendung und Aufmerksamkeit bekommen. Das tut mir heute

Leid, doch damals habe ich es nicht erkannt. Ich rate allen Müttern: Nehmt euch die Zeit für eure Kinder, denn sie sind nur einmal klein. Und den älteren Leuten möchte ich sagen:

Olt mochn net die vielen Johr, olt mochn net die grauen Hoor, olt isch, wer in Muat verliert und sich für nichts mehr interessiert.

Josef Obwexer
»Felthuner«

Josef wurde am 24. Juli 1933 auf dem Felthunerhof in der Fraktion *Coll* geboren. Sein Vater hieß ebenfalls Josef Obwexer und stammte aus Afers. Seine Mutter hieß Theresia Schätzer. Josefs Schwester Theresia kam sieben Jahre nach ihm zur Welt. Auf dem Hof lebten außerdem die Großmutter, ein Knecht und eine Magd und der ein oder andere Hütbub. Er besuchte nach der Pflichtschule die Landwirtschaftsschule in Dietenheim. 1963 heiratete er Barbara Profanter vom Unterschnoterhof in St. Peter. Von 1965 bis 1975 schenkten sie den vier Kindern Walter, Paul, Maria und Erich das Leben. Bis heute leben und arbeiten sie auf dem Felthunerhof.

Nach der Frühmesse auf die Weide

Als Bub musste ich immer das Vieh hüten, schon mit sieben, acht Jahren. Die Kühe und Kälber sollten auf den kleinen Weideflächen im Wald grasen, aber ja nicht weiter in den Wald hineinlaufen. Auch auf die Wiesen sollten sie nicht, denn da wurde ja gemäht. Da hatten wir Hütbuben immer viel zu tun, denn die Rindviecher und die Schafe blieben natürlich nicht immer da, wo sie grasen sollten. Wenn wir dem Vieh einmal nicht nachlaufen mussten, spielten wir so nebenbei im Wald. Ich besaß ein kleines Taschenmesser, mit dem ich mir Kühe und Pferde schnitzte, meist aus Föhren- oder Lärchenrinden. Wir bauten aus Zweigen und Moos so kleine Holzställe, wo diese Tiere dann wohnten. Natürlich musste auch sonntags gehütet werden. Ich ging immer mit der Mutter zur Frühmesse und danach sofort auf die Weide.

Ich durfte auch die Schule nur von Allerheiligen bis *Josefi* besuchen. Dann wollten die Schafe wieder auf die Weide. Auch wenn der Lehrer einen Brief schickte, dass ich zur Schule kommen müsse, ließen mich meine Eltern nicht gehen. Sie brauchten mich zu Hause. Mir war es egal, denn ich war gern beim

Josef mit Schwester und Eltern in den 1940er Jahren

Vieh. Aber ich ging auch nicht ungern zur Schule. Interessanter als die Schule war allerdings immer der Schulweg. Und unser Schulweg war weit: Wenn wir auf schnellstem Wege nach St. Magdalena hinunterrannten, schafften wir es in 20 Minuten. Zu Mittag um zwölf Uhr war der Unterricht aus, da stapften wir dann den steilen Hang hinauf, um zu Hause schnell einen *plentenen* Knödel zu verdrücken. Bergan brauchten wir schon fast die doppelte Zeit. Anschließend rannten wir wieder hinunter, denn um 14 Uhr begann der Nachmittagsunterricht. Nach der Schule ließen wir uns mehr Zeit beim Heimgehen. Da brauchten wir schon eine Stunde und mehr. Oft rauften wir oder bewarfen uns mit Schneebällen. *Berger* gegen *Coller* – das war damals eine Tradition.

Wenn Schnee lag, rodelten wir zur Schule. Ich erinnere mich noch, wie wir Schulkinder einmal unterwegs eine *Grompe* trafen, die auch über den steilen Weg von *Coll* nach St. Magdalena hinunter wollte. Da es sehr eisig war, rutschte sie aus und stürzte. Aus ihrem Buckelkorb kullerten lauter Eier heraus und rollten den Weg hinunter. Wir Kinder fanden das sehr lustig, die Frau hingegen war den Tränen nah. Einige Eier konnte sie noch retten, doch die meisten waren natürlich kaputt.

Bei meiner Einschulung 1939 besuchte ich genau drei Wochen lang die italienische Schule. Danach musste ich da nicht mehr hingehen, ich weiß auch nicht genau, warum. Ich glaube, mein Vater hatte mich abgemeldet unter dem Vorwand, ich wäre zu schwächlich für die Schule. Auf jeden Fall war ich froh, als ich da nicht mehr hin musste. Ich war noch klein, aber ich erinnere mich, dass in der Schule und auch sonst im Dorf viel Feindschaft herrschte. Die Leute schrien sich gegenseitig an, mit den Gewissen durfte man auf einmal nicht mehr reden. Es war eine schlimme Zeit.

Ich besuchte dann eine Zeit lang den heimlichen Deutschunterricht hier in *Coll*, wo uns der Hüttl-Sepp in einem Kammerle unterrichtete. Es war kalt und ungemütlich. Wir saßen auf langen Brettern, die auf Holz*priegeln* standen, und unser Schreibpult war ebenfalls ein langes Brett, das auf etwas höheren Holz-*Priegeln* lag. Im Jahr darauf gab es dann deutschen Unterricht in St. Magdalena.

Bombenalarm

Ab 1943 gab es immer öfter Bombenalarm. Da hörte man die Sirenen heulen und die FLAK in Afers feuerte hinauf zu den Fliegern. Deshalb schickten uns die Lehrer immer nach Hause. »Lauft nur schnell heim, der Unterricht ist für heute vorbei,« sagten sie und wir Schüler stoben auseinander. Einmal waren die Bombardierungen besonders schlimm. Das war an dem Tag, als die Bomben auf St. Valentin und auf Riegl fielen. Wieder einmal durften wir früher heimgehen. Doch wir kamen nicht weit, da dröhnte und surrte es ganz schrecklich von den Fliegern. So kauerten wir uns alle zusammen unter einen Baum. Wir hatten Angst, von den herumfliegenden Splittern getroffen zu werden. Dieses summende Geräusch, das die machten, höre ich heute noch in den Ohren. Eine Mitschülerin fing an laut zu beten. Es war halb zehn Uhr und es dauerte bis zwei Uhr nachmittags, bis es halbwegs ruhig wurde und wir endlich weiter gehen konnten.

Die Flugzeuge tauchten immer über der *Sass Rigais* auf und überquerten das Tal Richtung Brixen. Sie wollten immer die Albeinser Brücke treffen. Auf unseren Wiesen und Feldern lagen auch immer haufenweise Aluminiumstreifen, die die Flieger abwarfen. Die hoben wir auf, um sie an Weihnachten an den Christbaum zu hängen.

Knapp ging es her

Da wir selber Schafe hatten, trug ich immer ein lodenes Gewand: eine Hose und eine Jacke, darunter ein Baumwollhemd. Unterwäsche hatten wir keine, auch keine Hauspatschen. Man lief einfach auf den Wollsocken herum. Schlimm war es immer mit den Schuhen. Ich kann mich nicht erinnern, als Kind jemals neue bekommen zu haben. Sie waren immer von irgendwelchen Verwandten geschenkt, meist zu klein und natürlich kaputt. Meine Füße waren ständig voller Wundflecken, weil es überall drückte.

Die Armut in diesen Jahren war schon sehr groß. Geld war keines im Haus, und bei uns daheim war die Lage noch dadurch verschlimmert, dass Schulden auf dem Hof lasteten. Meine Mutter hatte einst mit ihrem Erbteil den Felthunerhof gekauft. Sie hatte jedoch nicht gewusst, dass er mit einer Hypothek belastet war. Früher hat man sich da auch nicht so informiert. Der Verkäufer meinte: »Gekauft ist gekauft.« Und er wollte das Geschäft nicht mehr rückgängig machen. So blieb meinen Eltern nichts anderes übrig, als einen Kredit aufnehmen, um die alten Schulden zu tilgen. Für eine Renovierung des uralten Hofes war natürlich keine Lira übrig.

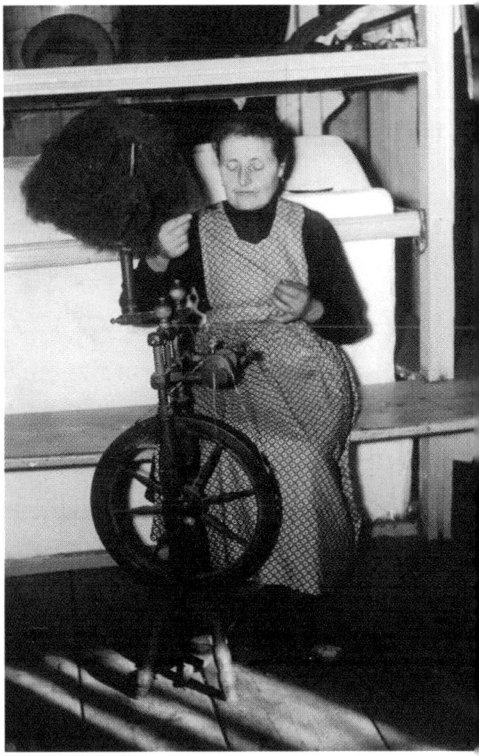

Felthunermutter beim Spinnen: Auch Stoffe und Garn stellten die Bauern vorwiegend selbst her.

Zum Essen gab es zum Frühstück immer Mus, zu Mittag Knödel und abends Suppe. Die *plentenen* Knödel waren immer mit Gerste gestreckt, denn der *Schwarzplenten* gedieh bei uns heroben nicht besonders. Die schmeckten überhaupt nicht, aber es gab nichts anderes. Süßigkeiten kriegten wir als Kinder überhaupt nie. Ich erinnere mich noch gut, wie wir Schulbuben im Herbst immer zum alten Hiasl hinunterliefen, weil er uns die Kerne und das Gehäuse der Birnen schenkte, aus denen er *Birmehl* mahlte. Mit diesen *Greipen* füllten wir unsere Taschen und kauten sie dann auf dem Heimweg. Den langen Umweg nahmen wir für diesen seltenen süßen Genuss gern in Kauf.

Während der Kriegszeit mussten die Bauern auch Vieh und Lebensmittel abliefern. Das Vieh war Stück für Stück registriert, und einen gewissen Teil musste man immer abgeben. Wir lieferten insgesamt 32 Stück Vieh im Laufe der Kriegsjahre ab! Als uns einmal ein Ochs auf der Alm verunglückte, wollten wir ihn bei den Behörden abmelden, doch der Wachtmeister meinte: »Ich steige nicht da hoch, um nachzuschauen.« Da mussten wir ihm ein Ohr und ein

Stück der Rückenhaut bringen – als Beweis, dass der Ochse wirklich tot und nicht nur etwa versteckt war. Natürlich wollte man damals das eine oder andere vor den Behörden verstecken. Als die Kontrolleure wieder einmal von Haus zu Haus gingen, um Speckseiten zu zählen, kam ein Nachbarsbub dahergelaufen und warnte alle: »Die Speckkontrolle ist unterwegs!« Unsere Mutter war allein zu Hause, denn wir waren bei der Heuarbeit auf dem Feld draußen. Sie hatte Angst, wieder etwas abgeben zu müssen. So hängte sie schnell die Speckseiten, die in der Küche hingen, herunter und ließ sie auf den Boden fallen. Sie waren sehr schwer, und die Mutter schaffte es trotzdem irgendwie, eine nach der anderen in den Stall hinunterzuschleppen und mit Stroh zu bedecken. Kaum hatte sie das letzte *Mezzet* versteckt, klopften bereits die Polizisten an. Unsere Mutter zeigte ihnen ein kleines Stück Speck, das im Keller hing und erklärte, sonst habe sie nichts im Haus. Das war nicht einmal gelogen, denn der Speck lag ja im Stall. Der Wachtmeister schaute sich zwar skeptisch um, aber zu Mutters Erleichterung kehrte er sich bald um und ging wieder.

Dieser Wachtmeister war nicht sehr beliebt bei den Leuten. Am Sonntag nach der Messe stieg er immer auf den großen Stein beim *Kabisplatz* und verkündete die behördlichen Neuigkeiten. Er schrie immer sehr laut und fühlte sich ungeheuer wichtig. Auch der Gemeindediener benutzte immer diesen Stein als Podium, wenn die Gemeinde etwas zu verlesen hatte. Das war der beste Ort, um die Dorfbevölkerung zu erreichen, denn zur Sonntagsmesse gingen alle. Heute würde man sich da schwerer tun.

Unser Vater musste nicht in den Krieg einrücken, weil er noch vom Ersten Weltkrieg her ein Invalide war. Unser Knecht hatte Plattfüße und musste daher auch nicht gehen. Erst ganz am Schluss, als sie noch alles einzogen, was Beine hatte, kam er zu den Standschützen. Aber da war der Krieg schon fast aus, und er kehrte bald wieder zurück.

Nach dem Krieg kamen scharenweise flüchtige Soldaten bei uns vorbei. Sie kamen alle von der Front im Süden unten und wollten über die Berge heimkehren, um nicht gefangen genommen zu werden. Jeden Tag kamen welche, übernachteten in der Stube und zogen dann weiter. Manchmal waren es drei oder vier, doch einmal waren es 16 Männer, die in der Stube schliefen! Die Mutter gab ihnen Decken, damit sie auf dem Boden liegen konnten.

Diese Soldaten hatten Puddingpulver mit und baten um etwas Milch, um Vanille und Schokoladenpudding kochen zu können. Unserer Mutter taten sie Leid, und so kochte sie ihnen noch etwas anderes. Ich durfte dafür auch von dem Pudding essen, so viel ich wollte. Das war eine außerordentliche Köstlichkeit. So etwas hatte ich ja sonst noch nie bekommen! Ich verdrückte damals so viel Pudding, dass es für mein ganzes Leben reichte. Ich habe danach nie wieder einen angerührt.

Einmal fragten uns weit entfernte Verwandte aus Gröden, ob zwei Leute bei uns übernachten könnten. Sie hatten sie drüben versteckt, und nun wollten sie unauffällig über die Berge entkommen. Meine Eltern stimmten zu, und die zwei Männer übernachteten in der Stube auf der Ofenbank. Einer war fest und untersetzt, der andere groß und hager. Am nächsten Tag musste sie unser Knecht in aller Frühe nach Lüsen auf die Alm führen. Sie bezahlten sogar etwas für die Übernachtung. Das war außergewöhnlich. Unser Vater meinte auch, einer dieser Männer komme ihm irgendwie bekannt vor. Schließlich kramte er einen Bauernkalender hervor und blätterte und blätterte, bis er das Bild gefunden hatte, das er suchte: »Da. Schaut!« Er zeigte auf ein Foto vom Gauleiter Hofer. Mit Schrecken erkannten wir, dass der überall gesuchte Gauleiter und sein Kollege ausgerechnet bei uns genächtigt hatten. Zum Glück waren sie schon wieder fort.

Kauf dir lieber einen Villnösser

Nach meiner Ausschulung habe ich weiter auf dem Hof gearbeitet. Der Alltag war hart und oft schwierig, aber man kannte es nicht anders. Etwas zu tun gab es immer, freie Tage oder gar Urlaub gab es ganz einfach nicht. Wir hatten sehr viele Äcker, wo wir Weizen, Gerste, Roggen, Hafer und Kartoffeln anbauten. Die erste Arbeit im Frühjahr nach dem Ausapern war das *Erdeführen.* Damit war mein eine gute Woche, eher zwei, beschäftigt. Danach musste man die

Zäune reparieren und den Mist ausbringen. Mit Ross und Wagen hatte man da ziemlich lange Arbeit, denn ausgestrebt wurde ja auch nur per Hand. Wenn das Wetter es zuließ, wurden Ende April die Äcker bebaut und das Getreide gesät. Aber manchmal lag auch noch Schnee, wie im Jahre 1951, wo sogar am 1. Mai alles noch unter einer dicken Schneedecke begraben war.

Sobald die Wiesen geräumt waren, ging man in den Wald zu *holzern,* bis Ende Juni die Heumahd fällig war. Der Felthunerhof liegt immerhin auf 1565 Meter, und so reift alles etwas später. Der wichtigste Monat für uns hier war immer der September. Da musste man das Korn schneiden und das Grummet mähen. Wenn der September verregnet war, fiel die Ernte gern aus. Wir schauten immer, Getreidevorräte zu haben, denn man musste immer damit rechnen, dass es einmal wieder ein Jahr nichts gab.

Im Oktober wurde wieder Mist ausgeführt und das Getreide verarbeitet. Auch die Schafe mussten geschoren werden. Damit die Wolle sauber war, wurde jedes einzelne Schaf zuerst im warmen Wasser gewaschen. Das war immer ein Kampf, denn die Schafe wollten natürlich nicht freiwillig in die Wanne. Zwei Leute mussten sie mit den Füßen nach oben festhalten, den Rücken eintauchen, und eine dritte Person schrubbte sie mit dem Striegel fest ab. Wenn die Wolle am Schaf trocknet, ist sie nämlich viel schöner, als wenn man sie nachher wäscht. Das Scheren per Hand ging natürlich auch nicht sehr schnell, und auch das war eine Rauferei mit den Tieren. Diese Arbeit machte ich immer sehr ungern.

Im Herbst und im Frühjahr hat man Brot gebacken, und zwar immer bei aufgehendem Mond. Das war ganz wichtig. Einmal haben wir das nicht eingehalten, denn das Brot war aufgebraucht, und wir mussten einfach backen. Und zuerst ging es auch wunderbar auf und schaute schön aus, doch als es dann hart wurde – man trocknete ja das Brot für die *Brocken* –, wurde es dermaßen *gleim,* dass man es fast nicht mehr beißen konnte. Ja, man sollte schon darauf hören, was die Alten sagen. Den Brauch des Brotbackens haben wir hier auf dem Hof noch lange beibehalten. Wir hatten auch noch Getreideäcker, als viele andere Bauern sie schon längst aufgegeben hatten.

In den Wintermonaten ging man dann wieder in den Wald, um Holzarbeit zu verrichten. Bauern, die viel Wald hatten und Holz verkaufen konnten, hatten es gut. Ich beneidete sie immer, denn das Holz wurde damals nach dem Krieg gut bezahlt. In unserem Wald war alles schon ausgehackt, und es gab nur mehr Reisig und bestenfalls etwas Brennholz. Wer selbst keinen Wald besaß, wurde bei den größeren Bauern angestellt. Aber der Tageslohn war sehr gering. Dennoch blieb den Kleinhäuslern nichts anderes übrig, denn es herrschte die Not. Zumindest wurden sie dann am Sonntag bei den Bauern zum Essen eingeladen, und dieser Einladung folgten sie gerne, auch wenn der Weg noch so weit war. Immerhin war dann zu Hause ein Esser weniger am Tisch.

Viele Villnösser gingen im Winter auch nach Gröden zum *Holzern.* In Gröden ging der Spruch um: »Kauf dir doch kein Pferd, kauf dir lieber einen Villnösser zum Holzziehen.« In Gröden kam der Fremdenverkehr viel früher auf, und man konnte es sich leisten, sich die starken Burschen aus dem Nachbartal zu holen, um sie die schwere Arbeit machen zu lassen.

Wir konnten uns hier mit der Viehzucht ein bisschen Geld verdienen, aber das war mit viel Arbeit verbunden. Wenn man im Jahr ein paar Kälber und ab und zu einen Ochsen verkaufen konnte, war das schon viel. Butter und Eier brachten auch ein wenig Geld ein, aber gerade nur so viel, um das unbedingt Notwendigste zu kaufen. Oft wogen wir die Butter am Abend und rechneten aus, wie viel sie wohl einbringen würde. Danach richtete sich dann unsere Einkaufsliste. Manchmal trug es ein ganzes Kilo Zucker, manchmal nur ein halbes. Nicht selten musste man einiges ganz von der Liste streichen, denn das Buttergeld reichte einfach nicht.

Schwierig war natürlich auch der weite Weg ins Tal. Ob wir das Korn zum Müller an den Bach hinunterbringen mussten oder ob wir Bretter bei einem Sägewerk schneiden lassen wollten: Alles war mit großen Mühen und viel Zeitaufwand verbunden. Der alte Weg ging ja viel direkter als die heutige Straße, war aber auch viel steiler. Das Ross musste man immer wieder rasten lassen, und recht viel mehr als einmal am Tag schaffte es den weiten Weg hinunter und herauf nicht.

Josefs Kinder vor dem alten Hof

Es waren schon miese Zeiten nach dem Krieg, aber insgesamt waren die Leute zufriedener. Man akzeptierte das einfache Leben und versuchte irgendwie über die Runden zu kommen. Die Menschen waren dankbar, wenn ihnen nicht gerade ein größeres Unglück wie ein Ernteausfall oder ein Unfall geschah.

Der Unfall

Als ich 23 Jahre alt war, passierte mir ein Unglück. Es war Herbst, und ich kam beim Garbenführen mit dem Fuß unglücklich unter die Räder meines Fuhrwerks. Das Bein war knapp unterhalb des Knies gebrochen und hing im rechten Winkel weg. Mit einem Fuhrwerk brachte man mich zum Dorfarzt, der mir einen Notverband anlegte und mich in die Unfallklinik nach Meran schickte. Dort war man anscheinend auf komplizierte Knochenbrüche spezialisiert. Doch leider wurde ich da nicht richtig behandelt: Man hängte mich wochenlang an die Gewichte, und mein Bein wuchs total falsch zusammen. Ich spürte von der Wade abwärts nichts mehr, konnte also auch den Fuß nicht mehr bewegen. Mit einer behelfsmäßigen Beinschiene schickte man mich am Ende nach Hause. In zwei Wochen sollte ich noch einmal kommen, denn da käme ein italienischer Spezialist nach Meran. Als dieser mich dann 14 Tage später untersuchte, meinte er, da wäre nichts mehr zu machen, das Bein würde so bleiben. Ich war natürlich enttäuscht, aber ich fügte mich meinem Schicksal und kehrte heim. Mit der Beinschiene konnte ich zumindest auftreten und arbeitete eben so gut es ging.

Im Frühling traf ich dann zufällig einmal den Dorfarzt Dr. Psaier, der mich auf mein Bein ansprach. Ich erzählte ihm, wie es mir in Meran ergangen war und dass keine Hoffnung mehr bestand. Doch der Doktor redete mir ins Gewissen: »Schau, du bist noch jung, und wenn das Bein so bleibt, stirbt es ab. Das kannst du nicht so lassen.« So überzeugte er mich, nach Innsbruck zu fahren und dort einen Spezialisten aufzusuchen. Dieser hieß Dr. Platzgummer und stammte aus dem Vinschgau. Er humpelte selbst und erzählte mir, dass auch er falsch behandelt worden wäre. Deshalb setze er sich für solche Fälle wie mich besonders ein. Er meinte, versprechen könne er nichts, aber er wolle etwas versuchen, wenn ich einverstanden wäre. Ich willigte natürlich ein, denn ich klammerte mich an jeden noch so kleinen Strohhalm. Mit nur einem Bein hätte ich schließlich nicht mehr Bauer sein können.

So wurde mir in einer ersten Operation der Bruch wieder freigelegt, denn die Sehnen waren alle verwachsen. Leider blieb der erhoffte Erfolg aus: Mein Zustand besserte sich nicht. Einmal in der Woche kam der Chefarzt, und als er mich sah, fragte er Platzgummer, was er denn mit mir vorhätte. Dieser erklärte, die erste Operation habe nichts gebracht, aber er wolle noch einen zweiten Versuch wagen. Er habe vor, Sehnen zu verpflanzen. Der Oberarzt meinte nur: »Dann machen Sie mal, wenn Sie denken, Sie könnten das. Vom Herumliegen wird Ihr Patient nicht gesund.«

So wurde mir eine Woche später in einer sehr aufwändigen Operation eine Sehne vom hinteren Wadenbein nach vorn verpflanzt. Das war sehr schmerzhaft. Nach einigen Tagen schnitt man mir den Gips auf, und der Doktor sagte, ich solle versuchen, meine Zehen zu bewegen. Doch es gelang mir nicht. Fast schien es, als wäre alles umsonst gewesen. Der Doktor ärgerte sich über mich, aber eigentlich hätte wohl ich mich über ihn ärgern sollen. Schließlich hing mein Schicksal vom Erfolg der Operation ab. Nach einigen Tagen ohne Fortschritte sollte ich schließlich nach Hause fahren. Sie wollten mir nur noch einen anderen Gips anlegen. Da sah der Arzt plötzlich, wie die Sehne zuckte. Wieder meinte er, ich solle versuchen, die Zehen zu bewegen. Und, welch Wunder, es gelang! Im nächsten Moment hielt Platzgummer meinen Fuß schon fest und mahnte: »Nicht mehr bewegen! Sonst reißt wieder alles ab. Ich glaube, wir sind auf gutem Weg.« Und so behielten sie mich doch noch dort. Er hatte es glatt hinbekommen. Ich spürte den Fuß wieder und konnte ihn auch ein Stück weit bewegen.

Zwei Jahre später erhielt ich ein Schreiben von Dr. Platzgummer. Darin stand, ich solle so gut sein und zu einem Ärztekongress nach Innsbruck kommen. Er bräuchte mich zum Vorzeigen. Ich war ihm sehr dankbar und saß daher zum gewünschten Datum dort in einem Hörsaal voller Ärzte. Zuerst referierte ein italienischer Professor, der meinte, Sehnen verpflanzen könne man vergessen. Das funktioniere einfach nicht. Anschließend trat Dr. Platzgummer ans Rednerpult und sprach über seine Operationsmethode. Er hatte mich und eine weitere Patientin aus dem Unterinntal als Beweis, dass es doch ging. Ich musste barfuß im Hörsaal hin- und herlaufen, die Frau hingegen mit Stöcklschuhen herumspazieren. Anschließend löcherten mich die Ärzte mit vielen Fragen, wie es mir denn ergangen sei, ob ich wirklich nichts mehr gespürt hätte und so weiter. Als Belohnung durfte ich danach in der Universitätsklinik in einem Zimmer der ersten Klasse übernachten!

»Diese Frau bleibt lange«

Feste und Feiern gab es früher nur ganz wenige, so gab es auch wenig Gelegenheit, jemanden kennenzulernen. Getanzt und musiziert wurde eher in den Bauernhäusern. Es gab auch den Brauch des *Klöckelns,* der ursprünglich von der christlichen Legende der Herbergssuche herrührte. An den drei Donnerstagen vor Weihnachten wurde *geklöckelt,* das heißt, man traf sich irgendwo in einer großen Stube, und es wurde gesungen und getanzt. Auch süße Krapfen tischte man bei dieser Gelegenheit auf. Da wir auch eine große Stube hatten, fand diese Veranstaltung regelmäßig bei uns zu Hause statt.

Meine Frau Barbara, Betty genannt, lernte ich aber auf einem Wiesenfest kennen. Die Musikkapelle veranstaltete es, und weil ihr Vater bei der Kapelle war, verkaufte sie Lose für den Glückstopf. Von da an waren wir befreundet oder besser »bekannt«. Es war anders als heute. Man sah sich ja kaum einmal, höchstens einmal auf einem Fest oder am Sonntag nach der Messe auf dem Kirchplatz. Aber da wechselte man höchstens ein paar Worte.

Josef mit Betty bei der Hochzeit 1963

Von Felthun zum Unterschnoterhof brauchte man eine gute Stunde und für den Rückweg ebenso. Schon von daher ergab sich selten die Gelegenheit für ein Treffen. Nach ungefähr zehn Jahren wurde aus unserem lockeren Verhältnis dann doch ernst: Am 14. November 1963 heirateten wir. Es wurde sogar eine Doppelhochzeit, denn meine Schwester heiratete am selben Tag. Dadurch war es eine etwas größere Feier mit ungefähr 50 Gästen. Das Mahl war beim *Kabis,* und wie es der Brauch war, wurde die Braut gestohlen. Während der Brautführer sie zurückholte, blieb der Bräutigam bei den Gästen. Der Brautführer musste alles bezahlen, was auf dem Tisch stand, wenn er die Gesellschaft erreichte. Daher wurde gleich so viel wie möglich bestellt.

Am Nachmittag fuhren wir mit einem Taxi nach Klausen, um ein Foto machen zu lassen. Abends gingen wir dann zu Fuß heim, wie es damals üblich war. Als wir ins Haus traten, setzte sich meine Frau in der Stube ganz weit hinten am Tisch auf der Bank nieder. Da meinte meine Mutter: »Diese Frau bleibt einmal lange. Die setzt sich weit weg von der Türe nieder.« Und so ist es dann auch gewesen.

Ein langer Weg zum neuen Heim

Hart war für uns vor allem das Leben in dem alten Haus. Der Felthunerhof ist eines der ältesten Gehöfte im Tal. Er wird schon im 12. Jahrhundert erwähnt. Schon als meine Mutter es kaufte, war das Haus nicht mehr im besten Zustand. Im oberen Stock gab es keine Fenster, sondern nur Gucklöcher, durch die der Wind pfiff und der Schnee hereinwehte. Auch bei der Balkontüre waren oben und unten breite Ritzen, durch die das Licht, aber auch der Wind hereinkam. In unserem Schlafzimmer hatten wir im Winter oft Reif auf der Bettdecke. Wenn man die Wärmeflaschen tagsüber im Bett vergaß, gefror das Wasser darin. Auch in der Küche war morgens oft die *Spülhuttl,* die am Herd hing, gefroren. Der Boden war so löchrig, dass man in den Hof hinuntersah. Der einzig warme Raum war die Stube, die riesengroß und hoch war. Für die Kinder wärmte man die Betten und Decken auf dem Bauernofen vor, bevor sie in die kalte Kammer hinauf mussten. Zwischen die Fenster stopften wir im Winter Moos und Papier, damit es nicht gar so hereinzog.

Das schlimmste war aber, als in der Küche schließlich ein Stück Gewölbe herunterbrach. Genau vor dem Herd lag der Schutthaufen. Wenn da gerade jemand gestanden hätte, wäre es schlimm ausgegangen. Von da an beschloss ich, persönlich nach Bozen zu fahren und nicht mehr nachzugeben. Da Felthun unter Denkmalschutz steht, war das Sanieren nämlich nicht so einfach. Wegen der vielen Auflagen konnten wir es uns ganz einfach nicht leisten. Schließlich hatten wir nur ein paar Milchkühe, von denen man nicht gerade reich wurde. Erst nach langem Hin und Her und nachdem das alte Haus wirklich als unbewohnbar erklärt worden war, erhielten wir die Genehmigung, neben der Hofstelle ein neues Haus zu bauen. Es wäre einfach nicht mehr anders gegangen, aber wir mussten lange dafür kämpfen. Zu Weihnachten 1977 konnten wir ins neue

Haus einziehen. Dort hatten wir auch Platz für einige Fremdenzimmer, die wir vermieteten. Erst Jahre später renovierte meine Tochter mit ihrer Familie das alte Haus, sodass es uns doch noch erhalten geblieben ist.

Der Bauer ist König auf seinem Hof

Ich war in meinem Leben in vielen Vereinen tätig: 26 Jahre lang aktiv bei der Feuerwehr, bei der SVP, weiters beim Braunviehzuchtverband, bei der Viehversicherung, bei der Mila, im Rat vom Altersheim, beim katholischen Männerbund, und zehn Jahre lang war ich auch Vorsitzender vom Sozialsprengel Klausen.

Mit meinem Leben bin ich zufrieden. Ich sage immer: »Der Bauer ist König auf seinem Hof.« Auch wenn es viel Arbeit macht, so ist man doch sein eigener Herr. Unser ältester Sohn Walter, der eigentlich den Hof erben sollte, ist Universitätsprofessor geworden. Auch Erich hat eine gute Stelle und lebt in Wien. Doch ich sage immer, unser Sohn Paul, der Bauer ist und hier leben kann, hat es besser getroffen. Wir fahren auch kaum weg, denn hier daheim ist es am schönsten.

Filomena Messner
Wwe. Augschöll »Valtiner Mene«

Maria Messner Augschöll
»Valtiner Moidl«

Filomena (geboren 1934) und Maria (geboren 1936) wuchsen auf dem Valtinerhof auf. Sie waren das zweite bzw. dritte Kind von 13 Geschwistern. Als Mädchen erlebten die Schwestern den Bombenabwurf vom 28. Februar 1945 auf St. Valentin und haben jenen Tag bis heute in lebendiger Erinnerung behalten.

Der Tag, an dem die Bomben kamen

Es war eine unselige Zeit damals. Der Krieg forderte rundum seine Opfer. Viele Mütter mussten ihre Söhne in den Krieg ziehen lassen und wussten nichts über ihren Verbleib. Gar einige fielen, andere waren verschollen. Unser Vater war mit dem Fuhrwerk verunglückt und hatte sich schwer an den Beinen verletzt. Aus diesem Grund musste er nicht einrücken, konnte aber auch nicht schwer arbeiten. Doch der Valtinerhof war recht groß: Wir hatten Rösser, zehn bis zwölf Kühe, einige Kälbchen, drei bis vier Schweine, Schafe sowie Hennen und sogar Pfaue. Äcker mussten bestellt und Wiesen gemäht werden. Vier Dienstboten halfen uns bei der Arbeit, und unsere Mutter war schwanger mit Anton, dem achten Kind.

Kurz vor Weihnachten hatten wir unseren ältesten Bruder Georg begraben müssen. Er starb am 12. Dezember 1944 an einer Nierenentzündung im Alter von nur elf Jahren. Nur einige Wochen später erkrankte auch unsere jüngere Schwester Traudl und musste ins Spital gebracht werden. Nach acht Wochen, genau am 28. Februar, holte sie der Vater wieder heim. Bis St. Peter fuhren sie mit dem Taxi, dann ging's hoch zu Ross weiter nach St. Valentin. Als sie um halb zwölf Uhr auf dem Hof eintrafen, fielen die ersten Bomben zu Miglanz in drei Kilometer Entfernung. Wir beide sowie Anna (7), Heindl (5) und Sepp (3), hatten die Grippe und lagen alle mit den Katzen in der warmen Stube. Wir hatten schon im Radio gehört, dass feindliche Flieger »im Anflug auf Tirol« wären. Meist tauchten sie so 15 Minuten nach solch einer Meldung über der *Geisl* drin auf. Wir machten uns nicht viel draus. Solche Fliegerstaffeln waren schon öfters übers Tal geflogen, und wir Kinder hatten immer neugierig hinaufgeschaut und beobachtet, wie diszipliniert sie im gleichen Abstand zueinander flogen und wie sie weit weg die Bomben fallen ließen, welche die Albeinser Brücke treffen sollten. Nur an jenem trocken-kalten Tag im Februar 1945 war es anders als sonst: Es wurde der Tag, an dem die Bomben kamen – und zwar zu uns!

Das Ross, von dem Vater mit Traudl gerade absteigen wollte, erschrak vor dem Getöse der Einschläge und bäumte sich auf. Meine Mutter riss das Mädchen hektisch herunter und trug es hinauf in die Stube, während mein Vater das Pferd beruhigte und in den Stall brachte. Derweil kamen immer neue Flugzeuge. Der Vater stürmte ins Haus und schrie: »Alle schnell in den Keller!« Die Mutter wehrte sich energisch, schließlich waren wir krank, und sie wollte uns, besonders die Traudl, nicht in den kalten Keller schleppen. Doch am Ende folgten wir doch dem Vater, und kaum war die ganze Familie samt Knecht und *Dirnen* im Keller versammelt, da krachte es auch schon ganz fürchterlich. Durch das kleine, vergitterte Guckfenster flogen so viel Staub und Dreck herein, dass wir uns die Hände vors Gesicht halten mussten, um nicht zu ersticken. Der Vater und der Knecht stemmten sich gegen die Kellertür, damit der Luftdruck sie nicht eindrückte. Die Mutter, wir Kinder und die *Dirnen* beteten laut, ja wir schrien richtig: »Hilf, Maria, es ist Zeit, Mutter der Barmherzigkeit …«

Ja, die Muttergottes hat damals wirklich ihren Mantel über uns ausgebreitet. Wir kamen alle heil davon. Als es nach unendlich langer Zeit ruhiger wurde und wir uns gegen 16 Uhr aus dem Keller trauten, sahen wir das Ausmaß der Katastrophe. Der ganze Hofplatz war voller Steine, Äste und Dachschindeln. Ja, ganze Bäume lagen vorm Haus. Vier Bomben waren 20 bis 30 Meter oberhalb vom Hof niedergekracht, insgesamt 16 Stück in der näheren Umgebung, wie man uns später erzählte. Das Dach unseres Wohnhauses war zerstört, die Fensterscheiben

Das Gebiet um die Albeinser Eisenbahnbrücke war übersät mit Bombentrichtern; rechts unten im Bild das Gasthaus Ziggler.

zerborsten, die Türen aus der Verankerung gerissen, die Stehkästen umgestürzt. Glassplitter steckten im Getäfel der Stube, die Knödel lagen verstreut auf dem Küchenboden. Auch vom Futterhaus waren nur mehr die nackten Balken und der gemauerte Stall übrig geblieben. Wände und Dach waren weg. Doch auch unsere Tiere hatten wie durch ein Wunder kaum Schaden genommen. Nur eine Kuh hatte einen Glassplitter ins Auge bekommen. Viele Nachbarn kamen, um zu schauen, ob wir noch lebten. Sie erzählten uns, sie hätten nur mehr eine einzige Staubwolke über St. Valentin gesehen, und schon geglaubt, auch die Kirche läge in Schutt und Asche. Doch auch die Kirche überstand die Bombardierung: Das Dach und die Fenster waren beschädigt, innen war alles voller Dreck, der wertvolle Flügelaltar war beschädigt, und in den Außenmauern steckten zahlreiche Eisensplitter. Aber sie stand noch und wurde in den folgenden Jahren wieder langsam renoviert oder zumindest repariert.

Der Schock über die Ereignisse jenes Tages saß natürlich tief und wirkte noch lange nach. Wir wohnten zunächst bei unserer Großmutter und beim Nachbarhof Mitterplatz, zumindest bis die Fenster notdürftig geflickt waren. Nur unsere Schwester Anna wollte gar nicht mehr nach Hause, weil sie so verschreckt war. Sie blieb monatelang zu Mitterplatz und traute sich nicht einmal in die Nähe des Valtinerhofs.

Unsere Mutter erzählte nachher oft, sie hätte kurz nach Jörgls Begräbnis einen Traum gehabt: Sie träumte von vielen Flugzeugen, die über unser Tal flogen und ihr Angst machten. Da erschien ihr der kleine Jörgl und meinte: »Mutter, ihr braucht keine Angst zu haben. Es passiert euch nichts.« Erst am 28. Februar wurde ihr klar, dass dieser Traum eine wahre Bedeutung gehabt hatte.

Maria Einige Wochen nach diesem Ereignis schlug in Gufidaun in einem Bauernhaus eine Bombe ein, und sieben Menschen starben. Ich durfte mit Vater und Mutter zum Begräbnis gehen. Auf dem Rückweg von Gufidaun gab es plötzlich wieder Fliegeralarm. Wir befanden uns kurz nach Außermühl, und zum Glück gab es dort neben der Straße einen Luftschutzkeller. Doch als ich da hinein sollte, kamen in mir plötzlich die schrecklichen Bilder von der Bombardierung hoch, und ich riss aus. Ich wollte nicht in diesen Keller, sondern nur mehr nach Hause, einfach nur heim. Ich rannte und rannte – so schnell, dass mich der Vater nicht mehr einholen konnte. Einige Kilometer weiter, zu Mittermühl, hielt mich eine Frau fest, bis der Vater nachkam. Ich war ganz durcheinander.

Filomena Bis heute kann ich keinen Kriegsfilm schauen. Da bekomme ich eine Gänsehaut. Der Tag, an dem die Bomben fielen, ist uns noch gut in Erinnerung geblieben, weil wir in der Familie auch später oft darüber gesprochen haben, auch mit unseren Geschwistern, die damals noch nicht geboren waren. Unsere Eltern ließen der Muttergottes zum Dank ein Bildstöckl errichten. Es steht unmittelbar ober dem Haus, genau dort, wo die meisten Bomben einschlugen. Die Bombenhüllen stammen von Blindgängern und sollen uns mahnend an jenen fürchterlichen Tag erinnern.

Dolomitì, Val dì Funès - Vista sulle 4 Chiese:
S. Giacomo, S. Valentino, S. Pietro e S. Maddalen

Glossar

abdienen
eine Gegenleistung in Form von Arbeit erbringen

abgetriebene Milch
entrahmte Milch

Außermühl
früheres Gasthaus an der Villnösser Straße

Aranciata
ital. Orangenlimonade

Bachplötschen
große Blätter, die am Bach wachsen; Pestwurz

bairische Tracht / boarisches Gewand
schwarzes Festtagsgewand mit Schürze und später auch Schultertuch

Balilla
Jugendorganisation der faschistischen Partei

Basl
Tante

Batterie
hier: Taschenlampe

bauen
hier: den Acker bebauen, pflügen

Befana
Hexe im ital. Volksglauben, die in der Nacht vor Dreikönig Geschenke bringt, von Epifania

Berge / Berger
Fraktion St. Magdalena, Bewohner von St. Magdalena

Birmehl
süßes Mehl aus getrockneten Butzbirnen

Blasius(tag)
3. Februar; »Schlenggltag«: Dienstboten hatten bis St. Agatha (5. Februar) frei und Zeit, Arbeitsplatz zu wechseln.

Boanlkrumer
Sensenmann

Bockshörnchen
Süßigkeiten aus Karobe / Johannisbrot

Böhmische
kleinere Musikgruppe

Breme
Bremse, blutsaugendes Insekt

Brocken
Stücke harten Brots

Bua
Bub, hier auch: Hütbub, Jüngster in der Gesindehierarchie

buggln
schwer arbeiten

Bühl
Hügel in St. Peter, wo heute Schul- und Kulturhaus stehen

Buchselemehl / Bockselemehl
Mehl aus Karobe / Johannisbrot

Bund deutscher Mädchen (BDM)
weibl. Zweig der Hitlerjugend

Cai
Club Alpino Italiano

Coll
Fraktion von Villnöß

crucchi
ital. Spottbezeichnung für Deutsche

Derwischerlus
Fangenspiel

Dirn
Magd

Dörer
ehemaliges Gasthaus an der alten Villnösser Talstraße

Dreikönig
6. Jänner, in Italien Fest der Befana

Duce
Mussolini

Duslerhütte
Alm

Eisgolle
Eisplatte, vereister Hang

Erde führen
Bergantransport abgerutschter Ackererde

Figge, Tschifigge
kleine Holzrodel

Fill, Lehrer Fill, Anton Fill
*1880 †1959 Lehrer, Gemeindeangestellter, Schulleiter

Fillhaus
Wohnhaus des Anton Fill, heute Pizzeria »Vielnois«

Flitz
Weiler in St. Valentin

Flitzer Wasser
Eisenquelle ober Flitz; Wasser aus dieser Eisenquelle

Fockn
Schweine

Freienbühl
Wallfahrtsort bei Afers

Friegel(suppe)
Flockensuppe aus Eiern und Mehl

Fuchsnainte
Brettspiel

Furchetta
3025 m hoher Gipfel der Geislergruppe

die Gampen(alm)
Alm

Gebachenes
in Schmalz Gebackenes

Geisl
ugs. Sass Rigais

geneatig
eilig, dringend

Gigger
Hahn, Hähnchen

Giovinezza
Hymne der faschistischen Partei

Gitsch(ele) / Gitsch
(kleines) Mädchen, Jüngste in der Gesindehierarchie

Glatsch
Alm

gleim
eng, dicht, flach

Glufe
Stecknadel

gluschtn
Lust auf etwas haben

Goffer
pflanzl. Heilmittel; Kampfer

Gosen
Würmer

Gotl
Patin

Grallilen
Kügelchen; hier: Kohlensäure

Grantn
Preiselbeeren

grasen
Unkraut jäten

Greipen
hier: Kerngehäuse samt Kernen; Grammeln

Grompe
Eier- und Buttersammlerin, Bötin

Großdirn / erste Dirn
Sie hat das Kommando im Haus, wenn die Bäuerin nicht anwesend ist.

Grutsch
Eines der ersten Lebensmittelgeschäfte im Tal

gschamig
schüchtern

Gstill, Gstiller
auch: Austill

Gummiwagen
Wagen mit Gummirädern

Halbmittag
zweites Frühstück

Haube
bewaldeter Hügel ober Teis

Hetz
Spaß

herrisch
vornehm

Hinterschule gehen
die Schule schwänzen

HJ
sprich: Ha-Jott; die Hajotten: Hitlerjugend

Hochunserfrauen
Mariä Himmelfahrt (15. August)

Holermulle
Gelee aus Holunderbeeren

Holzerer
Holzarbeiter

holzern
Holzarbeit verrichten

Holzknospen
Holzschuhe

huntn
schikanieren, schlecht behandeln

Huttl
Lappen, Lumpen

Joggum
ugs. für Fraktion St. Jakob

Josefi
19. März

Kabis
Traditionsgasthaus in Villnöß

Kabisgasse, Kabisplatz
Platz vor dem Gasthof Kabis

kälbern
kalben

Kasten
Schrank

Kirchn
hl. Messe

Klesse
Kutsche

Klöckeln
Brauch in der Adventszeit, früher im Alpenraum verbreitet

Kniakiachl
Hefekrapfen mit Marmelade

Knittl
Knüppel

Koflwiese
Alm

kommot
hier: nett, freundlich

Kracherle
Getränk mit Kohlensäure, Aranciata

Kübeltreiben
Butter machen

Lampl
Traditionsgasthaus Lamm

Landauer
Zweispanner

Lecke
Kraftfutter, Viehsalz

Leps
Tresterwein, einfacher Wein minderer Qualität

Letze
Kleine

Lehrerpoppele
Liebkind

Lichtmess
2. Februar, traditioneller Zahltag für Dienstboten

lottern
betteln

Luppe klopfen
marschieren

Maddelien, zu Maddelien
St. Magdalena, am 22. Juli

marod
krank

Medalges
Alm

Melchermuas
Pusterer Spezialität

Mezzet Speck
Speckseite

Meleins
Weiler in Teis

Minggelen
kleine, rundliche Germkrapfen

Mittere
zweite Dirn, steht unter Bäuerin und Großdirn, aber über der Gitsch

Mittermühl
Gasthaus bei der Abzweigung zu Teis

Muntwiesen
Alm

Nene
Großvater

Ochsengarten
Schafweide unterhalb von Raschötz

Ofenbrücke
Holzgestell, Liegefläche auf dem Bauernofen

Ofenplenten
Auflauf mit Polenta und Marmelade

Olandese(pulver)
Färbemittel für Gerstenkaffee

ollm
immer

Pardell
Weiler in St. Valentin

Platzl
hier: persönlicher Bereich in der gemeinschaftlichen Muspfanne

Pellen
Sägemehl

Piccole Italiane
faschistischer Verein für Mädchen zwischen 8 und 13 Jahren

Pitschefört
Wiese an der Zanser Straße

Pitzack
Teil der Fraktion St. Peter

Plentemehl, Plenten, plentene
hier: Buchweizenmehl, aus Buchweizen gemacht

plumen
stapeln von Baumstämmen

Podestà
ital. Verwalter zur Faschistenzeit

Poppele
Baby

Priegelen / Priegel
(kleine) runde Holzscheite

Quartierleute
Mieter

Rachen
Rauchen, hier: mit Weihrauch das Haus segnen

Raffele
Zupfinstrument

Rahnächte
Rauhnächte, von 24. Dezember bis 6. Jänner

Reggl
Pfeife

Riebler / plentener Riebler
Speise aus Mehl, Fett, Milch und Buchweizen

Riegl
ehem. Hof bei Flitz in St. Valentin

Rorate
Messfeier im Advent

Rosenkranzsonntag
1. Sonntag im Oktober

rumpeln
dreschen (mit der Dreschmaschine)

Runkeln
Futterrüben, vorwiegend für Schweine

rupfene/-s
aus grobem Leinenstoff, aus Jute

Sabato Fascista
»Faschistischer Samstag«, Freizeitgestaltung der Faschisten an Samstagen ab 13 Uhr: sportliche, kulturelle aber immer sehr militärisch geprägte Veranstaltungen für Kinder und Jugendliche

Saccharin
Zuckerersatzstoff

Sass Rigais
3025 m hoher, markantester Gipfel der Geislergruppe; mundartlich: die Sass Rigais

särchten
Prozedur des Ablaugens und Auskochens weißer Wäsche

Scherm
ins Trockene

Schiedumläuten
Abschiedläuten für einen Verstorbenen

schlägern
schlagen, fällen

Schoade
lange, gerade Strecke beim Weiler Pardell

Schöber
Garben

Schräpfer
Bremse

Schupfe
Schuppen

Schweinernes
Schweinefleisch

schwenzen
ausspülen

sierig
schlecht gelaunt

SOD, SOD-Wache
Südtiroler Ordnungsdienst

speckern
Murmeln spielen

spekulieren
herumschnüffeln

Standl
szenische Einlagen bei der Hochzeit

Star
Hohlmaß, ca. 30 Liter

Stauchen
langer Stoffstreifen zum Zudecken von Krapfen

Stör
das Wandern von Handwerkern von Hof zu Hof, um ihre Arbeit zu verrichten

strafen
hier: Holz ziehen

Steckele
kleiner Stock

Straube
spiralförmig gebackener Bierteig

Stremitzer
heute: Hotel Grüner Baum in Brixen

Striezl
länglich geformtes Weißbrot, Gebäck; mundartlich: das Striezl

Strutzen
großer Wecken

Stübele
Stubenkammer, meist getäfelt

Stutzen
kurzes Jagdgewehr

suren
pökeln

Sütterlin-Schrift
besondere Form der deutschen Kurrentschrift, ugs. deutsche Schrift

Tate
Vater

Tempel hupfen
Kinderspiel

Tete
Pate

ticken
schikanieren

Tirtlen
runde, gefüllte Krapfen aus einfachen Zutaten

Topolino
Kleinwagen von Fiat

treiben
hier: drehen

Tschan
Wiese mit Kapelle auf Außer-raschötz

Tschatterlin
Almwiese an der Grenze zu Lajen

Tschilln
Blätter der Maiskolben

Tschoap
schwarzes Festtagsgewand, Trachtenoberteil

Tschoggl
Bommel, Quaste

Tschurtschen
Zapfen

Türk(emehl)
Mais(mehl)

Turn
Turm

umluckn
umdrehen, aufdecken

beim Unwolt
auch »Moarhaus« genannt, Dependance vom *Kabis,* war ehemals Heim des Verwalters, der von den Bauern den Zehent eintrieb

Versteckerlus
Verstecken

Völkischer Kampfring (VKS)
Nationalsozialistische Vereinigung

walsch; walsche Fockn
italienisch; ursprünglich: Schweine mit aufstehenden Ohren aus dem Trentino, Schimpfwort für Italiener

Wandl
Warmwasserbehälter am Holzherd

Weißer Sonntag
Sonntag nach Ostern

Wide
Rückentragegurt

wirken
Loden wirken: Loden walken, filzen

Wirt / Sternwirt
Gasthaus in Teis

Wörndle Loch
Alm

zach, Zache
zähe, hier: harte Kerle

Zans
Alm

Zellen
ehem. Gasthaus in Pitzack

Zwölfeläuten
Läuten um zwölf Uhr mittags

Literaturverzeichnis

Albrich, Thomas; Gisinger, Arno (1992): »Im Bombenkrieg«, Innsbruck: Haymon

Delmonego, Ernst (o. J.): Die Option – Das traurigste Kapitel der Geschichte Tirols. Unveröffentlichtes Arbeitsblatt für den Unterricht

Gruber, Alfons: Der Faschismus in Südtirol, 3. Auflage, Athesia Bozen

Gruber, Alfons: Streifzüge durch das 20. Jahrhundert, 4. Auflage, Athesia Bozen 2009

Hecher, Maria Anna (1985): »... vo klan auf erwochsn ...«. Studenten/-innen über ihre Kindheit in Bergbauernfamilien Südtirols. Dissertation an der Geisteswissenschaftlichen Fakultät der Leopold-Franzens-Universität in Innsbruck

Kofler, Astrid; Peterlini, Hans Karl (2010): Bauernleben in Südtirol. 12 Porträts. Innsbruck-Wien: Haymon Verlag

Leitner, Alfons (2004–2010): Diverse Veröffentlichungen zur Chronik und Geschichte von Villnöß im »Ruefen«, hrsg. vom Kulturkreis Villnöß

Musikkapelle Villnöß (2001) (Hrsg.): 200 Jahre Musikkapelle Villnöß (1801–2001), Festschrift

Parteli, Othmar (1988): Südtirol 1919–1970, in: Fontana u. a. (Hrsg.). Geschichte des Landes Tirol, Bd. 4/I. Bozen/Innsbruck: Athesia und Tyrolia Verlag, S. 3–709

Sailer, Oswald (1985): Schule im Krieg. Deutscher Unterricht in Südtirol 1940–1945. Bozen: Athesia Verlag

Solderer, Gottfried (2001) (Hrsg.): Das 20. Jahrhundert in Südtirol. Totaler Krieg und schwerer Neubeginn. Bozen: Edition Raetia

Tourismusverein Teis (1998) (Hrsg.): Teis – Eine Geschichte

Villgratner, Maria (1984): Katakombenschule. Faschismus und Schule in Südtirol. Bozen: Athesia Verlag

Villnößtal auf Grundlage des Atlas Tyrolensis 1774

bey dem Kalchofen
Maurer A.
THU R
Untermay
AN
GAD
Wurz B.
Unterma
Plose B.
Pallauser A.
Dabsell B.
NECK
Rodl A.
Peitler Kofl
Kofl A.
Rodl B.
ER
S. Magdalena
Campill
THAL
Villnesser Thal u. Ba
Pragls A.
Geisles Spiz
Progles B.
WOLKEN
STEIN
Stabia Kopf
Stabia A.
Malga
Zisel A.
Zisler Ba.
Aschler B.
Wolkenstein